Musiktheorie für Dummies

Schummelseite

DIE C-DUR-TONLEITER (STAMMTÖNE)

C-D-E-F-G-A-H-C

VIOLINSCHLÜSSEL UND BASSSCHLÜSSEL

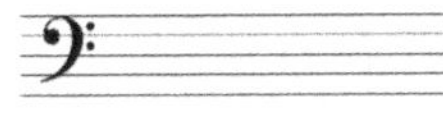

NOTENZEICHEN UND NOTENWERTE

Von links nach rechts: ganze Note, halbe Note, Viertelnote, Achtelnote, Sechzehntelnote

Aufeinanderfolgende Achtelnoten und Noten von noch geringerem Wert verbindet man durch einen Balken:

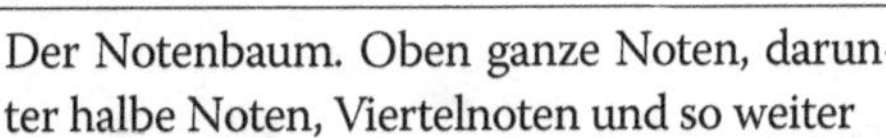

NOTEN- UND PAUSENBAUM

Die Zeichen für Noten- und Pausenwerte auf einen Blick:

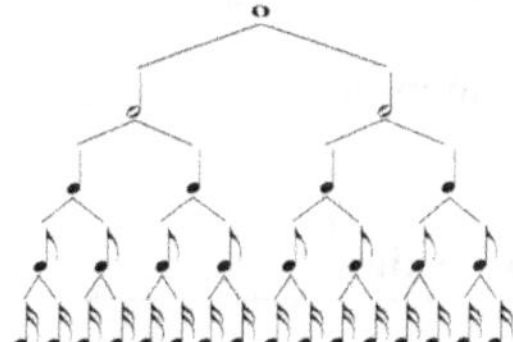

Der Notenbaum. Oben ganze Noten, darunter halbe Noten, Viertelnoten und so weiter

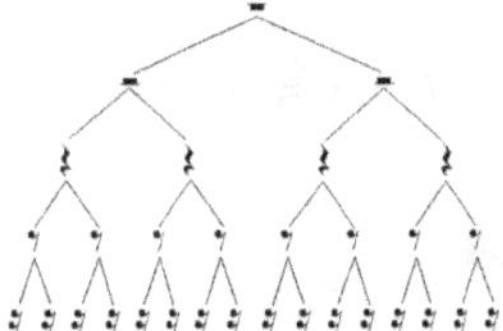

Der Pausenbaum. Oben ganze Pausen, darunter halbe Pausen, Viertelpausen und so weiter

AKKORDE

Durakkorde bestehen (mindestens) aus dem Grundton, der großen Terz und der reinen Quinte der betreffenden Tonleiter:

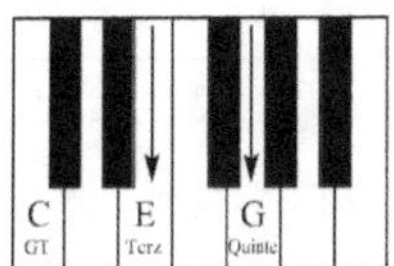

Mollakkorde bestehen (mindestens) aus dem Grundton, der kleinen Terz und der reinen Quinte der betreffenden Tonleiter:

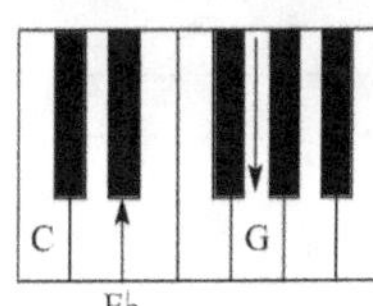

Musiktheorie für Dummies

Schummelseite

ESELSBRÜCKEN FÜR VIOLIN- UND BASSSCHLÜSSEL

Violinschlüssel (jeweils von unten nach oben):	Bassschlüssel (jeweils von unten nach oben):
C D E F G A H C D E F G	F G A H C D E F G A H C
Liniennoten: **E**in **g**uter **H**und **d**arf **f**ressen.	Liniennoten: **G**eh, **h**ol **d**ir **f**rische **A**ustern!
(E-G-H-D-F)	(G-H-D-F-A)
Zwischenraumnoten: **F-A-C-E** (englisch für »Gesicht«)	Zwischenraumnoten: **A**lle **C**hinesen **e**ssen **G**emüse. (A-C-E-G)

NOTENABSTÄNDE AUF KLAVIER UND GITARRE

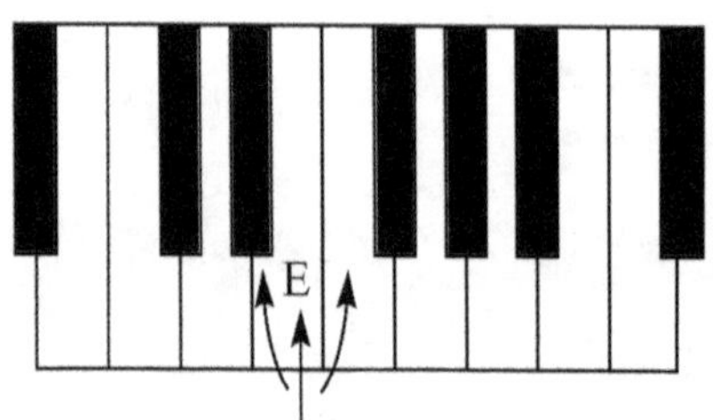

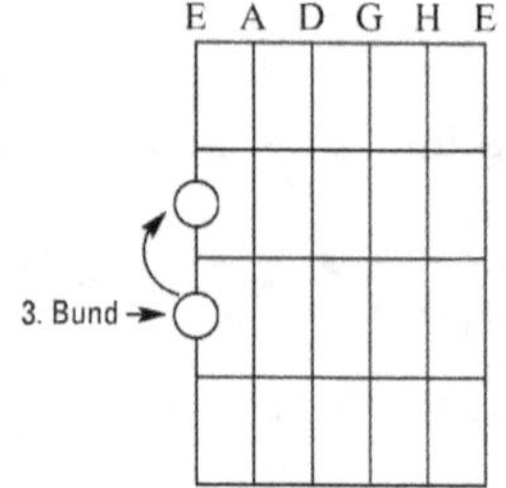

Zwei Klaviertasten beziehungsweise Gitarrenbünde sind jeweils einen Halbton voneinander entfernt.

Der Quintenzirkel	**Die gängigsten Intervalle**
Dur: C, G, D, A, E, H/C♭, F♯/G♭, D♭/C♯, A♭, E♭, B, F	Prime (1)
Moll: a, e, h, f♯, c♯, g♯/a♭, d♯/e♭, b/a♯, f, c, g, d	Sekunde (2)
	Terz (3)
	Quarte (4)
	Quinte (5)
	Sexte (6)
	Septime (7)
	Oktave (8)

Musiktheorie für Dummies

Michael Pilhofer und Holly Day

Musiktheorie für dummies®

3. Auflage

Übersetzung aus dem Amerikanischen von Oliver Fehn

Fachkorrektur von Wendelin Bitzan und Stefan Hofmeister

WILEY-VCH GmbH

Musiktheorie für Dummies

Bibliografische Information der Deutschen Nationalbibliothek

Die Deutsche Nationalbibliothek verzeichnet diese Publikation in der Deutschen Nationalbibliografie; detaillierte bibliografische Daten sind im Internet über `http://dnb.d-nb.de` abrufbar.

3. Auflage 2025

Coverillustration: © Pixel-Shot – stock.adobe.com
Korrektur: Cora Elsässer, Flörsheim
Satz: Straive, Chennai, India
Druck und Bindung:

Print ISBN: 978-3-527-72292-1
ePub ISBN: 978-3-527-85134-8

Über die Autoren

Michael Pilhofer unterrichtet Musiktheorie und Percussion am McNally Smith College of Music in St. Paul, Minnesota. Seit mehr als 20 Jahren arbeitet er als professioneller Musiker, und er machte Tourneen und Plattenaufnahmen mit Joe Lovano, Marian McPartland, Kenny Wheeler, Dave Holland, Bill Holman, Wycliffe Gordon, Peter Erskine und Gene Bertoncini.

Holly Day unterrichtet Schreiben am Open Book Writing Collective in Minneapolis. Sie schrieb Texte zum Thema Musik für zahlreiche Publikationen, wie etwa *Guitar One, Music Alive!, Computer Music Journal, The Oxford American* und *Mixdown Magazine.* Zu ihren bisherigen Veröffentlichungen gehören *Music Composition for Dummies, Shakira, The Insider's Guide to the Twin Cities* und *Walking Twin Cities.*

Über den Übersetzer

Oliver Fehn war Musiker und Musiklehrer. Er spielte Gitarre, Klavier und Harmonika und trat schon im Teenageralter als Singer/Songwriter vor Publikum auf. Die Musik war seine große Leidenschaft, auch wenn er sich sein Geld hauptsächlich in der »schreibenden Zunft« verdiente. Er war als Autor belletristischer Bücher und als Übersetzer tätig. Für die »Dummies« hat er zahlreiche Bücher übersetzt und bearbeitet, darunter *Musiktheorie für Dummies, Ukulele für Dummies, Komponieren für Dummies, Songwriting für Dummies* und viele mehr. Er ist außerdem Autor von *Übungsbuch Musiktheorie für Dummies* und Co-Autor von *Notenlesen für Dummies.*

Über die Fachkorrektoren

Wendelin Bitzan ist Musiktheoretiker, Pianist und Komponist. Er unterrichtet Musiktheorie und Gehörbildung an deutschen Hochschulen, spielt gelegentlich an öffentlichen Orten Klavier, redet und schreibt leidenschaftlich gern über Musik und lebt mit seiner Familie in Berlin.

Stefan Hofmeister begann seine musikalische Karriere im Alter von fünf Jahren und setzte diese am Musikgymnasium der Regensburger Domspatzen fort, wo er sein Abitur im Leistungskurs Musik (Gesang) ablegte. Danach arbeitete er zeitweise als Lehrkraft bei den Privaten Musiklehrer Instituten Ostbayern. Als Sänger im Renner Ensemble Regensburg nahm er in über zehn Jahren an vielen Konzertreisen im In- und Ausland teil und wirkte bei diversen CD-Produktionen mit. Inzwischen lebt er In München und arbeitet als freiberuflicher Übersetzer für die Sprachkombinationen Englisch-Deutsch und Japanisch-Deutsch. Seit dem Jahr 2008 singt er im Bass bei der Gruppe »Die Bergkameraden«.

Auf einen Blick

Inhaltsverzeichnis

Einführung

Woran denken Sie, wenn Sie den Begriff *Musiktheorie* hören? Fällt Ihnen da Ihre Musiklehrerin ein, die hinter ihrem Klavier saß und Sie kritisch beäugte? Oder erinnern Sie sich vielleicht an Mitschüler, die Theoriekurse belegten, in denen sie angestrengt versuchten, eine erklingende Tonfolge in Notenschrift umzuwandeln? Falls irgendeines dieser (oder ähnlicher) Bilder vor Ihrem geistigen Auge entsteht, wenn Sie das Wort Musiktheorie hören, dann dürfte dieses Buch für Sie eine angenehme Überraschung sein.

Viele »Musikanfänger« empfinden Musiktheorie als abschreckend und sagen sich: »Wozu der ganze Ballast? Ich kann doch Tabulaturen lesen und damit ebenfalls ganz gut Gitarre spielen! Weshalb soll ich mich jetzt auch noch mit Theorie herumschlagen?«

Dafür gibt es gute Gründe: Selbst wenn Sie sich nur ein wenig Grundwissen über Musiktheorie aneignen, hilft Ihnen das bereits dabei, Ihre Bandbreite als Musiker zu vergrößern und vor allem auch zu wissen, *was* Sie tun, wenn Sie spielen. Sie lernen zum Beispiel, Noten zu lesen – und schon stehen Ihnen völlig neue Musikrichtungen zur Verfügung, auf die Sie bisher verzichten mussten. Oder Sie lernen, wie Akkorde aufgebaut sind – und schon verfügen Sie über einige Grundvoraussetzungen, um Ihre eigene Musik zu komponieren.

Über dieses Buch

In *Musiktheorie für Dummies* werden Sie Schritt für Schritt alles lernen, um beim Spielen den Rhythmus gut einzuhalten oder Notenblätter nicht mehr als böhmische Dörfer zu empfinden. Sie werden ein Gespür dafür entwickeln, in welche Richtung ein Song sich entwickelt – egal ob Sie nun das Stück eines anderen nachspielen oder selbst etwas komponieren.

Sie müssen das Buch nicht unbedingt von vorne bis hinten durchackern. Es ist so aufgebaut, dass Sie nicht Kapitel 1 bis 4 studiert haben müssen, um Kapitel 5 zu verstehen. Sie können also getrost »hin und herspringen« – je nachdem, worüber Sie sich gerade schlaumachen wollen. Es von vorne bis hinten zu lesen hat allerdings auch seine Vorzüge – weil Sie dann vom einfachsten Anfängerwissen zu schwierigeren Dingen fortschreiten und Musik noch besser verstehen werden.

Wir werden so ziemlich jedes Thema besprechen, das für jemanden wichtig ist, der Musik machen will. Wir werden uns mit Notenwerten und Taktarten beschäftigen; wir werden lernen, wie Akkorde aufgebaut sind und wie man sie mit Melodien kombiniert; wir werden die Standardformen sowohl der modernen als auch der klassischen Musik genau unter die Lupe nehmen. Wenn Sie also gerade anfangen, sich mit Musiktheorie zu beschäftigen, sollten Sie schrittweise vorgehen. Am besten, Sie setzen sich beim Lesen ans Klavier oder nehmen die Gitarre (oder welches Instrument auch immer) zur Hand und versuchen alles, was Sie gelernt haben, sofort in die Praxis umzusetzen. Und denken Sie immer daran: Alles braucht seine Zeit. Im Musikunterricht an der Schule würde dieses Buch Stoff für mehrere Jahre hergeben. Setzen Sie sich also nicht unter Druck. Gut Ding will Weile haben.

Konventionen in diesem Buch

Wir halten uns in diesem Buch an ein paar feste Regeln, die Ihnen dabei helfen sollen, den Lernstoff für sich zu organisieren:

- ✔ Wenn wir einen neuen Begriff einführen, setzen wir ihn *kursiv*.
- ✔ Schlüsselbegriffe oder Überbegriffe in Listen setzen wir in **fetter** Schrift.

Was Sie nicht lesen müssen

In den grau hinterlegten Textkästen oder unter dem Icon für »Technische Hinweise« werden Sie manchmal geschichtliche Informationen oder Zitate von großen Musikern finden, die Sie vielleicht interessieren – vielleicht aber auch nicht. Auf jeden Fall: Sie müssen nicht wissen, warum das Klavier das Lieblingsinstrument der meisten Komponisten ist oder aus welcher Sprache sich Begriffe wie »Dur« oder »Moll« ableiten, um auch den Rest des Buches zu verstehen. Wir haben diese Informationen einfach beigefügt, weil sie den Lehrstoff vielleicht etwas auflockern. Aber merken müssen Sie sich das nur, wenn Sie selbst wollen oder es für eine Prüfung brauchen. Wir jedenfalls werden nicht vor Ihrer Haustür auftauchen, um Sie abzufragen.

Törichte Annahmen über den Leser

Wir gehen mal davon aus, dass Sie als Leser dieses Buches Musik lieben, dass Sie unbedingt wissen wollen, wie Musik funktioniert, und dass Sie ganz wild darauf sind, zu erfahren, wie man einem Stück das richtige Timing und das perfekte Arrangement verleiht. Zumindest hoffen wir, dass bei Ihnen ein paar Notenblätter herumliegen, mit denen Sie bisher so gar nicht klargekommen sind, oder dass in einer Ecke Ihres Wohnzimmers ein altes Klavier steht, mit dem Sie es nach vielen Fehlversuchen mal wieder aufnehmen wollen.

Mal ehrlich – als Leser dieses Buches sollten Sie zumindest zu einer der folgenden Kategorien gehören:

- ✔ **Blutige Anfänger:** Wir haben dieses Buch für Musik-Einsteiger geschrieben, die erst mal lernen wollen, wie man Noten liest und Rhythmen klopft, bis sie irgendwann versuchen, selbst etwas zu komponieren – und dabei ihr Musiktheorie-Wissen zum Einsatz bringen. Anfänger sollten deshalb mit Teil I anfangen und Kapitel für Kapitel durcharbeiten, bis sie irgendwann merken: Oh, das war ja schon die letzte Seite. Die Reihenfolge der Themen in diesem Buch orientiert sich an der Didaktik des Musikunterrichts an der Schule.
- ✔ **»Abgebrochene« Musikschüler:** Das Buch eignet sich auch bestens für Leute, die in ihrer Jugend mal ein Instrument gelernt haben und noch immer wissen, wie man Noten liest – sich aber trotzdem nie mit dem Aufbau von Tonleitern und dem Improvisieren beschäftigen mussten und auch noch nie eine Jamsession mit anderen

Musikern abgehalten haben. In diese Kategorie fallen mit Sicherheit viele Leser, und es ist sehr wahrscheinlich, dass sie mithilfe dieses Buches die Freude am Spielen und an der Musik zurückgewinnen. Denn hier geht es nicht nur darum, sich sklavisch an ein Notenblatt zu halten, hier erhalten Sie auch Hinweise dazu, wie man selbst improvisiert und komponiert.

✔ **Erfahrene Performer:** Es gibt eine Menge Leute, die selbst Musik machen und auch schon vor Publikum aufgetreten sind, aber trotzdem die Details der Notenschrift noch nicht ergründet haben – auch für sie eignet sich dieses Buch ganz hervorragend. Falls diese Beschreibung auf Sie zutrifft, fangen Sie am besten mit Teil I an, denn dort geht es um die Grundlagen der Notenschrift, Notenwerte, Pausenwerte und so weiter. Sollten Sie aber bereits wissen, was Viertelnoten, Achtelnoten etc. sind, können Sie auch sofort bei Teil II einsteigen. Dort lernen Sie nämlich, wie man das gesamte Wissen um Noten, Tonleitern und so weiter praktisch anwenden kann – sowohl auf dem Klavier als auch auf der Gitarre.

Wie dieses Buch aufgebaut ist

Musiktheorie für Dummies gliedert sich in fünf Teile. In den ersten drei Teilen geht es jeweils um einen bestimmten Aspekt zum Thema Musik. Im vierten Teil – dem Top-Ten-Teil – lernen Sie dann einige interessante und kuriose Dinge über Musiktheorie kennen, die mit dem eigenen Spielen oder Komponieren nur am Rande zu tun haben. Im fünften Teil des Buches – er besteht aus drei Anhängen – erfahren Sie schließlich, welche Tonbeispiele Sie als Download unter `www.downloads.fuer-dummies.de` finden; außerdem finden Sie einen Überblick über Akkordgriffe auf dem Klavier und auf der Gitarre, gefolgt von einem Glossar. Auf diese Weise werden Sie immer sehr schnell finden, was Sie gerade suchen. Schließlich ist das Buch auch als Nachschlagewerk gedacht, und es gibt nichts Nervigeres, als ewig herumblättern zu müssen, um einen bestimmten Suchbegriff zu finden. Hier eine kurze Übersicht, was Sie in den einzelnen Buchteilen erwartet:

Teil I: Der richtige Einstieg in die Musiktheorie

Wir beginnen in Teil I mit den Gesetzen der Rhythmik, der elementarsten Grundlage von Musik. Wer einen Rhythmus einhalten kann, dem wird auch eine gute Darbietung gelingen. Wir werden in diesem Teil des Buches die verschiedenen Noten- und Pausenwerte kennenlernen, uns aber auch mit anspruchsvolleren Themen beschäftigen, wie zum Beispiel Taktarten und Synkopen.

Teil II: Noten finden und verbinden

Noten zu lesen bedeutet auch zu wissen, wo im Notensystem sich welche Note befindet. Da gibt es einige Eselsbrücken, die wirklich hilfreich sind und die wir Ihnen vorstellen werden. In Teil II beschäftigen wir uns außerdem mit Dur- und Molltonleitern, mit Versetzungszeichen, dem überaus wichtigen Quintenzirkel, mit Intervallen, Akkordaufbau, Akkordfolgen und Kadenzen. Zum besseren Verständnis hören Sie sich dazu jeweils die Tonbeispiele für Klavier und Gitarre an.

Teil III: Form, Tempo, Dynamik und noch viel mehr als Weg zum musikalischen Ausdruck

In diesem Teil erfahren Sie, wie Sie die erworbenen Kenntnisse dazu einsetzen können, selbst Stücke zu komponieren. Zuerst machen wir Sie mit den Grundlagen der Form vertraut, dann lernen Sie unterschiedliche Formen der klassischen Musik (zum Beispiel Fugen und Sonaten), aber auch modernere Musikformen kennen – wie etwa den Zwölftakt-Blues, die 32-taktige Bluesballade oder Formen der Rock- und Popmusik. Auch über Tempo, Dynamik und Klangfarbe werden wir Sie aufklären.

Teil IV: Der Top-Ten-Teil

In diesem Teil des Buches wird es dann noch eine Spur lockerer – denn jetzt geht es um musiktheoretisches Wissen, unabhängig vom eigenen Spiel. Die zehn häufigsten Fragen zum Thema Musiktheorie werden beantwortet. Auch einige bekannte Musiktheoretiker wollen wir Ihnen vorstellen, ohne die ein Buch wie dieses niemals hätte entstehen können.

Teil V: Der Anhang

Teil V besteht aus drei Anhängen, die Ihnen weitere nützliche Informationen liefern. Anhang A erläutert, wie Sie die zum Download verfügbaren Hörbeispiele am besten nutzen können. Anhang B enthält ein komplettes Verzeichnis aller Akkorde aus Kapitel 10 für Klavier und Gitarre. Anhang C ist ein Glossar mit den wichtigsten Fachbegriffen zum Thema Musik.

Symbole, die in diesem Buch verwendet werden

Wir verwenden in diesem Buch verschiedene Symbole (Icons), die Ihnen zeigen, um welche Art von Information es sich bei einem bestimmten Abschnitt jeweils handelt. Diese Symbole finden Sie immer am linken Seitenrand.

Hier geht es um grundlegende Infos und Tipps, mit denen Sie eine Menge Zeit sparen können und die Sie sich unbedingt aneignen sollten.

Wenn Sie dieses Symbol sehen, sollten Sie aufpassen! Hier geht es meist um komplizierte und verwirrende Dinge.

Rein technische Informationen, die Sie getrost auch überspringen können, falls es Sie nicht interessiert.

Neben diesem Symbol finden Sie ganz wichtige Inhalte, die Sie sich wirklich dauerhaft einprägen sollten.

Das Symbol soll Sie daran erinnern: Zu diesem Buchabschnitt gibt es ein Audiobeispiel – damit Sie auch hören können, was Sie lesen.

Wie es weitergeht

Sind Sie ein Musikeinsteiger? Oder haben Sie lange pausiert und möchten Ihr Wissen auffrischen? Dann arbeiten Sie am besten erst einmal Teil I durch. Falls Sie mit den Grundlagen der Rhythmik bereits vertraut sind und einfach nur lernen wollen, wie man Noten liest, ist Teil II für Sie der richtige Einstieg. Und sollten Sie bereits ein waschechter Musiker sein, der aber in Zukunft auch improvisieren und komponieren will, dann finden Sie in Teil III alles über Akkordfolgen, Tonleitern und Kadenzen. In diesem Teil lernen Sie außerdem eine Menge über die verschiedenen Formen von Musik, in die Sie dann Ihre eigenen Ideen einbringen können.

Wir wünschen Ihnen viel Spaß auf Ihrer Reise durch die Welt der Musiktheorie. Musik hören, Musik spielen, Musik komponieren – das gehört zu den beglückendsten Erfahrungen überhaupt. *Musiktheorie für Dummies* wurde zwar von Musiklehrern geschrieben, aber keine Angst – es wird niemand vor Ihrer Tür aufkreuzen, um Sie vorsingen oder vorspielen zu lassen oder Ihr Wissen zu prüfen. Wir hoffen, Sie haben beim Lesen ebenso viel Spaß, wie wir es beim Schreiben hatten. Lehnen Sie sich ganz entspannt zurück und lesen Sie einen Abschnitt nach dem anderen – Musik ist keine Durststrecke, sondern ein echtes Abenteuer, das Sie bestimmt nie mehr loslassen wird!

Teil I
Der richtige Einstieg in die Musiktheorie

IN DIESEM TEIL ...

- Lernen Sie die Basics der Musiktheorie kennen.
- Verstehen Sie Noten- und Pausenwerte.
- Lesen Sie Taktarten.
- Begreifen Sie Metrum und Rhythmus.

IN DIESEM KAPITEL

Lernen Sie einiges zum Thema Musikgeschichte

Werden Sie mit den Grundlagen der Musiktheorie vertraut gemacht

Erfahren Sie, wie musiktheoretische Kenntnisse Ihrem Spiel zugutekommen

Kapitel 1
Musiktheorie – was ist das eigentlich?

Eines darf man nie vergessen, wenn man sich mit Musiktheorie beschäftigt: Erst war die Musik da, dann die Theorie. Die Menschen musizierten schon seit Tausenden von Jahren, ehe sie sich Gedanken darüber machten, welche theoretischen Gesetze galten, wenn sie zum Beispiel ihre Trommel schlugen. Sie können also auch ein guter Musiker sein, ohne dass Sie je in Ihrem Leben einen Kurs zum Thema Musiktheorie belegt haben. Und falls Sie ein guter Musiker *sind,* wissen Sie wahrscheinlich sowieso einiges über Theorie – rein instinktiv. Was Ihnen fehlt, sind dann höchstens die dazugehörigen Fachbegriffe oder Spezialausdrücke.

Die Gesetze und Regeln der Musiktheorie lassen sich am besten mit der Grammatik einer Fremdsprache vergleichen. Auch hier war erst die Sprache da, dann die Grammatik. Irgendwann wurde die Schrift erfunden – und erst dann zerbrach man sich den Kopf über die »Absicht des Verfassers«, so wie man sich auch über die »Absicht eines Komponisten« erst dann Gedanken machen kann, wenn man sein Musikstück auf einem Notenblatt vor sich liegen hat. Noten lesen zu lernen ist deshalb ein wenig so, als würde man sich mit einer neuen Sprache vertraut machen. Wenn man die »Sprache der Musik« einigermaßen gut beherrscht, genügt ein Blick auf ein Notenblatt, um zu erkennen, welche Klänge der Komponist im Sinn hatte, als er das Stück schrieb.

Viele Menschen können weder lesen noch schreiben – trotzdem gelingt es ihnen gut, anderen ihre Gedanken und Gefühle verbal zu übermitteln. Und ebenso gibt es eine Menge sehr begabter Menschen, die sich die »Sprache« der Musik auf intuitive Weise selbst beigebracht haben, ohne jemals ein Notenblatt in der Hand gehalten zu haben – ja, sie fänden es sogar langweilig und nutzlos, sich mit Musiktheorie zu befassen. Trotzdem: Wer lesen und schreiben lernt, dessen Kommunikationspotenzial steigt natürlich – und genauso ist es beim Musiker und der »Musiksprache«. Wer über die theoretischen Grundlagen der Musik

Bescheid weiß, kann sich viel leichter neue Techniken erarbeiten, außergewöhnliche Musikstile erproben und das Selbstvertrauen erwerben, das man braucht, um musikalisches Neuland zu betreten.

Seit wann gibt es Musikinstrumente? Und seit wann die Musiktheorie?

Wenn man den Historikern glauben darf, waren Musikinstrumente schon 7.000 Jahre vor Christus in ihrer Gestaltung fast so ausgefeilt und kunstvoll wie in unseren Tagen. So sind uns aus dieser Zeit zum Beispiel aus Knochen hergestellte Flöten erhalten geblieben, die sichnoch heute spielen lassen. Es wurden sogar extra Platten und CDs aufgenommen, um modernen Hörern eine Vorstellung vom Klang dieser uralten Instrumente zu vermitteln.

Grabschmuck und Piktogramme weisen außerdem darauf hin, dass die Ägypter um etwa 3.500 vor unserer Zeitrechnung nicht nur Harfen kannten, sondern auch schon Doppelrohrblattinstrumente, Leiern und Flöten. Um 1.500 v. Chr. veränderten die Hethiter im nördlichen Syrien das Aussehen der traditionellen ägyptischen Laute/Harfe und erfanden die erste zweisaitige Gitarre, die einen langen Hals mit verschiedenen Bünden hatte, an dessen oberem Ende sich eine Wirbelmechanik zum Stimmen des Instruments befand. Diese ersten Gitarren hatten auch schon ein Schallloch, das den Klang der angezupften Saiten verstärkte.

Viele Fragen zur Musik der Antike bleiben dennoch unbeantwortet – zum Beispiel, weshalb so viele unterschiedliche Kulturen ihren Instrumenten unabhängig voneinander ganz ähnliche Töne entlockten. Die meisten Theoretiker erklären es damit, dass bestimmte Notenfolgen sich für das Ohr einfach »richtig« anhören, andere wiederum nicht. Musiktheorie lässt sich beispielsweise definieren als die Lehre davon, wann Musik sich richtig oder falsch anhört. Anders ausgedrückt: Der Zweck der Musiktheorie liegt darin zu erklären, *warum* etwas so klingt wie es klingt und *wie* dieser Klang zustande kommt.

Viele halten das antike Griechenland für die eigentliche Wiege der Musiktheorie, da die alten Griechen regelrechte Philosophie- und Wissenschaftsschulen errichteten, in denen jeder Aspekt der damals bekannten Musik genau analysiert wurde. Sogar Pythagoras (der mit dem Dreieckssatz) war beteiligt, indem er die aus zwölf Tönen und Halbtönen bestehende Skala entwickelte, wie sie von Musikern und Komponisten noch heute verwendet wird (siehe Kapitel 7). Er entwickelte zu diesem Zweck die Grundlagen für den Quintenzirkel (siehe Kapitel 8), den Musiker aller Stilrichtungen noch immer mit großer Ehrfurcht behandeln.

Und noch einen weiteren berühmten griechischen Wissenschaftler und Philosophen gibt es, dem wir eine Menge Bücher über Musiktheorie verdanken – nämlich Aristoteles. Er entwickelte eine rudimentäre Form der Musiknotation, die in Griechenland und nachfolgenden Kulturen noch nahezu eintausend Jahre nach seinem Tod in Mode blieb.

Tatsächlich wurde im alten Griechenland so viel Vorarbeit in Sachen Musiktheorie geleistet, dass eine grundlegende Erneuerung erst rund 2.000 Jahre später – zur Zeit des ausgehenden Mittelalters – nötig erschien. Die Nachbarstaaten und Eroberer Griechenlands schätzten sich mehr als glücklich, die griechische Mathematik, Naturwissenschaft, Philosophie, Kunst, Literatur und Musik ihrer eigenen Kultur einverleiben zu dürfen.

Licht aus, Spot an für die Grundlagen der Musiktheorie!

Es gibt Leute, die können einfach ein Musikinstrument zur Hand nehmen, ein wenig herumprobieren und experimentieren, um schon bald die schönste Musik daraus hervorzuzaubern – ohne jeglichen Unterricht. Die meisten aber brauchen eine gut strukturierte Anleitung – entweder von einem Lehrer oder aus einem Buch. In den nächsten Abschnitten machen wir Sie mit den grundlegendsten Informationen vertraut, die Sie brauchen, um das Notenlesen zu lernen, Tonleitern zu spielen, Taktvorzeichnungen zu verstehen und Akkorde aufzubauen.

Das Allerwichtigste: Noten, Pausen und Takte

Das Notenlesen ist für jeden Musiker das Allerwichtigste – vor allem, wenn er seine Stücke anderen Musikern zugänglich machen oder deren eigene Kompositionen für sich entdecken will. Einige grundlegende Dinge muss man einfach wissen, wenn man es in Sachen Musik zu einer gewissen Meisterschaft bringen will: zum Beispiel, wie die Dauer einer Note oder Pause festgelegt wird, oder wie man erkennt, in welchem Takt oder Rhythmus ein Stück gespielt wird. Wenn Sie das beherrschen, wird es Ihnen gelingen, Musik zu lesen, zu spielen und zu studieren.

Vom Zusammenspiel der Noten

Es gibt verschiedene Notenschlüssel, die bekanntesten (und wichtigsten) davon sind der Violin- und der Bassschlüssel. Um Klavier oder Gitarre zu spielen (die beiden populärsten Musikinstrumente), muss man in der Lage sein zu wissen, welche Note sich bei welchem der beiden Schlüssel an welcher Stelle befindet (beim Gitarrespielen reicht der Violinschlüssel aus, als Pianist muss man beide kennen), und vor allem: Wo man die betreffende Note auf der Klaviatur oder auf den Gitarrensaiten wiederfindet.

Wenn Sie in der Lage sind, das Notensystem mit seinen Vorzeichen zu entziffern, wissen Sie auch sofort, in welcher *Tonart* ein Stück geschrieben ist. Da gibt es feste Regeln. Je nach Anzahl der Vorzeichen (♯ und ♭) lässt sich sofort erkennen, ob das Stück zum Beispiel in C-Dur oder in h-Moll notiert ist. Eine große Hilfe dabei bietet Ihnen der Quintenzirkel – und wie der funktioniert, steht in Kapitel 8.

Wenn Sie über die Vorzeichen einigermaßen Bescheid wissen, können Sie sich als Nächstes mit Intervallen, Akkorden und Akkordfolgen beschäftigen. Das sind die Spannungs- und Entspannungselemente, die der Musik zu einer größeren Vielfalt verhelfen und sie zu etwas echt Interessantem machen. In Kapitel 9 lernen Sie, wie man Tonleitern und Akkorde aufbaut, indem man entweder auf melodische oder harmonische Intervalle zurückgreift (keine Angst, was das bedeutet, werden Sie genau erfahren). In Kapitel 10 und 11 wird dieses Wissen vertieft – dann erfahren Sie auch, was Akkordfolgen sind und wie man sie für ein reizvolleres Spiel nutzen kann.

Die Lösung für alle Notenprobleme – das Tasteninstrument!

Vor dem Zeitalter der Renaissance kam es kaum zu entscheidenden Neuerungen im Musikinstrumentenbau. Saiteninstrumente, Holzblasinstrumente, Schlaginstrumente und Hörner – die gab es schon seit Jahrtausenden, und ab und zu hatte man zwar ihr Aussehen oder die Spieltechnik nachgebessert, im Grunde aber waren es noch die gleichen Instrumente wie zu antiken Zeiten. Erst im 14. Jahrhundert tauchte am musikalischen Horizont etwas völlig Neues auf – nämlich das Tasteninstrument für den Hausgebrauch (die Orgel, welche für den Hausgebrauch wohl etwas zu sperrig ist, gab es schon seit dem dritten Jahrhundert vor Christus).

Erst als es kleinere Tasteninstrumente als die Orgel und den Buchdruck gab, wurden Musikstücke auch in der heute gebräuchlichen Art und Weise zu Papier gebracht, sprich: notiert. Notiert wurden Musikstücke schon sehr viel länger, es sind sogar Notationen aus der Antike bekannt (wenn auch nur spärlich erhalten). Einem ganzen Orchester standen jetzt genaue Spielanweisungen zur Verfügung, die leicht zu entschlüsseln waren. Egal, für welches Instrument man eine Notenfolge niederschrieb – man orientierte sich immer an den Tasteninstrumenten.

Der italienische Mönch Guido von Arezzo erfand im 11. Jahrhundert die Tonbuchstaben und entwickelte die Grundlagen der Notenschrift und des Notensystems entscheidend weiter. Im Frankreich des 15. Jahrhunderts fügten Komponisten dem Notensystem einfach so viele neue Linien hinzu, wie sie für ihre Werke brauchten (alles über Notenlinien erfahren Sie in Kapitel 9). Und da ein einzelnes Notensystem nicht den gesamten Tonhöhenbereich aller Instrumente abdecken kann, wurde es notwendig, verschiedene Notenschlüssel zu verwenden. Jeder Klavierspieler kennt das: Die linke Hand orientiert sich an einem anderen Notenschlüssel als die rechte. Links ist es der Bassschlüssel (F-Schlüssel), rechts der Violinschlüssel (G-Schlüssel).

In Kapitel 11 werden Sie auch erfahren, dass sich Akkorde auf keinem Instrument so mühelos aufbauen lassen wie zum Beispiel auf einem Klavier oder Keyboard. Seit dem 17. Jahrhundert gilt das Notensystem mit fünf Linien als *der* Standard für jeden Musiker – sicherlich auch, weil es billiger für den Druck ist, sich auf eine einzige Art von Notensystem zu beschränken. Dieses System hat sich in den letzten vier Jahrhunderten kaum verändert – erst einige Komponisten des 20. Jahrhunderts versuchten Wege zu finden, die scheinbare Unflexibilität des Fünf-Linien-Systems zu durchbrechen, und entwickelten verschiedene Systeme der grafischen Notation.

Musikalische Formen und Kompositionen verstehen

Ein Großteil der modernen und klassischen Musik greift auf ganz bestimmte Formen zurück. Was ist mit einer *Form* gemeint? Nun, einfach die immer wiederkehrende Struktur, die einem bestimmten Musikstil oder einer Musikgattung zugrunde liegt (so gibt es zum Beispiel die ganz bestimmte »Form« des Blues). Dazu gehören musikalische Phrasen und Zeitdauern (siehe Kapitel 12) sowie Rhythmus, Melodie und Harmonie, die den typischen Stil oder das *Genre* eines Musikstücks bestimmen.

Wenn Sie sich hinsetzen und ein Stück komponieren wollen, müssen Sie sich zuvor entscheiden: Soll es etwas Klassisches oder eher etwas Modernes werden? Danach stehen Ihnen dann eine Menge verschiedener Formen zu Verfügung: die Sonate etwa, das Konzert, der 16-taktige Blues, die Verse-Chorus-Form (mit Strophen und Refrain) und vieles andere mehr (in Kapitel 13 und 14 werden Sie über die verschiedenen Formen genauer aufgeklärt). Und egal, für welche Form Sie sich entscheiden – Sie können stets eigene Variationen einbauen, was das Tempo, die Dynamik, die instrumentale Klangfarbe und Ähnliches betrifft (darüber erfahren Sie mehr in Kapitel 15 und 16).

Was bringt Ihnen nun Ihr Musiktheorie-Wissen?

Manche Leute stellen sich Musik so vor: Man fängt einfach bei irgendeiner Note an, spielt und spielt und hört irgendwann wieder auf, weil man Durst oder keine Lust mehr hat. Und tatsächlich gibt es Musiker, die so verfahren – doch die Ergebnisse, die sie damit erzielen, sind für den Hörer verwirrend, ermüdend, ja oft sogar ärgerlich, weil ohne Maß und Ziel.

Okay, werden Sie jetzt sagen, und wie ist es dann mit den berühmten Jamsessions? Die klingen doch oft sehr gut und machen auch dem Publikum Spaß. Klar – aber das liegt nur daran, dass die beteiligten Musiker eine Ahnung von Musik und Musiktheorie haben. Weil sie wissen, welche Akkorde zueinander passen und welche Notenfolgen angenehm klingen. Weil sie genau begriffen haben, was Musik ist: ein Zwiegespräch zwischen Vorführenden und Publikum.

Glauben Sie es uns ruhig: Wenn Sie über Musiktheorie Bescheid wissen, werden Sie auf völlig neue und originelle Ideen kommen. Dann macht es in Ihrem Kopf auf einmal *Klick!* – und schon kommt Ihnen eine Idee, wie man zum Beispiel aus einem Zwölftakt-Bluesschema einen wirklich coolen Song machen kann. Oder Sie versuchen sich zum ersten Mal an einem klassischen Stück und merken, wie spannend das ist. Oder Sie starten mit Freunden eine Jamsession – und geben diesmal sogar den Ton an!

Eins dürfen Sie auf keinen Fall vergessen: Wenn Sie Musik machen, kommt immer so viel dabei heraus, wie Sie hineinstecken! Ein Beispiel: Sie wollen klassische Musik machen – okay, dann müssen Sie lernen, nach Noten zu spielen und im Takt zu bleiben. Wenn Sie dagegen Rockgitarrist werden wollen, sind auch noch andere Dinge wichtig – zum Beispiel, welche Noten zu einer Tonleiter passen und welche nicht. Um gute Musik spielen zu können, bedarf es einer Menge Disziplin – die zahlt sich aber am Ende wirklich aus. Musik spielen macht Spaß – und *gute* Musik spielen macht sogar Riesenspaß! Wer liebt sie nicht, die Rockstars, die Jazzexperten, die neuen Mozarts?

IN DIESEM KAPITEL

Lernen Sie alles über Rhythmus, Takt und Tempo

Erfahren Sie, was Noten- und Pausenwerte sind

Dürfen Sie sogar klatschen, um den Wert einer Note zu begreifen

Erklären wir Ihnen, was Bindebögen und Haltebögen sind (auch wenn Sie dadurch sicher nicht zum Bogenschützen werden)

Erfahren Sie, was punktierte Noten sind (hat nichts mit Masern oder Röteln zu tun)

Kapitel 2
Was Noten wirklich wert sind …

Musikunterricht hatten wir alle schon einmal – entweder in der Schule oder bei einem Musiklehrer, um ein Instrument zu erlernen. Und früher oder später mussten wir auch in die Hände klatschen – zu einem bestimmten Rhythmus, den wir auf diese Weise verstehen sollten.

Viele von uns fanden das damals einfach nur blöd. Da kam es schon mal vor, dass eine Hand sich beim Klatschen auf dem Schädel des Sitznachbarn verirrte. Aber eigentlich ist Klatschen genau der richtige Einstieg, um ein Feeling für Musik zu bekommen. Denn ein wesentlicher Bestandteil von Musik ist Rhythmus – also etwas, wozu man tanzen oder als nicht so leidenschaftlicher Mensch wenigstens das Kinn auf- und zuklappen kann. Klar, Rhythmus ist nicht alles. Musik hängt auch ab von Lautstärke, Melodien und Harmonien – aber der Rhythmus ist es, der aus Tönen überhaupt erst Musik macht.

Alles auf dieser Welt hat einen Rhythmus – auch Sie selbst! In der Musik steht der Begriff *Rhythmus* für ein Muster aus regelmäßigen (oder auch unregelmäßigen) Notenwerten. Wenn Sie einen Song spielen oder singen wollen, müssen Sie als Erstes wissen, welchen Rhythmus er hat. Da gibt es zum Glück wieder die Notenschrift – aus der lässt sich genau erkennen, welchen Rhythmus ein Komponist für sein Stück vorgesehen hat.

In diesem Kapitel werden Sie genau lernen, wie man Noten zählt oder Rhythmus, Takt und Tempo eines Songs bestimmt.

Meet the Beat!

Was versteht man unter dem *Metrum*? Ganz einfach – das Metrum ist es, das einen bestimmten Zeitraum in gleich lange Abschnitte unterteilt. Am besten, Sie stellen sich eine tickende Uhr vor. Der große Zeiger tickt in jeder Minute genau sechzig Mal. Jedes Ticken ist dabei ein Taktschlag. Wenn Sie jetzt dafür sorgen, dass der Zeiger sich langsamer oder schneller vorwärts bewegt, verändern Sie das *Tempo*. Und nun sehen Sie sich ein Notenblatt an: Da sieht nicht eine Note aus wie die andere, denn jede Note verrät Ihnen, wie oft sie pro Tick (oder Tack! oder Takt!) gespielt werden muss.

Bei Musiknoten denken wir oft nur an die Tonhöhe. Dass eine Note uns aber auch Auskunft darüber gibt, wie lange ein Ton erklingen muss, vergessen wir oft. Da kommt der Begriff *Notenwert* ins Spiel. Wie wir schon sagten, Noten auf einem Blatt sehen sehr unterschiedlich aus: Manche haben einen Hals, die anderen nicht. Manche sind schwarz, die anderen weiß. Das müssen wir beim Singen oder Spielen beachten – denn nur so finden wir den richtigen Rhythmus. »Stille Nacht« zum Beispiel ist ein langsamer, getragener Song – wenn wir den zu schnell spielen, klingt er nicht mehr nach Weihnachtslied, sondern wie der Soundtrack zu einem Mickymaus-Film. Das Gleiche gilt natürlich, wenn wir einen flotten Disco-Song im Schneckentempo spielen – dann tanzen wir nicht dazu, sondern uns schlafen die Füße ein.

Um das Metrum eines Songs mitzufühlen, kann man auf Rhythm Sticks zurückgreifen – das sind Rhythmusstäbe, dick und hart und zylindrisch geformt, die man im Musikfachhandel bekommt. Den gleichen Zweck erfüllen Trommelschlegel. Eins von beiden sollten Sie sich vielleicht zulegen – andernfalls können Sie sich auch behelfen, indem Sie mit den Händen auf die Bongo schlagen, oder zumindest auf Ihren Schreibtisch.

Das Metrum muss man in sich haben, in sich »spüren«, wenn man aufs Notenblatt blickt – im Kopf und in den Beinen. Dann kann man auch mühelos mit anderen Musikern eine Session abhalten. Und das schafft man nur durch üben, üben und nochmals üben. Den Rhythmus »im Blut haben« – das ist eines der wichtigsten Dinge, wenn man Musik machen will.

Eine der besten Methoden, um ein Gespür für Rhythmus und Metrum zu entwickeln, ist die Verwendung eines Metronoms. Metronome sind nicht teuer – und es muss ja nicht das neuwertigste Gerät sein, ein gebrauchtes tut es auch. Oder für die ganz Sparsamen gibt es eine kostenlose App fürs Smartphone. Man kann es auf alle möglichen Geschwindigkeiten einstellen – ganz langsam und schleppend, aber auch so schnell wie der Herzschlag einer Maus. Wenn Sie beim Üben ein Metronom verwenden (vor allem, wenn Sie vom Notenblatt spielen), können Sie das Tempo eines Stücks auch erst mal langsamer einstellen als vom Komponisten gedacht – und sich dann nach und nach steigern, sobald Sie ein Gespür dafür entwickelt haben.

Wie erkennt man den Wert einer Note?

Stellen Sie sich vor, Musik wäre eine eigene Sprache – was wären dann die Buchstaben? Die Noten natürlich, richtig. Noten sind gewissermaßen die kleinsten, aber auch wichtigsten

Einheiten eines Musikstücks. Und den Wert einer Note muss man ebenso erkennen wie deren Tonhöhe oder Klang – sonst spielt man alles Mögliche, aber nicht den Song, der auf dem Blatt steht. Sie haben es sicher schon mal erlebt, dass Musiker einen bestimmten Song »im Stil von Bach, Beethoven oder Philip Glass« gespielt haben. Was heißt das? Dass sie sich an der Rhythmusstruktur dieser Komponisten orientieren und auch auf typische Akkord- und Melodiefolgen zurückgreifen.

Ein genauerer Blick auf die Noten

Es heißt, bei Menschen sollte man nicht von deren Aussehen auf ihren Wert schließen – bei Noten muss man das allerdings. Eine Note besteht aus drei verschiedenen Komponenten: dem Notenkopf, dem Notenhals und dem Fähnchen (oder Balken).

- ✔ Der **Notenkopf** ist das runde Gebilde, das auf oder zwischen den Notenlinien sitzt. Einen solchen Kopf hat jede Note,
- ✔ Der **Notenhals** ist der lange Strich, der von dem Notenkopf entweder nach oben oder nach unten weist. Eine ganze Note kommt ohne einen solchen Hals aus – ansonsten finden wir ihn bei halben Noten, Viertelnoten, Achtelnoten und so weiter.
- ✔ Das **Fähnchen** ist das geschwungene Etwas, das wir oftmals am Ende des Notenhalses finden. Ganze Noten, halbe Noten und Viertelnoten haben kein Fähnchen – aber von der Achtelnote abwärts finden wir es immer.

Abbildung 2.1 zeigt unterschiedliche Noten.

Abbildung 2.1: Links eine ganze Note (ohne Hals, ohne Fähnchen), daneben der Reihe nach eine halbe Note (mit Hals), eine Viertelnote (ausgefüllt, mit Hals) und eine Achtelnote (ausgefüllt, mit Hals und Fähnchen)

Notenhälse zeigen manchmal nach oben, manchmal nach unten. Das hängt davon ab, an welcher Stelle im Notensystem sie sich befinden (mehr darüber in den Kapiteln 4 und 6). Aber egal, in welche Richtung der Hals zeigt – am Notenwert ändert das nichts.

Wenn mehrere Noten mit einem Fähnchen aufeinanderfolgen, verbindet man sie in der Regel mit einem Balken – wenn Sie also einen Balken sehen, denken Sie immer daran: Dahinter verbergen sich Fähnchen – aber so sieht es irgendwie sauberer aus. In Abbildung 2.2 sehen Sie zwei Achtelnoten, die durch einen solchen Balken miteinander verbunden sind.

Abbildung 2.2: Aufeinanderfolgende Achtelnoten kann man der Einfachheit halber durch einen Balken verbinden.

In Abbildung 2.3 haben wir es nicht mit zwei aufeinanderfolgenden Achtel-, sondern mit vier Sechzehntelnoten zu tun. Hier gibt es zwei Möglichkeiten: Man kann sie paarweise verbinden oder als Vierergruppe – in beiden Fällen jeweils mit einem Doppelbalken. Beim Spielen macht das keinen Unterschied – beide Versionen klingen gleich.

Abbildung 2.3: Sechzehntelnoten haben zwei Fähnchen, und man verbindet sie mit Doppelbalken. Ob als Zweier- oder Vierergruppe, ist egal – das Spielergebnis bleibt das gleiche.

Es gibt auch Zweiunddreißigstelnoten – man verbindet sie auf ähnliche Weise (siehe Abbildung 2.4). Zweiunddreißigstelnoten haben drei Fähnchen, und in der Gruppenform entsprechend drei Balken. Diese Balkenform ist nicht verpflichtend, man kann auch die einzelnen Noten stehen lassen – das wirkt aber sehr unübersichtlich und verwirrend. Noten, die man zu Gruppen zusammenfasst, sorgen einfach für mehr Durchblick, da die einzelnen Taktschläge (Zählzeiten) jeweils am Beginn einer neuen Balkengruppe erkennbar sind. Ein Musiker, der vier Gruppen von jeweils vier Sechzehntelnoten auf dem Notenblatt sieht, fühlt sich mit Sicherheit wohler, als würden da sechzehn einzelne Noten nebeneinander stehen.

Abbildung 2.4: Auch Zweiunddreißigstelnoten lassen sich in Gruppen zusammenfassen, beispielsweise zu vier oder acht Noten.

Was ist ein Notenwert?

In der Schule oder im Gitarren- und Klavierunterricht hat jeder schon einmal davon gehört: Noten haben unterschiedliche *Werte.* Bevor wir ins Detail gehen, sehen Sie sich bitte erst einmal Abbildung 2.5 an. Dort finden Sie die gängigsten Notenwerte, denen Sie beim Musikmachen begegnen werden. Sie werden auch bemerken: Alle Noten einer Zeile lassen sich addieren, sodass der Gesamtwert einer ganzen Note herauskommt. Ganz oben deshalb eine ganze Note, in der zweiten Reihe dann zwei halbe Noten, darunter vier Viertelnoten, dann acht Achtelnoten und zuletzt sechzehn Sechzehntelnoten. Jede einzelne dieser Zeilen hat also letztlich den gleichen Notenwert.

Stellen Sie sich einfach eine runde, leckere Sahnetorte vor. Wenn sie zwischen zwei Personen aufgeteilt werden soll, gibt es zwei Halbtorten. Bei vier Personen gibt es vier Vierteltorten, bei acht Personen acht Achteltorten und so weiter. Je mehr Leute, umso kleiner werden die Tortenstücke.

Nun kommt die Anzahl der zusammengehörigen Noten natürlich auf die Taktart an, in der das Stück geschrieben ist (siehe Kapitel 4). Am häufigsten ist der *Viervierteltakt* – das heißt, eine Zählzeit entspricht einer Viertelnote, und in einen Takt passen genau vier Viertel, zwei Halbe oder eine ganze Note. Eine Achtelnote entspricht also einer halben und eine Sechzehntelnote einer viertel Zählzeit. Da ist, wer Mathe kann, klar im Vorteil.

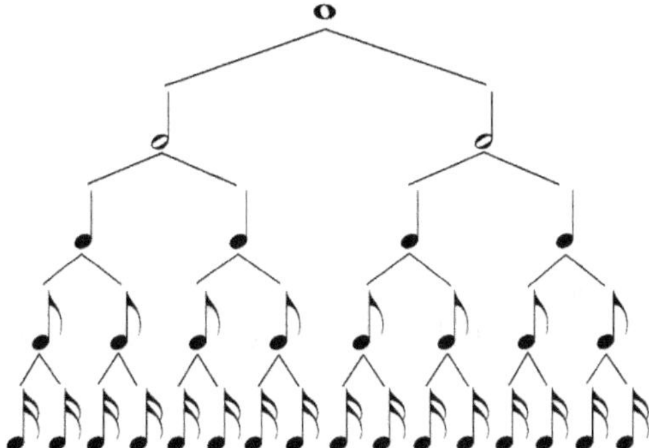

Abbildung 2.5: Der »Notenbaum«. Beim Spielen hat jede der fünf Ebenen die gleiche Zeitdauer.

Häufig ist es so, dass eine Viertelnote einem Taktschlag entspricht. Kennen Sie das Lied »Auf der schwäb'schen Eisenbahne«? Da entspricht (mit ein paar Ausnahmen) jede Silbe einem Taktschlag: AUF-DER-SCHWÄB-SCHEN-EI-SEN-BAH-NE. Man kann jederzeit mitklatschen. Das Lied kann im 4/4-Takt notiert werden und dann dauert jeder Taktschlag eine Viertelnote lang. Mehr über Taktvorgaben und Zählzeiten erfahren Sie in Kapitel 4.

Ganze Noten

Eine ganze Note ist die längste Note, die im Allgemeinen gebraucht wird. Und so sieht sie aus:

Abbildung 2.6: Eine ganze Note besteht aus einem hohlen Kopf ohne Hals (aber bitte nicht Hohlkopf nennen!).

Eine ganze Note dauert stets so lang wie vier Viertel – in einem Song im 4/4-Takt sind dies vier Zählzeiten (siehe Kapitel 4 über Taktvorgaben). Man spielt oder singt die Note und lässt sie über vier Viertel hinweg erklingen – das ist alles.

Wenn Sie also den Takt mit dem Fuß klopfen oder mit den Händen klatschen, sagen Sie zum Beispiel:

PENG (zwei drei vier), PENG (zwei drei vier), PENG (zwei drei vier) – wobei das Wort PENG bis einschließlich vier durchgehalten werden muss.

Am besten, Sie üben das mal anhand von Abbildung 2.7. Ihre Hand oder Ihr Fuß erzeugt gleichmäßige Taktschläge, und Sie sagen einfach nur PENG – vier Schläge lang.

Abbildung 2.7: Drei ganze Noten hintereinander - aber jede umfasst vier Viertel.

Wenn Sie es ein wenig komplizierter haben wollen – es gibt auch die sogenannte Doppelganze, die *Brevis*. Über die stolpert man zwar nicht so häufig – es sei denn, man beschäftigt sich mit mittelalterlicher oder Renaissance-Musik –, aber es schadet nicht, sie mal gesehen zu haben. Die Doppelganze entspricht einem Wert von acht Vierteln oder vier Halben:

Abbildung 2.8: Die Brevis (Doppelganze) umfasst acht Viertel.

Natürlich können Sie, um eine Note mit dem Wert von acht Vierteln zu erzeugen, auch zwei ganze Noten hintereinander setzen und miteinander verbinden. Wie das geht, verraten wir Ihnen später in diesem Kapitel.

Halbe Noten

Wenn es ganze Noten gibt, wird es wohl auch halbe Noten geben (sonst würde es ja reichen, einfach nur Noten zu sagen). Und es verblüfft sicher auch nicht, dass eine halbe Note genau halb so lang ist wie eine ganze Note. Wenn Sie wissen wollen, wie halbe Noten aussehen, schauen Sie sich bitte Abbildung 2.9 an.

Abbildung 2.9: Eine halbe Note erklingt halb so lang wie eine ganze Note.

Die Köpfe von halben Noten sind – wie Sie sehen – ebenfalls hohl, haben jedoch einen Hals. Und jetzt müssen Sie beim Klatschen oder Klopfen natürlich anders zählen:

PENG zwei PENG zwei – PENG zwei PENG zwei – und so weiter …

Natürlich kommt es vor, dass auf eine ganze Note zwei halbe Noten folgen (siehe Abbildung 2.10). Da muss man dann beim Zählen ein wenig flexibel sein:

PENG zwei drei vier PENG zwei PENG zwei

Abbildung 2.10: Eine ganze Note, gefolgt von zwei halben Noten

Viertelnoten

Wir wissen jetzt: Eine ganze Note lässt sich beliebig unterteilen. Zum Beispiel in zwei halbe Noten – oder vier Viertelnoten. Eine Viertelnote entspricht im 4/4-Takt einer Zählzeit, also einem Schlag. Auch Viertelnoten haben einen Hals, nur ist der Notenkopf in diesem Fall nicht hohl, sondern ausgefüllt (Abbildung 2.11). Und gezählt wird jetzt so:

PENG PENG PENG PENG

Haben Sie's gemerkt? Jetzt ist jeder Taktschlag ein PENG. Wichtig ist nur: Die vier Viertelnoten müssen zusammen genau so lange dauern wie eine ganze Note. Aber das wissen Sie ja inzwischen selbst.

Abbildung 2.11: Diese vier Viertelnoten bilden je einen Taktschlag (eine Zählzeit).

Und nun eine kleine Übung: Ersetzen Sie spaßeshalber mal die erste der vier Viertelnoten durch eine ganze Note und die letzte durch eine halbe Note – so wie es in Abbildung 2.12 zu sehen ist. Wie müssen Sie jetzt zählen?

Abbildung 2.12: Die Abfolge von ganzen, halben und Viertelnoten kann natürlich variieren. Dann kommt es auf das korrekte Zählen an.

Haben Sie's herausgefunden? Hier ist die Lösung:

PENG zwei drei vier PENG PENG PENG zwei

Gar nicht so schwer, oder?

Achtelnoten und noch kleineres Gemüse

Sobald auf einem Notenblatt Achtelnoten und noch geringere Notenwerte stehen, sieht oft alles etwas kompliziert aus – vor allem, wenn solche »Ungeheuer« auftauchen wie Gruppen von Sechzehntel- oder gar Zweiunddreißigstelnoten. Da verlieren viele Anfänger die Lust am Notenlesen – und manchmal auch am Spielen, weil solche Noten natürlich ein schnelleres Spieltempo erfordern.

Eine Achtelnote (siehe Abbildung 2.13) hat – nach Adam Riese – den Notenwert einer halben Viertelnote. Wenn Sie also acht Achtelnoten spielen, dauert das genau so lang, wie Sie brauchen, um eine ganze Note zu spielen. Somit entspricht eine Achtelnote im 4/4-Takt einem halben Taktschlag.

Abbildung 2.13: Achtelnoten sind ausgefüllt, haben einen Hals und ein Fähnchen. Acht Achtelnoten haben den Wert einer ganzen Note.

Ein halber Taktschlag? Hilfe, werden jetzt manche rufen – wie zählt man denn so etwas? Im Grunde ganz einfach: Pro Zählzeit klatschen Sie jetzt einfach zweimal oder klopfen zweimal mit dem Fuß.

PENGPENG – PENGPENG – PENGPENG – PENGPENG

Oder auch so:

EINS und ZWEI und DREI und VIER und

Die Zahlen stehen für die jeweilige Zählzeit, und jedes »und« steht genau zwischen zwei Zählzeiten.

Falls Sie bereits der stolze Besitzer eines Metronoms sind – stellen Sie sich einfach vor, jedes Ticken hat den Wert einer Viertelnote. Um Achtel darzustellen, müssen Sie also zweimal pro Tick klatschen. Wenn Sie Sechzehntel haben wollen, passen davon genau vier auf einen Tick.

Noch mal zum Verdauen: Eine Sechzehntelnote entspricht dem Viertel einer Viertelnote; um auf den Wert einer ganzen Note zu kommen, brauchen wir also sechzehn Sechzehntelnoten. Und jetzt sind Sie sicher schon gespannt, wie eine solche Sechzehntelnote aussieht. Abbildung 2.14 zeigt sie Ihnen.

Abbildung 2.14: Eine Sechzehntelnote dauert halb so lang wie eine Achtelnote und hat zwei Fähnchen.

Zu allem Schrecken gibt es natürlich auch Zweiunddreißigstelnoten, die aber weniger häufig vorkommen. Eine solche Rarität können Sie in Abbildung 2.15 bestaunen. Sie müssten also zweiunddreißig solcher Noten addieren, um auf den Wert einer ganzen Note zu kommen. Bei zwei Zweiunddreißigsteln wären wir erst bei einer Sechzehntelnote, bei vieren bei einer Achtelnote … und na ja, inzwischen können Sie es ja selbst.

Abbildung 2.15: Eine Zweiunddreißigstelnote hat drei Fähnchen am Hals und den halben Wert einer Sechzehntelnote.

Dass es auch Vierundsechzigstel- und Einhundertachtundzwanzigstel-Noten geben soll, wird von unerschrockenen Forschern aus dem Reich der Musik-Abgründe immer wieder berichtet.

Punkte, Bögen und anderer wichtiger Kleinkram

Manchmal kommt es vor, dass eine Note etwas länger erklingen muss als vorgesehen. Für diesen Fall gibt es zwei Möglichkeiten: Man kann die Note punktieren oder mit einer zweiten Note durch einen Bogen verbinden. Aber beginnen wir von vorn:

Wann punktiert man eine Note?

Vielleicht kennen Sie ja diese rätselhaften Punkte, die man auf Notenblättern manchmal hinter einer Note findet. Sie bedeuten eigentlich nur, dass die betreffende Note um die Hälfte ihres Wertes verlängert werden muss. Meistens findet man sie hinter halben Noten, die dann nicht nur zwei, sondern drei Viertel lang dauern sollen (siehe Abbildung 2.16). Merken Sie es sich einfach so: Wenn hinter einer Note ein Punkt steht, wechseln Sie in Gedanken auf den nächstniedrigen Notenwert und nehmen ihn mal drei. Also: Halbe Note mit Punkt ist eine Viertelnote mal drei. Viertelnote mit Punkt ist eine Achtelnote mal drei. Oder: Sahnetorte mit Punkt ist eine halbe Sahnetorte mal drei, also anderthalb Sahnetorten. Hmmm ...

𝅗𝅥. = 3 Viertel

Abbildung 2.16: Ein Punkt verlängert eine Note immer um die Hälfte ihres ursprünglichen Notenwertes.

Hinter einer ganzen Note findet sich nur selten ein Punkt – aber es kommt schon mal vor. Quizfrage: Wie vielen Viertelnoten entspricht diese Note dann?

Richtig geraten – sechs! Da eine ganze Note vier Viertelnoten entspricht, müssen wir nun einfach die Hälfte davon nehmen (also zwei) und zu den vier hinzuzählen (ergibt sechs).

Ganz so leicht ist das Leben nun auch wieder nicht – und so stoßen wir manchmal auf Noten, hinter denen zwei Punkte stehen. Man spricht in diesem Fall von einer *doppelt punktierten Note*. Was bedeutet das nun? Da wird es ein wenig mathematischer – denn jetzt muss man nicht nur die Hälfte des Notenwerts der geschriebenen Note hinzufügen, sondern auch noch zusätzlich ein Viertel. (Das ist wie im Metzgerladen: »Darf es etwas mehr sein?«) Ein Beispiel: Wir haben eine halbe Note mit zwei Punkten. Eine halbe Note, das wissen wir inzwischen, entspricht zwei Vierteln – und jetzt kommt hinzu: eine Viertelnote (die Hälfte der halben Note) und zusätzlich eine Achtelnote (ein Viertel der halben Note) – macht auf der Rechnung insgesamt dreieinhalb Viertel oder sieben Achtel. Und wer jetzt noch nicht genug hat, kann sich mal bei Richard Wagner umsehen – der hat in seinen Kompositionen nämlich gern auch mal mit *dreifach punktierten Noten gearbeitet.* Hilfe!

Halt, es fehlt noch der Haltebogen!

Es gibt noch eine andere Möglichkeit, den Wert einer Note zu verlängern. Sehen Sie sich einmal Abbildung 2.17 an. Da stehen zwei Noten der gleichen Tonhöhe hintereinander, sind aber durch einen Bogen miteinander verbunden. Das heißt: Die erste Note muss man »halten«, sie darf nicht ein zweites Mal angeschlagen werden (daher der Name *Haltebogen*). Den Wert der beiden Noten in unserem Beispiel erkennen Sie ja inzwischen selbst: Es handelt sich um zwei Viertelnoten. Im Klartext: Wir müssen die Note also zwei Taktschläge lang erklingen lassen, genau so, als stünde dort eine halbe Note:

PENG zwei!

Abbildung 2.17: Zwei durch einen Haltebogen verbundene Viertelnoten entsprechen dem Wert einer halben Note.

Haltebögen darf man nicht verwechseln mit *Bindebögen*. Sie sehen zwar ähnlich aus, doch während ein Haltebogen zwei Noten gleicher Tonhöhe miteinander verbindet, bezeichnet der Bindebogen eine bestimmte Spielweise (mehr über Bindebögen in Kapitel 15).

Und jetzt geht's ans Üben …

Wir haben nun eine Menge besprochen: Notenwerte, punktierte Noten, Haltebögen … und natürlich kommt in den meisten Musikstücken nicht nur eines dieser Elemente vor, sondern alles bunt gemischt. Da heißt es üben und kombinieren lernen.

Die Abbildungen 2.18 bis 2.21 enthalten jeweils Übungen, mit denen Sie eine Art Taktstock im Kopf erschaffen und das richtige Gespür für die richtigen Zählzeiten entwickeln können. Jede Übung besteht aus fünf Takten, deren Rhythmus stark variiert. Ihre Aufgabe ist es, nach unserer PENG-und Zahlen-Methode die Übungen auszuführen. Bei jedem PENG klatschen Sie in die Hände, die Zahlen sprechen Sie laut aus, ohne zu klatschen. Wenn Sie auf ein PENG-PENG (also mit Bindestrich) stoßen, bedeutet das: Pro Taktschlag (bei dem sonst nur einmal geklatscht wird) müssen Sie nun zweimal klatschen. Viel Spaß!

Zählen Sie erst ein- oder zweimal »eins, zwei, drei, vier … eins, zwei, drei, vier …« – und dann legen Sie los!

Übung 1

PENG PENG PENG PENG / PENG zwei drei PENG / PENG zwei drei vier / PENG zwei drei vier / PENG PENG PENG vier

Abbildung 2.18: Übung 1

Übung 2

PENG zwei drei vier / PENG zwei drei vier / PENG PENG drei PENG / PENG zwei PENG vier / PENG zwei drei vier

Abbildung 2.19: Übung 2

Übung 3

PENG PENG-PENG PENG vier / PENG zwei drei vier / PENG zwei drei PENG / PENG-PENG PENG drei vier / PENG zwei PENG vier

Abbildung 2.20: Übung 3

Übung 4

PENG zwei PENG vier / PENG zwei drei PENG/PENG zwei drei vier / eins PENG drei vier / PENG zwei drei vier

Abbildung 2.21: Übung 4

IN DIESEM KAPITEL

Lernen Sie alles über Pausen und Pausenzeichen

Erfahren Sie, wie man Pausen verlängert

Lernen Sie alles über das Wechselspiel von Noten und Pausen

Kapitel 3
Mach mal Pause ...

Kennen Sie das? Ein Schweigen während eines Gesprächs sagt oft mehr als tausend Worte. So ist es auch in der Musik: Gerade die Noten, die *nicht* gespielt werden, machen aus einem Song oft etwas ganz Einzigartiges.

Diese nicht hörbaren »Noten« bezeichnet man passenderweise als *Pausen.* Wenn Sie also sehen, dass in einem Stück irgendwo eine Pause eingebaut ist, brauchen Sie nicht zu spielen, sondern müssen einfach nur stumm weiterzählen. Und ganz besonders wichtig sind Pausen, wenn Sie ein Stück für jemand anderen aufschreiben oder die Komposition einer anderen Person interpretieren wollen. Da reichen Noten allein nicht aus, um den Rhythmus klarzumachen – da müssen auch die Momente verzeichnet sein, in denen es still bleibt.

Gerade wenn es um Kompositionen für mehrere Instrumente geht, erfüllen Pausen einen wertvollen Zweck. Jeder einzelne Musiker kann dann die Taktschläge zählen und bleibt somit stets synchron mit dem restlichen Ensemble, auch wenn er erst ein paar Takte später wieder einsetzt. In der Klaviermusik weiß dann sowohl die linke als auch die rechte Hand, wann und wie lange sie genau ruhen muss.

Lassen Sie sich von dem Begriff »Pause« nicht täuschen. Es geht nicht darum, zwischendurch mal ein Nickerchen zu halten. In der Musik sind auch die Pausen reine Arbeitszeit – weil man (genau wie beim Notenlesen) natürlich weiterzählen muss, um weiterhin das richtige Timing beizubehalten.

Wie kann ich Pausen im Notensystem erkennen?

Stellen Sie sich die Pausen als die Leerzeichen in einem geschriebenen Text vor. Gäbe es keine Leerstellen zwischen den Wörtern würdedasGanzesoaussehenundwäremehralsverwirrend.

In den Pausen wird weder geklatscht noch gesungen oder gespielt. Das Zählen findet nur im Kopf statt. Achten Sie also darauf, dass Sie zum Beispiel beim Klavierspielen nicht trotzdem versehentlich in die Tasten hauen.

Abbildung 3.1 kommt Ihnen vielleicht bekannt vor – sie ähnelt dem »Notenbaum« aus unserem letzten Kapitel, nur dass es sich diesmal um einen »Pausenbaum« handelt. Das Zeichen ganz oben steht für eine ganze Pause, darunter kommen – der Reihe nach – die halben Pausen, Viertelpausen, Achtelpausen und Sechzehntelpausen. Und die nehmen wir uns auf den nächsten Seiten alle nacheinander vor.

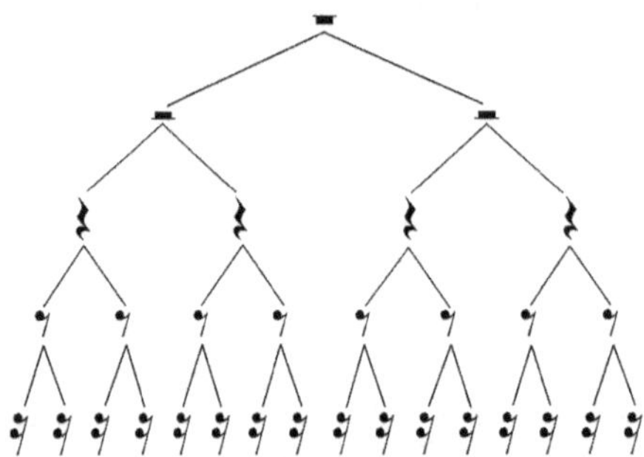

Abbildung 3.1: Der »Pausenbaum« verrät uns genau, welchem Notenwert jede Pause entspricht.

Ganze Pausen

Mit ganzen Pausen verhält es sich wie mit ganzen Noten: Sie dauern genau vier Viertel lang (es sei denn, der Takt ist kürzer als vier Viertel, dann dauern sie einen ganzen Takt lang und heißen »Ganztaktpause«). Das Zeichen für eine ganze Pause sehen Sie in Abbildung 3.2.

Eselsbrücke: Das große Pausenzeichen liegt im Notensystem nicht auf einer Linie, sondern hängt von ihr herab und sieht aus wie ein Hut, dessen Öffnung nach oben zeigt. Stellen Sie sich vor, Ihnen wäre das Geld ausgegangen und Sie müssten auf der Straße mit dem Hut sammeln. Das könnte dauern, bis Sie eine anständige Summe zusammenhätten – eine laaange Pause also.

Abbildung 3.2: Eine ganze Pause »hängt« an der Notenlinie und sieht aus wie ein Hut, mit dem man Geld sammelt.

Nur für Spezialisten: Natürlich gibt es auch Doppelganze- oder Brevis-Pausen – allerdings nur sehr selten und fast nur bei Musik, die im 4/2-Takt geschrieben ist. Eine doppelte Pause bedeutet: Man braucht acht Viertel lang nicht zu spielen. Das dazugehörige Zeichen finden Sie in Abbildung 3.3.

Abbildung 3.3: Dem Symbol für eine doppelte Pause werden Sie nur selten oder vielleicht auch nie begegnen.

Halbe Pausen

Wir wissen jetzt: Eine ganze Pause dauert, ebenso wie eine ganze Note, vier Viertel lang. Da ist es nicht schwer zu erraten, dass eine halbe Pause zwei Viertel dauert. Das Symbol für eine halbe Pause sehen Sie in Abbildung 3.4.

Abbildung 3.4: Eine halbe Pause dauert halb so lang wie eine ganze Pause und genauso lang wie eine halbe Note.

Und was sehen wir da? Schon wieder einen Hut. Nur liegt diesmal das Zeichen auf der Linie, das heißt: Der Hut zeigt mit der richtigen Seite nach oben. Erinnern wir uns wieder ans Geldsammeln: Es dauert lange, bis man es zusammenhat, aber wenn man den Hut dann versehentlich umdreht, ist er blitzschnell wieder leer. Deshalb symbolisiert uns dieses Zeichen also die kürzere, die sogenannte halbe Pause.

Sehen wir uns jetzt Abbildung 3.5 an: Da haben wir eine ganze Note, eine halbe Note und eine halbe Pause. Versuchen Sie doch, bevor Sie weiterlesen, diesen Rhythmus einmal zu klatschen.

Abbildung 3.5: Übungsbeispiel

Und? Hat es geklappt? Die Lösung lautet:

PENG zwei drei vier PENG zwei STILL zwei

Viertelpausen

Wenn wir eine ganze Pause in vier gleiche Abschnitte oder eine halbe Pause in zwei gleiche Abschnitte aufteilen, erhalten wir eine Viertelpause. Eine Viertelpause im Notensystem sieht so aus:

Abbildung 3.6: Die Viertelpause bedeutet, ein Viertel lang stillzuhalten.

In Abbildung 3.7 sehen wir zwei Viertelpausen, die zwischen einer ganzen und einer halben Note stehen. Versuchen Sie bitte wieder, das richtige Klatsch- oder Klopfmuster zu finden.

Abbildung 3.7: Übungsbeispiel

Lösung:

PENG zwei drei vier STILL STILL PENG zwei

Achtelpausen und noch kleineres Gemüse

Die Symbole für Achtel-, Sechzehntel- und Zweiunddreißigstelpausen kann man sich leicht einprägen, da sie Fähnchen haben – genau wie ihre klangvolleren Verwandten, die Noten (siehe Kapitel 2), allerdings auf der anderen Seite des Stiels. Man unterscheidet:

- **Ein Fähnchen:** Achtelnote und Achtelpause, siehe Abbildung 3.8
- **Zwei Fähnchen:** Sechzehntelnote und Sechzehntelpause, siehe Abbildung 3.9
- **Drei Fähnchen:** Zweiunddreißigstelnote und Zweiunddreißigstelpause, siehe Abbildung 3.10

Abbildung 3.8: Symbol für eine Achtelpause: ein Stiel mit einem Fähnchen

Und Sie ahnen es sicher schon: Sobald es mit dem Abzählen von Achtelpausen losgeht, wird es ungemütlich – genau wie bei den Noten (siehe Kapitel 2). Eine Achtelpause dauert halb so lang wie eine Viertelpause – also eine halbe Zählzeit im 4/4-Takt (in Kapitel 4 wird es um Taktvorgaben gehen, dann erfahren Sie genau, wie viele Zählzeiten eine Note oder Pause beinhalten kann). Acht Achtelpausen ergeben zusammen eine ganze Pause.

Mithilfe eines Metronoms können Sie die Noten- und Pausenwerte eines Musikstücks genau erkunden – und selbst bestimmen, ob ein Ticken des Geräts nun ein Viertel, ein Achtel oder ein Sechzehntel einer Ganzen darstellen soll. In der Regel werden Sie ein Ticken mit einer Viertelnote (Viertelpause) gleichsetzen, aber Sie können es auch zur Achtelnote erklären – dann bedeutet zweimal Ticken eine Viertelnote, viermal Ticken eine halbe Note, achtmal Ticken eine ganze Note. Das Verhältnis der einzelnen Noten und Pausen zueinander bleibt immer das gleiche – egal, wie Sie sich festlegen.

In Abbildung 3.9 sehen Sie das Symbol für eine Sechzehntelpause. Sie entspricht in ihrem Wert genau einer Sechzehntelnote.

Abbildung 3.9: Eine Sechzehntelpause hat zwei Fähnchen – genau wie die Sechzehntelnote.

Und unerschrocken wie Sie sind, wollen Sie jetzt sicher auch noch wissen, wie man eine Zweiunddreißigstelpause erkennt – auch wenn Sie nur recht selten einer begegnen werden.

Sie entspricht in ihrem Wert einer Zweiunddreißigstelnote – das heißt, erst 32 davon addieren sich zu einer ganzen Pause. Hier bitte:

Abbildung 3.10: Eine Zweiunddreißigstelpause hat drei Fähnchen.

Und wenn die Pause länger sein soll?

Noten kann man, wie wir gelernt haben, mithilfe von Haltebögen verlängern – bei Pausen geht das nicht. Man kann eine Pause aber genau wie eine Note punktieren. Und da gelten die gleichen Gesetze: Wenn hinter einem Pausenzeichen ein Punkt steht, wird es um die Hälfte seines Wertes verlängert.

In Abbildung 3.11 sehen wir eine halbe Pause (denken Sie an den Hut!) mit einem Punkt dahinter. Wie lang ist diese Pause nun? Genau zwei Viertel und davon nochmal die Hälfte, also ein zusätzliches Viertel lang – sie nimmt also drei Viertel ein. Stünde der Punkt hinter dem Zeichen für eine Viertelpause, müssten wir zu dem Viertel ebenfalls die Hälfte (in diesem Fall ein Achtel) hinzufügen – was insgesamt drei Achtel ergäbe.

Abbildung 3.11: Eine halbe Pause mit einem Punkt dahinter entspricht einer Dreiviertelpause.

Übung: Noten und Pausen bunt gemischt

Was eine Pause in einem Musikstück bewirken kann, lässt sich am besten erkennen, wenn man sie mit Noten verbindet. Damit die Sache nicht zu verwirrend wird, beschränken wir uns in den folgenden Übungen (Abbildungen 3.12 bis 3.16) auf Viertelnoten.

Auch hier geht es wieder darum, einen »Taktstock im Kopf« zu erschaffen und instinktiv ein Gespür für Noten- und Pausenwerte zu entwickeln. Dann muss man nicht mehr zählen, dann »spürt« man es. Jede der Übungen besteht aus drei Takten à vier Zählzeiten.

Übung 1

PENG PENG PENG PENG / STILL STILL STILL STILL / PENG STILL drei PENG

Abbildung 3.12: Übung 1

Übung 2

STILL zwei drei vier / PENG STILL PENG STILL / PENG STILL drei PENG

Abbildung 3.13: Übung 2

Übung 3

STILL PENG STILL PENG / STILL zwei drei vier / PENG STILL STILL PENG

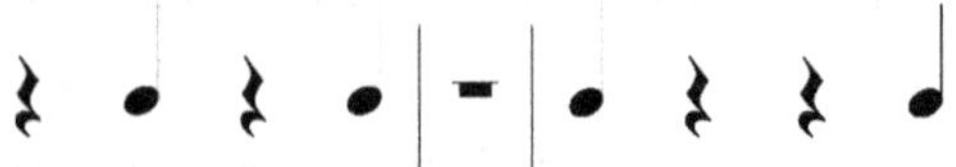

Abbildung 3.14: Übung 3

Übung 4

STILL zwei PENG PENG / STILL zwei drei vier / PENG PENG PENG STILL

Abbildung 3.15: Übung 4

Übung 5

STILL zwei drei vier / PENG STILL STILL PENG / STILL zwei PENG PENG

Abbildung 3.16: Übung 5

IN DIESEM KAPITEL

Lernen Sie (fast) alles über Taktvorgaben und Metren

Lernen Sie den Unterschied zwischen einfachen und zusammengesetzten ungeraden Taktarten kennen

Erfahren Sie auch, was eine asymmetrische Taktart ist

Kapitel 4
Musiker sollten niemals taktlos sein

Falls Sie einmal Angst haben sollten, sich in einem längeren Musikstück zu »verirren« und nicht mehr zu wissen, wo Sie gerade sind – keine Sorge! Die Leute, die die Notenschrift erfunden haben, haben auch diesen Aspekt nicht vergessen. Klar, da stürmen erst mal eine Menge Noten- und Pausenzeichen auf Sie ein – aber wenn Sie sich ein wenig mit Taktangaben auskennen, sich auf den Notenlinien zurechtfinden und wissen, wie man mit Metren umgeht, ist das kein Problem mehr. In diesem Kapitel erfahren Sie alles, was Sie darüber wissen müssen.

Takt? Metrum? Was ist das eigentlich?

Sehen Sie sich einfach mal ein Notenblatt an. Ganz vorne auf den Linien befindet sich ein Notenschlüssel. Danach kommen eventuell – je nach Tonart – eine Reihe von Erhöhungs- oder Erniedrigungszeichen (also ♯ oder ♭), darauf folgen zwei übereinanderstehende Ziffern (eine Art Bruch ohne Bruchstrich) – und das ist die sogenannte Taktart. Sie gibt uns Antwort auf zweierlei Fragen:

- **Wie viele Zählzeiten hat ein Takt in diesem Stück?** Das verrät uns die obere Ziffer (der Zähler). Ist es zum Beispiel eine 3, dann besteht jeder Takt aus drei Zählzeiten.
- **Welchen Notenwert hat eine Zählzeit?** Das verrät uns die untere Ziffer (der Nenner). Meistens sind es Achtel- oder Viertelnoten. Steht also unten eine 4, dann entspricht ein Taktschlag einer Viertelnote. Bei einer 8 ist es eine Achtelnote.

In Abbildung 4.1 sehen Sie drei weit verbreitete Taktarten.

3/4 4/4 6/8

Abbildung 4.1: Drei typische Taktarten – der Dreivierteltakt, der Viervierteltakt und der Sechsachteltakt

Man unterscheidet zwei verschiedene Taktarten, auf die wir später in diesem Kapitel noch näher eingehen werden:

- ✔ **Die einfachen Taktarten**, bei denen sich der Beat in zweiteilige Rhythmen aufgliedern lässt.
- ✔ **Die zusammengesetzten ungeraden Taktarten**, bei denen sich der Beat in dreiteilige Rhythmen aufgliedern lässt.

Was versteht man eigentlich unter einem Takt? In der Notenschrift erkennt man einen Takt daran, dass er zwischen zwei senkrechten Linien »eingeschlossen« ist. Er besteht aus Noten oder Pausen, deren Dauern zusammen dem Wert der jeweiligen Taktart entsprechen – ein Beispiel für den 3/4-Takt sehen wir in Abbildung 4.2. Außerdem bezeichnet der Taktstrich eine Abstufung von Betonungen: Die erste Note eines Taktes ist die betonteste, danach folgen unbetontere Noten. Dies gilt vor allem dann, wenn es einen Auftakt gibt: eine oder mehrere Noten, die vor dem ersten Taktstrich stehen (mehr darüber in Kapitel 5) und dafür sorgen, dass der erste Taktschlag besonders stark betont wird – derjenige Schlag also, der beim Zählen mit der »1« zusammenfällt.

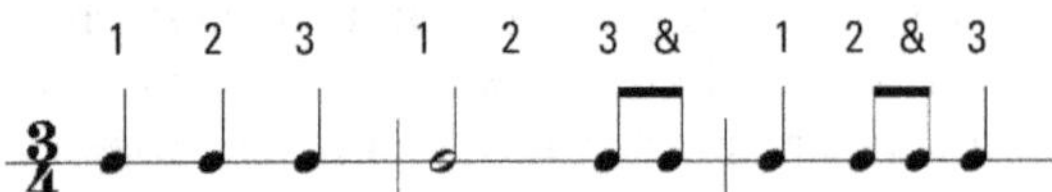

Abbildung 4.2: Beispiel für einen Dreivierteltakt. Jede Takteinheit besteht aus genau drei Schlägen. Jeder Schlag entspricht einer Viertelnote.

Um sicherzugehen, dass Sie ein Musikstück auch in der richtigen Taktart spielen, sollten Sie während des Musizierens die Zählzeiten jedes Taktes zählen – sofern Sie vor anderen Personen spielen, natürlich nur im Kopf und nicht laut. Wie wichtig das Zählen ist, können Sie in den Kapiteln 2 und 3 nachlesen. Das richtige Timing ist das A und O der Musik. Das »innere Zählen« der Taktschläge wird dadurch bald zu einer Art Automatismus – das heißt, Sie brauchen nicht mehr bewusst zu zählen, »es zählt« in ihnen. (Wenn Sie mehr über Zählzeiten erfahren wollen, lesen Sie in Kapitel 2 nach).

Einfache Taktarten – einfaches Spiel

Am besten zählen lassen sich natürlich die einfachen Taktarten – ein Eins-Zwei-Rhythmus ist für Zuhörer und Vorführenden am zugänglichsten. Woran erkennt man nun, ob es sich bei einer Taktart um eine »einfache Taktart« handelt? Da gibt es drei Merkmale:

- **Jeder Taktschlag entspricht genau einer Zählzeit und lässt sich in zwei gleich große Komponenten unterteilen.** Das erkennt man am deutlichsten, wenn man es mit Achtelnoten (oder noch kleineren Notenwerten) zu tun hat. Bei einem einfachen Takt sind schnelle Notenwerte stets mit einem Balken verbunden, sodass sie zusammen ein Viertel oder Achtel ergeben. In Abbildung 4.3 sehen wir ein Diagramm, das uns genau zeigt, wie Notenwerte bei einer einfachen Taktart, in der Viertel gezählt werden, miteinander verbunden werden.

  Bei einem 4/4-Takt zum Beispiel zählt man immer wieder »Eins zwei drei vier«, bei einem 3/4-Takt zählt man »Eins zwei drei, eins zwei drei ...«, bei einem 2/4-Takt »Eins zwei, eins zwei ...« und so weiter.

- **Eine Note, die einem Schlag entspricht, darf keine punktierte Note sein, da nur nicht punktierte Noten durch zwei teilbar sind.** Das heißt: Man kann Viertelnoten zählen, aber auch halbe Noten, ganze Noten – und gelegentlich auch Achtelnoten.

- **Der Zähler der Taktart ist nicht durch 3 teilbar – außer er lautet selbst 3.** Ein Beispiel: 3/4 und 3/8 gelten als einfache Taktarten, aber 6/4, 6/8 und 9/16 sind es nicht (weil die oberen Ziffern durch 3 teilbar sind; bei ihnen handelt es sich um zusammengesetzte ungerade Taktarten).

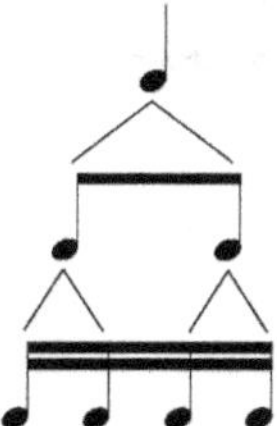

Abbildung 4.3: Das Diagramm besteht aus drei Ebenen, deren Gesamtnotenwerte einander entsprechen. Oben sehen wir eine Viertelnote, darunter zwei durch einen Balken verbundene Achtelnoten, ganz unten vier durch einen Doppelbalken verbundene Sechzehntelnoten.

Wie man bei einfachen Taktarten richtig zählt

Die Taktstriche sind eine gute Orientierungshilfe, um zu erkennen, an welcher Stelle in einem Stück wir uns gerade befinden. Bei den einfachen Taktarten helfen uns die Taktstriche dabei, den richtigen Rhythmus eines Songs zu erspüren, auch wenn wir das Notenblatt erst mal nur lesen, ohne zu spielen. Und vergessen Sie nie: Bei den einfachen Taktarten ist die erste Zählzeit immer etwas stärker betont als die folgenden.

Hier ein paar gängige Beispiele für einfache Taktarten:

- **4/4:** Sehr verbreitet in Popmusik, Klassik, Rock, Jazz, Country, Bluegrass, Hip-Hop und House
- **3/4:** Häufig bei Walzern und Menuetten sowie Country- und Westernballaden
- **2/4:** Häufig bei Polkas und Märschen

- **3/8:** Walzer sowie Country- und Westernballaden
- **2/2:** Märsche, getragene Prozessionsmusik und klassische Musik in schnellem Tempo

Der 4/4-Takt

Wenn Sie ein Notenblatt mit einem Musikstück im 4/4-Takt in Händen halten (wie in Abbildung 4.4), müssen Sie wie folgt zählen:

EINS zwei drei vier EINS zwei drei vier EINS zwei drei vier

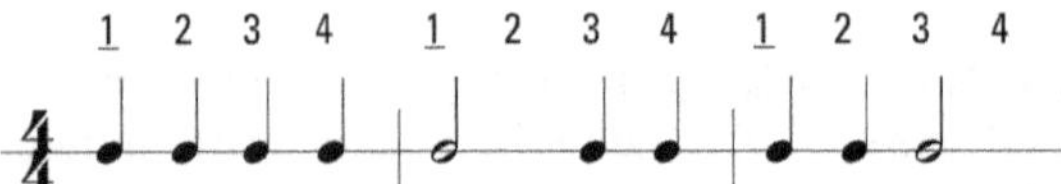

Abbildung 4.4: Der 4/4-Takt gehört zu den einfachen Taktarten.

Der Zähler und der Nenner des 4/4-Takts sind identisch – sie lauten beide 4. Der Nenner (also die untere Zahl) sagt uns: Ein Taktschlag entspricht einer Viertelnote. Der Zähler sagt uns: Jede Takteinheit besteht aus vier Schlägen, also vier Viertelnoten.

Dem 4/4-Takt begegnen wir am häufigsten. Auf vielen Notenblättern ist er daher zu Beginn des Stückes einfach durch ein großes »C« gekennzeichnet.

Der 3/4-Takt

Wenn wir es mit dem 3/4-Takt zu tun haben, müssen wir natürlich anders zählen, und zwar: EINS zwei drei EINS zwei drei EINS zwei drei (siehe Abbildung 4.5)

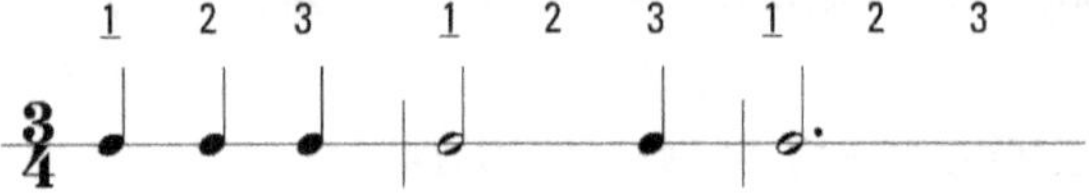

Abbildung 4.5: Auch der 3/4-Takt gehört zu den einfachen Taktarten.

Der 3/8-Takt

Bei einem 3/8-Takt liegt die Betonung ebenfalls auf der ersten Note – in diesem Fall jedoch handelt es sich dabei um eine Achtelnote (Abbildung 4.6).

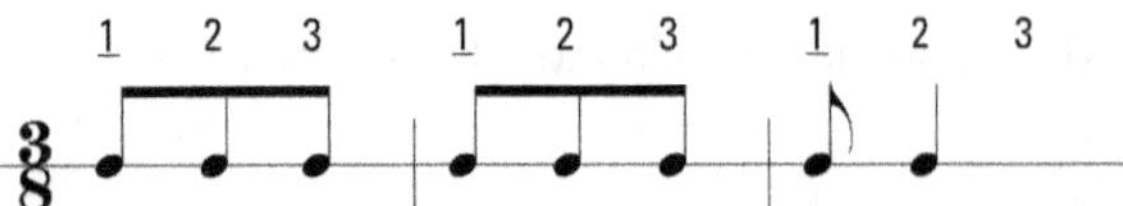

Abbildung 4.6: Auch der 3/8-Takt gehört zu den einfachen Taktarten.

In diesem Fall zählt man auch wieder:

EINS zwei drei EINS zwei drei EINS zwei drei

Nanu, werden Sie denken, das ist doch die gleiche Zählart wie beim 3/4-Takt? Stimmt, nur dass diesmal eben wie gesagt die Zählzeit nicht aus Viertelnoten, sondern aus Achtelnoten besteht.

Der 2/2-Takt

Beim 2/2-Takt (in der klassischen Musik *alla breve* genannt) entspricht die Zählzeit einer halben Note. Und da ja – wie wir wissen – der Taktzähler verrät, aus wie vielen Schlägen ein Takt besteht (in diesem Fall 2), kommen wir also in Abbildung 4.7 auf zwei halbe Noten pro Takt:

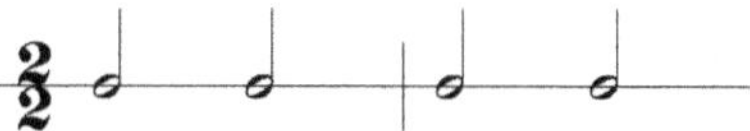

Abbildung 4.7: Beim 2/2-Takt besteht jede Takteinheit aus zwei Schlägen zu je einer halben Note.

Gezählt wird dann wie folgt:

EINS zwei EINS zwei

Die 2 als Taktnenner finden wir vor allem in der Renaissance- und Barockmusik. In diesen Epochen orientierte man sich beim Spiel von Musikstücken am Takt des menschlichen Herzschlags.

Und jetzt wird wieder geübt!

Sie haben jetzt einiges über das Auszählen der verschiedenen Taktarten gelernt – nun folgen ein paar Übungen, mit deren Hilfe Sie Ihr neues Wissen praktisch anwenden können (Abbildungen 4.8 bis 4.12). Klatschen oder klopfen Sie die notierten Rhythmen und zählen Sie dabei die Taktschläge laut mit. Denken Sie daran: Die erste Note eines Taktes wird stets etwas mehr betont als die anderen.

Übung 1

EINS zwei drei vier / EINS zwei drei vier / EINS zwei drei vier

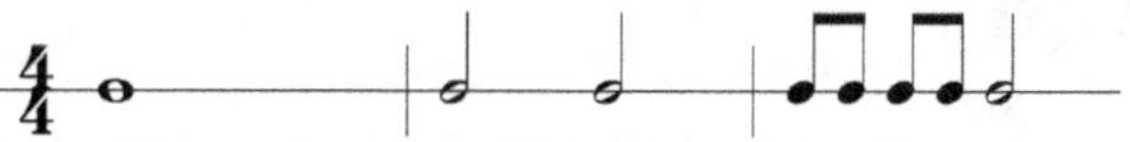

Abbildung 4.8: Übung 1

Übung 2

EINS zwei drei / EINS zwei drei / EINS zwei drei

Abbildung 4.9: Übung 2

Übung 3

EINS zwei drei /EINS zwei drei / EINS zwei drei

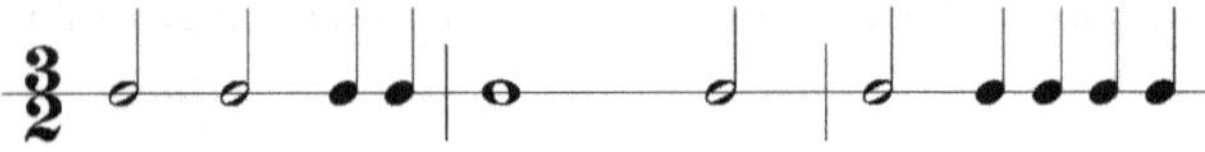

Abbildung 4.11: Übung 4

Übung 4

EINS zwei drei / EINS zwei drei / EINS zwei drei

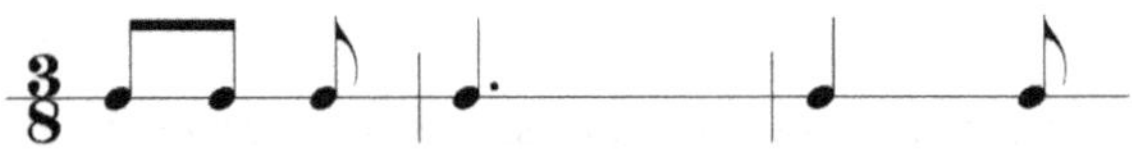

Abbildung 4.10: Übung 3

Übung 5

EINS zwei /EINS zwei /EINS zwei

Abbildung 4.12: Übung 5

Eine Idee schwieriger (aber auch nicht schwer): Die zusammengesetzten ungeraden Taktarten

Die *zusammengesetzten ungeraden Taktarten* sind etwas kniffliger als die einfachen, aber auch hier gibt es einige hilfreiche Regeln, die Ihnen sofort verraten, wann Sie es mit einer solchen Taktart zu tun haben:

- ✔ **Der Taktzähler ist durch 3 teilbar (außer er lautet selbst 3):** Immer wenn also oben eine Zahl steht, die durch 3 teilbar ist (6, 9, 12, 15 und so weiter), handelt es sich um eine zusammengesetzte ungerade Taktart. Das gilt aber nicht für 3/4 oder 3/8, da in diesen Fällen der Zähler ja selbst eine 3 ist (das sind einfache Taktarten, die wir bereits besprochen haben). Am häufigsten unter den zusammengesetzten ungeraden Taktarten sind 6/8, 9/8 und 12/8. Ein Beispiel dafür zeigt Abbildung 4.13.

Abbildung 4.13: Der 6/8-Takt als Beispiel für eine zusammengesetzte ungerade Taktart

- **Jeder Taktschlag besteht aus drei Zählzeiten, umfasst also drei Noten des Wertes, der durch den Nenner der Taktart angegeben wird.** Dabei werden drei Achtelnoten durch einen Balken verbunden, ebenso sechs Sechzehntelnoten. Abbildung 4.14 zeigt das »Dreiersystem«, wie es kennzeichnend ist für zusammengesetzte ungerade Tonarten.

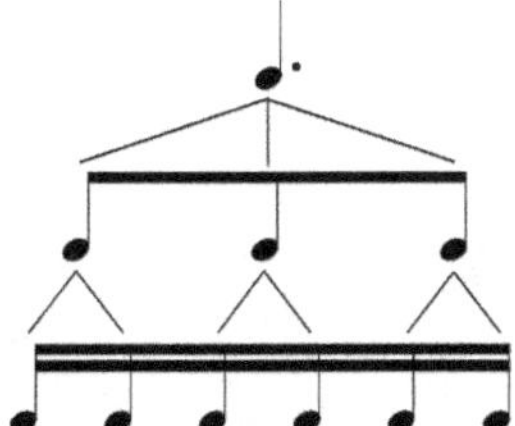

Abbildung 4.14: Bei zusammengesetzten ungeraden Taktarten bestehen die Noten aus Dreiergruppen.

Wie man zusammengesetzte ungerade Taktarten richtig zählt

Einer der Hauptunterschiede zwischen einfachen und zusammengesetzten ungeraden Taktarten besteht darin, dass beide ein völlig anderes *Feeling* vermitteln – sowohl beim Zuhören als auch beim Spielen.

Bei zusammengesetzten Taktarten gibt es so viele Betonungen im Takt, wie sich Dreiergruppen von Noten zusammenfassen lassen. Somit hat ein Stück im 6/8-Takt also zwei deutlich betonte Schläge pro Takt, ein Stück im 9/8-Takt drei Betonungen, ein Stück im 12/8-Takt vier Betonungen.

Ein paar Beispiele für zusammengesetzte ungerade Taktarten:

- **6/8:** Häufig in der Klassik und zum Beispiel bei der Mariachi-Musik oder in den Tänzen Gigue und Tarantella
- **12/8:** Ihm begegnen wir beim 12-taktigen Blues, der klassischen Kirchenmusik und dem Doo-Wop-Stil.
- **9/4:** Gebräuchlich beim Jazz und Prog-Rock

Um herauszufinden, wie viele betonte Schläge ein Takt bei einer zusammengesetzten ungeraden Taktart enthält, teilen Sie einfach den Taktzähler durch drei. So erspüren Sie das Metrum des Songs, den Sie spielen wollen, und wissen genau, an welchen Stellen Sie Akzente setzen müssen. Beispiel: Handelt es sich um ein Stück im 6/8-Takt, müssen Sie die Hauptbetonung jeweils auf die erste Zählzeit legen, aber auch die Mitte des Taktes leicht akzentuieren.

Wie zählt man einen 6/8-Takt?

Sehen Sie sich einmal Abbildung 4.15 an. Wie würden Sie da zählen?

Abbildung 4.15: Ein Musikbeispiel im 6/8-Takt. Hier müssen Sie jeweils die erste und zweite Gruppe von Achtelnoten betonen.

Lösung:

EINS zwei drei VIER fünf sechs EINS zwei drei VIER fünf sechs

Wie zählt man einen 9/4-Takt?

9/4-Takt – das mag Ihnen auf Anhieb nicht geheuer vorkommen. Sehen Sie sich dazu zuerst Abbildung 4.16 an:

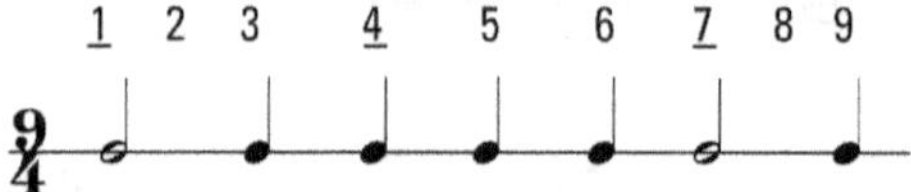

Abbildung 4.16: Der 9/4-Takt als Beispiel für eine zusammengesetzte ungerade Taktart

Wie wird gezählt?

EINS zwei drei VIER fünf sechs SIEBEN acht neun

Und jetzt dürfen Sie wieder üben!

Es folgen drei Aufgaben (Abbildungen 4.17 bis 4.19), bei denen Sie Ihr Wissen wieder praktisch anwenden dürfen. Zählen Sie am besten laut, und denken Sie daran: Der erste Taktschlag wird leicht betont, ebenso jede dritte der folgenden Zählzeiten. Das sind sozusagen die »Pulsschläge« des Songs. (Jetzt finden Sie zwischen den Zahlen auch manchmal ein »und« – das hilft Ihnen dabei, den Rhythmus einzuhalten, auch wenn Notenwerte vorkommen, die kürzer sind als die Zählzeit. Keine wissenschaftliche Methode, aber sehr hilfreich, wenn es darum geht, verschiedene Taktvorgaben auszuzählen.

Übung 1

EINS zwei drei VIER und fünf sechs / EINS zwei drei VIER fünf sechs / EINS zwei drei VIER fünf sechs

Abbildung 4.17: Übung 1

Übung 2

EINS zwei drei VIER und fünf und sechs und /EINS zwei drei VIER fünf sechs / EINS zwei drei VIER und fünf und sechs und

Abbildung 4.18: Übung 2

Übung 3

EINS zwei drei VIER fünf sechs SIEBEN acht neun /EINS zwei drei VIER und fünf und sechs und SIEBEN acht neun

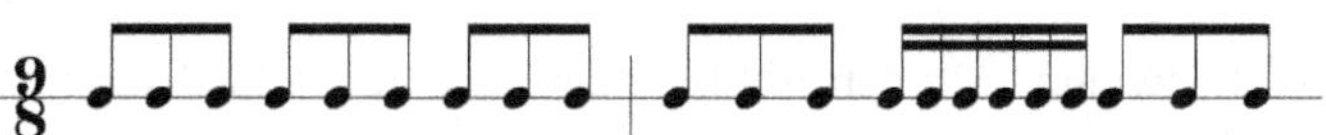

Abbildung 4.19: Übung 3

Und jetzt noch die asymmetrischen Taktarten …

Bei unseren traditionellen Taktarten hatten wir es bisher immer mit zwei, drei oder vier Schlägen zu tun. Die *asymmetrischen Taktarten* (auch komplexe oder unregelmäßige Taktarten genannt) bestehen jedoch normalerweise aus fünf oder sieben Schlägen. Wir begegnen ihnen in der traditionellen Musik vieler Völker, auch in der ost- und südeuropäischen und der orientalischen (vor allem indischen) Folklore.

Wenn Sie ein Lied in einer asymmetrischen Taktart hören, merken Sie sofort: Das ist ein anderer Beat, ein anderer Pulsschlag, ein anderes Feeling als bei den gewohnten Taktvorgaben. Ein 5/4-Takt, ein 5/8-Takt, ein 5/16-Takt – hier haben wir zwei verschieden lange Taktschläge in einem Takt, und zwar entweder zwei Zählzeiten plus drei Zählzeiten oder umgekehrt. Die Betonung der Zählzeiten kann sich dabei von Takteinheit zu Takteinheit unterscheiden – das Einzige, was immer gleich bleibt, sind die fünf Zählzeiten pro Takt.

Sehen Sie sich als Beispiel Abbildung 4.20 an. Der »Pulsschlag« wird bestimmt von den halben Noten in jedem Takt, und die Betonung liegt im ersten Takt auf der dritten Zählzeit, im zweiten Takt auf der vierten Zählzeit.

EINS zwei DREI vier fünf / EINS zwei drei VIER fünf

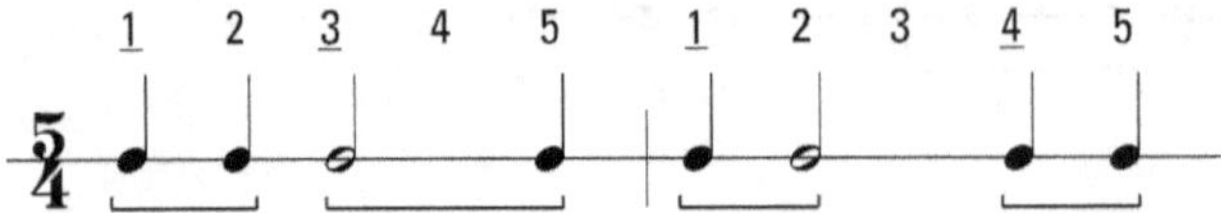

Abbildung 4.20: Ein Beispiel im 5/4-Takt. Die Betonung liegt auf den Taktschlägen eins, drei, eins und vier.

In Abbildung 4.21 verraten uns die Balken der Achtelnoten, wo wir die Akzente setzen müssen – nämlich bei der ersten Achtelnote jeder Gruppe.

EINS zwei DREI vier fünf / EINS zwei drei VIER fünf

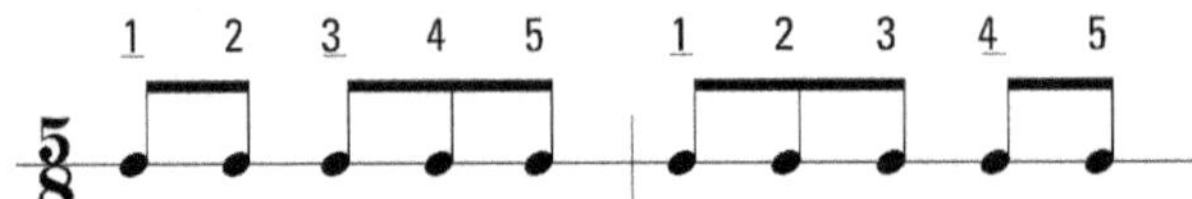

Abbildung 4.21: Auch in diesem Beispiel für einen 5/8-Takt liegt die Betonung auf den Zählzeiten eins, drei, eins und vier.

Musik im 7/4-, 7/8- und 7/16-Takt sehen wir in den Abbildungen 4.22 und 4.23. Auch hier kann die Betonung von einem Takt zum anderen variieren.

Sehen Sie sich Abbildung 4.22 an und überlegen Sie sich, wie Sie zählen würden.

Abbildung 4.22: Ein Beispiel im 7/4-Takt. Die Betonung liegt auf den Zählzeiten eins, vier, eins und fünf.

Lösung:

EINS zwei drei VIER fünf sechs sieben / EINS zwei drei vier FÜNF sechs sieben

Und jetzt Abbildung 4.23 als Beispiel für einen 7/8-Takt.

Abbildung 4.23: Ein Beispiel im 7/8-Takt. Die Betonung liegt auf den Zählzeiten eins, vier, sechs, eins, drei und fünf.

Gezählt wird:

EINS zwei drei VIER fünf SECHS sieben / EINS zwei DREI vier FÜNF sechs sieben

Selbst wenn man asymmetrische Taktarten auch als »komplexe Taktarten« bezeichnet – komplex sind sie eigentlich nur aus westlicher Sicht. Ansonsten waren sie im Laufe der Geschichte weltweit verbreitet, zum Beispiel im antiken Griechenland und in Persien. Auch in der bulgarischen Folklore tauchen sie häufig auf. Und dann gibt es auch noch eine Menge westlicher Musiker, die bei ihren Kompositionen mit solchen Taktarten gearbeitet haben, zum Beispiel Steve Albini, Beck, Dave Brubeck, June of 44, Andrew Lloyd Webber, Frank Zappa, Pink Floyd, Yo-Yo Ma, Bobby McFerrin oder Stereolab, aber auch Komponisten wie Frédéric Chopin oder Peter Tschaikowsky. Es gibt sogar ein spezielles Rock-Genre – den *Math Rock* – der auf komplexen Taktarten wie 7/8, 11/8, 13/8 und so weiter aufbaut, um sich von dem in der Rockmusik sonst so verbreiteten 4/4-Takt zu lösen.

IN DIESEM KAPITEL

Erfahren Sie, warum Musik ab und zu auch mal vom Takt abweicht

Lernen Sie alles über Auftakte

Schließen Sie Bekanntschaft mit Triolen und Duolen

Kapitel 5
Der richtige Beat – ein Spiel ohne Grenzen

Notenwerte, Pausenwerte – das erscheint uns alles irgendwie mathematisch einleuchtend, aber Musik ist eben nun mal keine Mathematik. Ebenso wie Percussionisten keine Roboter sind und gute Songs nicht von überirdisch großen Metronomen gesteuert werden. Würde alles nur nach Gesetz ablaufen und jeder auf dieser Welt sich zur gleichen Zeit im gleichen Rhythmus bewegen – ja, dann würde eine Musik wie die andere klingen. Doch jemand kann noch so gesund sein, ab und zu setzt sein Herz mal für einen Schlag lang aus oder schlägt im Gegenteil einmal zu oft – und genauso ist es in der Musik.

Mit dem Beat zu spielen bedeutet also auch, sich nicht sklavisch an Regeln zu halten. Und der Job von Komponisten ist es seit jeher, solche kreativen Regelverstöße auch auf angemessene Weise aufs Notenpapier zu zaubern. In diesem Kapitel erfahren Sie alles, was Sie wissen müssen, um spielerisch mit Rhythmen und Beats umgehen zu können.

Was Sie über Betonungen und Synkopen wissen müssen

Beat – wir haben das Wort jetzt schon ein paar Mal verwendet, aber was bedeutet es eigentlich? Der Beat ist der rhythmische »Pulsschlag« eines Stücks. Und gewissermaßen steht und fällt jeder Song mit seinem Beat. Der Beat bestimmt, wie man zu einer Musik tanzen kann oder was man empfindet, wenn man sie hört. Es gibt Songs, die einen aufwühlen, es gibt Songs, bei denen man traurig wird, und andere, die für Ruhe und Entspannung sorgen – das hängt alles nur vom Beat ab. Wenn Sie ein Musikstück auf ein Notenblatt schreiben, legen Sie gleichzeitig auch dessen Beat fest – je nachdem, welche Taktart Sie wählen und wie Sie die Noten in den verschiedenen Takten gruppieren. Als Musiker sind Sie in der Lage, diesen natürlichen Pulsschlag zu empfinden, wenn Sie Musik spielen und die Taktschläge abzählen.

Ein paar Grundregeln der Betonung

In der Regel ist es der erste Schlag eines Taktes, der am stärksten betont wird. Enthält ein Takt mehr als drei Schläge, kommt meist noch ein zweiter betonter Schlag hinzu. Es wurde schon viel darüber theoretisiert, weshalb unser Gehirn sich nach Rhythmen sehnt, die sich in zwei oder drei Einheiten aufteilen lassen (manche vermuten, es liegt daran, dass diese Musikstruktur dem menschlichen Herzschlag ähnelt), aber so richtig einig wurde man sich über dieses Thema nie.

Nehmen wir ein Musikstück mit vier Schlägen pro Takt (also zum Beispiel einen Song im 4/4-Takt): Der erste Taktschlag wird in diesem Fall stark betont, der dritte wird ebenfalls betont, aber weniger stark. Man würde also wie folgt zählen:

EINS zwei DREI vier

Anders bei einer Komposition im 6/8-Takt, bei der jeder Takt aus sechs Schlägen besteht. Hier würde man zählen:

EINS zwei drei VIER fünf sechs

Mehr zum Auszählen von Takten finden Sie in Kapitel 4.

Was ist eine Synkope?

Von einer *Synkope* spricht man, wenn das übliche Zweier- oder Dreierschema eines Beats durchbrochen wird. Im Allgemeinen stehen lange Noten auf betonten Zählzeiten und kurze Noten auf unbetonten. Wenn ein Musiker aber synkopiert, dann baut er zum Beispiel eine Note ein, die aus dem Rhythmus herausfällt, beispielsweise dadurch, dass eine lange Note auf einer unbetonten statt auf einer betonten Zählzeit beginnt, oder er durchbricht den Takt. Zum Beispiel werden manche Begleitrhythmen zwischen statt auf den Zählzeiten gespielt; dadurch entsteht eine Verschiebung, die man *Offbeat* nennt.

Bei einem Stück im 4/4-Takt zum Beispiel sind der erste und der dritte Taktschlag betont, der zweite und der vierte unbetont. In diesem Fall sind also die ungeraden Schläge die betonten (*Downbeats*), die geraden Schläge die unbetonten (*Upbeats*).

Sehen wir uns jetzt Abbildung 5.1 an. Wo findet sich hier die Synkopierung (also das Durchbrechen der üblichen Betonungsstruktur)? Es ist die Viertelpause, die dort steht, wo der natürliche Downbeat bzw. der betonte Schlag wäre. Anstelle des dritten wird nun der vierte

Abbildung 5.1: Ein Takt mit Synkope

Taktschlag betont, und es entsteht ein anderer Rhythmus als es für ein Stück im 4/4-Takt üblich ist. Statt EINS zwei DREI vier muss man jetzt EINS zwei drei VIER zählen.

In diesem Beispiel hat sich die natürliche Akzentuierung innerhalb des Taktes verlagert. Die Zählweise EINS zwei (drei) VIER hört sich für unser Ohr erst mal merkwürdig an, weil man unwillkürlich auf diese nicht existierende Viertelnote wartet, die den Downbeat bzw. den betonten Schlag in der zweiten Takthälfte verkörpern würde.

Wenn Sie auf irgendeine Weise aus dem normalen Rhythmus ausbrechen – sei es durch eine nicht reguläre Betonung oder durch einen Upbeat, auf den kein Downbeat folgt (bzw. durch einen unbetonten Schlag, auf den kein betonter Schlag folgt), dann erschaffen Sie gerade eine Synkope.

Viele Leute denken: Eine Synkope, das ist etwas verdammt Kompliziertes. Das sind irgendwelche coolen, komplexen Rhythmen aus schnellen Notenwerten, wie man sie oft in der Jazzmusik hört. Aber das stimmt nicht – jedenfalls nur selten. Sehen wir uns dazu einmal Abbildung 5.2 an – dort geht es um Gruppen von Sechzehntel- und Zweiunddreißigstelnoten.

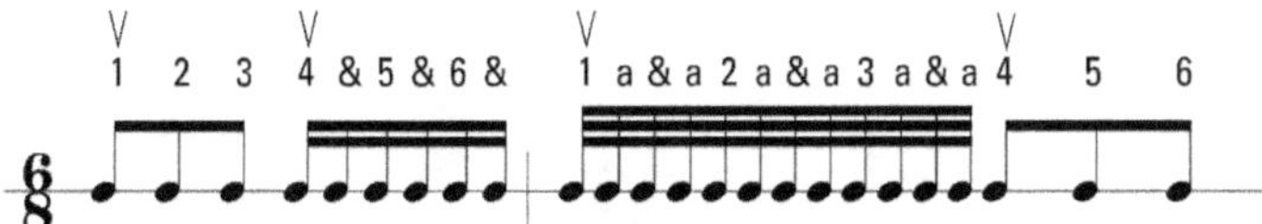

Abbildung 5.2: Diese beiden Takte sehen zwar kompliziert aus – aber Synkopen enthalten sie nicht.

Sieht für einen nicht so versierten Musiker zwar gruselig aus – aber in diesen Takten ist tatsächlich keine einzige Synkope enthalten. Sie brauchen nur darauf zu achten, ob an den Positionen der Taktschläge, hier jeweils auf dem ersten und vierten Achtel, auch tatsächlich Noten beginnen: dies ist hier der Fall (das erkennen Sie an den V-Zeichen über den Notengruppen). Also ganz normal.

Lassen Sie sich also nicht täuschen: Auch wenn ein ganzer Takt nur aus Achtelnoten besteht, muss er deshalb noch lange keine Synkope enthalten. Die Downbeats bzw. betonten Schläge finden sich nach wie vor dort, wo sie vorgesehen sind – nämlich (in unserer Abbildung) bei den markierten Noten. Dasselbe gilt auch für eine Reihe von Sechzehntelnoten in einer Gruppe. Das Ganze mag spannender klingen, und es gibt eine Reihe interessanter Noten, die nicht mit einem Downbeat bzw. einem betonten Schlag zusammenfallen – letztlich aber bleibt das Schema EINS zwei DREI vier oder EINS zwei drei VIER fünf sechs erhalten.

Sehen Sie sich nun den Rhythmus in Abbildung 5.3 an. In beiden Kästchen ist eine Synkope enthalten, sodass man zählen müsste: EINS zwei drei VIER eins ZWEI drei VIER. Das heißt: In beiden Fällen wurde die natürliche Betonung so verlagert, dass die halben Noten jeweils eine betonte Zählzeit überlagern, selbst aber auf einer unbetonten Zählzeit beginnen.

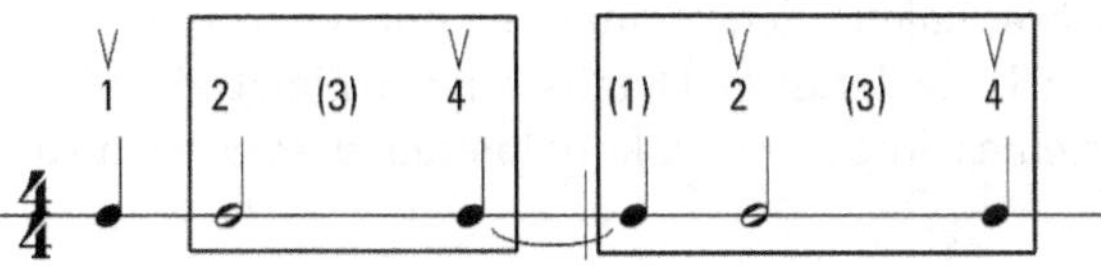

Abbildung 5.3: Zweimal ein Beispiel dafür, wie die Platzierung einer Note zu einer Synkope führt

Hören Sie sich einmal das bekannte »Satisfaction« von den Rolling Stones an und versuchen Sie, bei den Beats mitzuzählen. Sie werden sich wundern, auf wie viele Synkopen Sie da stoßen.

Auftakte – die große Ausnahme von der Regel!

Sie haben in den letzten Abschnitten eine ganz wichtige Regel gelernt: Bei einem Stück im 4/4-Takt enthält jeder Takt vier Taktschläge. Mehr geht nicht – sonst ist das wie bei einem Eimer Wasser, der überschwappt. Und weniger geht auch nicht – sonst ist der Eimer nicht richtig voll. Diese Regel sollten Sie sich gut merken.

Allerdings gibt es Takte oder vielmehr Taktteile, die unvollständig wirken – und das sind die sogenannten *Auftakte*. Man findet sie immer zu Beginn eines Stücks – siehe Abbildung 5.4. Sehen Sie sich da einmal den Anfang an.

Abbildung 5.4: Vor dem ersten vollständigen Takt dieses Beispiels sehen Sie hier einen Auftakt – er hat die Länge einer Viertelnote.

Wir haben hier ein Stück im 3/4-Takt, also muss jeder Takt drei Viertel umfassen. Begonnen wird allerdings mit einer einzelnen, unbetonten Viertel, die der folgenden betonten Note vorausgeht. Danach geht es ganz regulär weiter – bis zum Ende des Stücks, wo wir erneut auf einen unvollständigen Takt stoßen – siehe Abbildung 5.5.

Abbildung 5.5: Der letzte Takt unseres Songs hat nur zwei Schläge – diese ergänzen sich mit dem Auftakt vom Anfang zu einem vollständigen 3/4-Takt.

Jetzt ist mal wieder Adam Riese gefragt. Am Anfang ein Auftakt mit nur einem Viertel (zwei zu wenig), am Ende ein Takt mit nur zwei Vierteln (einer zu wenig) – das lässt sich summa summarum zu einem ganzen Takt mit drei Vierteln aufaddieren. Und dann stimmt auch unsere Rechnung wieder. Nur mit dem Unterschied, dass die beiden fehlenden Viertel mit einiger Verzögerung eingetroffen sind.

So etwas bemerkt man – wie eine Menge anderer Dinge in der Musik – natürlich erst, wenn man auf das Notenblatt schaut. Einem Hörer fallen solche Feinheiten nur selten auf – es sei denn, er lauscht genau und konzentriert sich auf derartige Details. Und so bleibt es im Endeffekt Sache des Komponisten, das Ende eines Stückes so zu konzipieren, dass es auch zum Anfang passt.

Es gibt natürlich auch Ausnahmen von der Regel – nämlich bei der modernen Musik, vor allem beim Rock: Da gibt es häufig Songs, die zwar mit einem Auftakt beginnen, aber trotzdem mit einem kompletten Takt enden.

Unregelmäßige Teilungen: Triolen und Duolen

Um ein Musikstück noch interessanter und vielfältiger zu gestalten, empfiehlt sich auch der Gebrauch von unregelmäßigen Teilungen (auch »ungerade Teilungen« genannt). Von solchen spricht man immer dann, wenn Taktschläge anders aufgeteilt werden, als die Taktart es eigentlich gestattet. Am bekanntesten ist die *Triole* – das sind drei Noten, die zusammen den Wert von zweien ergeben – dicht gefolgt von der *Duole,* bei der zwei Noten den gleichen Notenwert ergeben wie normalerweise drei Noten von genau dem gleichen Wert.

Solche »unregelmäßigen Teilungen« wie Triolen und Duolen sorgen häufig für interessantere und vielschichtigere Rhythmen als die normale Notierung es erlaubt.

Triolen machen alles interessanter

Nehmen wir mal an, Sie wollen ein Stück im 4/4-Takt spielen. Das hieße pro Takt: viermal eine Viertelnote oder acht Achtelnoten. Aber Sie wollen die Sache etwas interessanter gestalten – indem Sie anstelle einer Viertelnote drei gleich lange Noten hintereinander spielen. Das mutet gefühlsmäßig erst mal ungewohnt an. Zwei Achtelnoten, vier Sechzehntelnoten, acht Zweiunddreißigstelnoten – das kann man sich ja vorstellen, und es geht auch auf. Aber drei Noten (also eine ungerade Zahl), die zusammen einen Taktschlag ergeben? Schwierig, schwierig.

In diesem Fall empfiehlt sich die *Triole.* Eine Triole entsteht, wenn man eine Note, die normalerweise nur durch zwei geteilt werden kann, in drei gleiche, etwas kürzere Teile zerlegt. In Abbildung 5.6 sehen Sie eine Viertelnote, die genau diesem Verfahren unterzogen wurde.

Abbildung 5.6: Wenn man eine Viertelnote in drei gleich lange Noten aufteilt, erhält man eine Achteltriole.

Wie zählt man bei einer Triole? Am besten, man fängt mit der Zählzeit an (eins, zwei, drei, vier ...), und fügt dann »und-e« an. Also: »Eins und-e, zwei und-e ...« und so weiter ...)

Ein Beispiel: In Abbildung 5.7 müssten Sie wie folgt zählen:

EINS zwei DREI und-e vier / EINS und-e zwei DREI und-e vier

Abbildung 5.7: Ein Stück, das sowohl normale Viertelnoten als auch Triolen enthält

Es gibt zwei Möglichkeiten, um Triolen zu notieren: Entweder man schreibt einfach die Zahl 3 über die betreffende Notengruppe – oder man setzt eine eckige Klammer mit einer 3 daran über die Noten und eventuelle Pausen, die in der Triole enthalten sind. Auf jeden Fall bedeutet es immer: Spielen Sie drei Noten (oder Pausen) in der Zeit, die Sie normalerweise für zwei Noten (oder Pausen) brauchen würden.

Und was sind jetzt Duolen?

Mit *Duolen* ist es so ähnlich wie mit Triolen, nur umgekehrt. Duolen verwenden Komponisten dort, wo sie anstelle von drei Noten in der gleichen Zeitdauer nur zwei schreiben wollen.

Ein Beispiel: Sie haben eine punktierte Viertelnote – die würde ja nun drei Achtelnoten entsprechen (Sie wissen, punktiert heißt immer: Notenwert plus Hälfte des Notenwerts). Wenn Sie jetzt an dieser Stelle nicht, wie in einem zusammengesetzten Takt, drei Achtelnoten, sondern nur zwei etwas verlängerte Noten spielen, haben Sie eine Duole gespielt.

Wie zählt man das am besten? Diesmal bleiben wir der deutschen Sprache treu und sagen nicht »und-e«, sondern einfach nur »und« (wobei die eigentlich zu zählenden Ziffern weggelassen werden):

EINS zwei drei VIER und / EINS und VIER fünf sechs

Das dazugehörige Muster zeigt Abbildung 5.8:

Abbildung 5.8: Eine Duole hat den gleichen Notenwert wie die punktierte Note, für die sie steht.

Teil II

Noten finden und verbinden

IN DIESEM TEIL ...

- ✔ Entdecken Sie das große Notensystem, den Violin- und Bassschlüssel und die Notennamen.
- ✔ Lernen Sie musikalische Intervalle, Tonleitern und Akkorde kennen.
- ✔ Verstehen Sie den Quintenzirkel und die Beziehung zwischen Tonarten und Akkorden.
- ✔ Erkennen und erstellen Sie Akkorde und Akkordprogressionen.

IN DIESEM KAPITEL

Lernen Sie eine neue Sprache sprechen: die der Noten, Notenlinien und Notenschlüssel

Erfahren Sie alles über Vorzeichen, Versetzungszeichen, Ganztöne und Halbtöne

Zeigen wir Ihnen, wie Sie die Klaviatur und das Gitarrengriffbrett bald schon wie im Schlaf beherrschen

Verraten wir Ihnen ein paar Eselsbrücken, damit Sie nie wieder vergessen, wo sich welche Note befindet

Kapitel 6

Noten: Wann spielen? Wie erkennen? Wo finden?

Etwa im Jahre 1450 erfand Johannes Gutenberg den Buchdruck – und für viele gilt dies als das offizielle Ende des finsteren Mittelalters in Europa. Endlich war es den Leuten möglich, selbst Bücher zu besitzen. Um 1500 wurden auch Verfahren zum Druck von Noten entwickelt, und nun konnten auch unter Musikern gedruckte Notenblätter ausgetauscht werden. Auch Menschen aus weniger gebildeten Schichten konnten sich jetzt Zugang zu den Grundlagen der Notenschrift und der Musiktheorie verschaffen – das war zuvor ein Privileg religiöser Institutionen und hoch gelehrter Kreise gewesen.

Die »ganz normalen« Musiker gewannen also an musikalischer Kompetenz – und somit wuchs natürlich auch der Wunsch nach ständig neuen Musikstücken in Notenform. Musiker konnten ihre Stücke in gedruckter Form verkaufen und mussten sie nicht mehr mühsam von Hand abschreiben.

So kam es bald zu einer Standardisierung der notierten Musik. Zuvor hatten Komponisten völlig frei bestimmen können, wie viele Notenlinien sie verwendeten, um ihre Stücke zu Papier zu bringen, doch im 16. Jahrhundert wurde das Fünf-Linien-System immer mehr zur gültigen Norm, zumindest in Europa.

In diesem Kapitel lernen Sie die Notenschrift zu entziffern – und vor allem, wie Sie irgendeine Note sofort finden und was Intervalle sind. Wenn Sie diese Grundlagen beherrschen, fällt es Ihnen viel leichter, sich durch ein Notenblatt hindurchzuarbeiten.

Noten, Notenschrift und Notenschlüssel

Um Noten und Pausen zu notieren, benutzt man das Notensystem. Dieses System besteht aus fünf horizontalen, parallel zueinander laufenden Linien mit vier Zwischenräumen (siehe Abbildung 6.1).

Manche Noten sitzen auf einer Linie, andere in den Zwischenräumen. Und je nachdem, wo eine Note sitzt, kann man erkennen, um welchen Ton es sich handelt. Das aber hängt wiederum vom Notenschlüssel ab, den man zuvor gewählt hat. Die beiden wichtigsten Notenschlüssel sind:

- der Violinschlüssel (auch G-Schlüssel genannt)
- der Bassschlüssel (auch F-Schlüssel genannt)

Es gibt auch noch andere Notenschlüssel, wie etwa den Altschlüssel (oder Bratschenschlüssel), dem man aber als Gitarrist oder Pianist so gut wie nie begegnet. Diese anderen Notenschlüssel können wir hier vernachlässigen.

Abbildung 6.1: Links der Violinschlüssel, rechts der Bassschlüssel

Ein Notenschlüssel verrät uns durch seine Platzierung im Notensystem, welche Note auf welcher Linie bzw. in welchem Zwischenraum des Notensystems steht. Diese Noten folgen (in den meisten Ländern) den Buchstaben des Alphabets: A, B, C, D, E, F, G ... A, B, C ... Sie sehen, nach sieben Noten fängt das ganze System wieder von vorne an (zum Glück, denn wer würde sich schon gern 26 Noten merken und gelegentlich ein X oder Y spielen müssen?). Den Abstand von einer zur nächsten gleichlautenden Note, beispielsweise von A bis A, nennt man eine *Oktave*.

Aber jetzt Vorsicht! In den deutschsprachigen Ländern heißt das B nicht B, sondern H – die Reihenfolge lautet also: A, H, C, D, E, F, G ... Die Ursache: Als die Notenbezeichnungen einst von einem Mönch überliefert wurden, hat er das »b« unten nicht richtig geschlossen, sodass es aussah wie ein »h«. Tja, und das hat sich dann eingebürgert und sollte besser auch so bleiben, sonst müssten sämtliche Notenbücher aus Jahrhunderten umgeschrieben werden.

Allerdings – eine Note B gibt es auch im Deutschen. Die liegt einen Halbton tiefer als das H – aber mehr dazu später.

Der Violinschlüssel

Der Violinschlüssel bietet sich vor allem für höhere Noten an. Beim Klavier bezieht er sich im Allgemeinen auf die Noten, die man mit der rechten Hand spielt – das ist die rechte Seite der Klaviatur, ungefähr ab dem C aufwärts, das sich in etwa auf der Mitte der Klaviatur befindet. Man nennt dieses C auch das *mittlere* oder *eingestrichene* C. Und falls Sie ausschließlich Gitarre spielen, braucht Sie kein anderer Notenschlüssel je zu interessieren. Der Violinschlüssel ist gültig für alle Holzblasinstrumente, alle hohen Blechblasinstrumente und für die Geige. Sämtliche Instrumente, die in höheren Tonlagen gespielt werden, orientieren sich am Violinschlüssel (G-Schlüssel). (Das bedeutet aber noch lange nicht, dass sie auch gleich klingen: nicht wenige Instrumente klingen nämlich höher oder tiefer als notiert, man spricht hierbei von »transponierenden Instrumenten« wie zum Beispiel Klarinette, Saxofon oder Englischhorn. Das macht aber nichts – wenn man im Orchester zum Beispiel von »klingend A« spricht, wissen alle, was gemeint ist.

Warum nennt man den Violinschlüssel eigentlich auch G-Schlüssel? Nun, erst mal wegen seiner Form, die (mit viel Fantasie) einem stilisierten »G« ähnelt. Wichtiger aber ist: Der »Bauch« des Zeichens zeigt Ihnen an, auf welcher Linie sich die Note »G« befindet – nämlich auf der zweituntersten Linie:

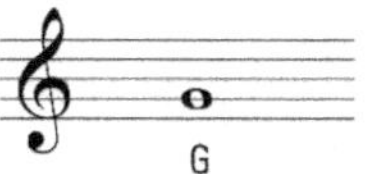

Abbildung 6.2: Der Violinschlüssel hat seinen »Bauch« auf der zweiten Linie von unten – und genau dort liegt in diesem Fall auch das »G«.

Daraus lassen sich auch sämtliche andere Noten dieses Systems ableiten:

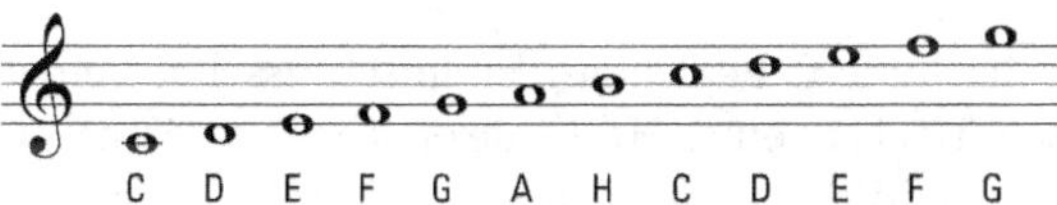

Abbildung 6.3: Die Noten des Violin- oder G-Schlüssels

Der Bassschlüssel

Nehmen wir wieder die Klaviatur als Orientierungshilfe: Die Töne auf der linken Seite der Klaviatur notiert man im Allgemeinen im Bass- oder F-Schlüssel – es sind vor allem die Noten, die man als Pianist mit der linken Hand spielt. Aber auch Holz- und Blechblasinstrumente in tiefer Lage, wie etwa das Fagott oder die Tuba sowie tiefe Saiteninstrumente wie Cello, Kontrabass oder Bassgitarre, stehen im F-Schlüssel.

Warum F-Schlüssel? Weil auch dieses Zeichen einen »Bauch« hat auf der zweiten Linie von oben, und zwischen den beiden Punkten, die wir dort sehen, liegt die Note F. (Auch das Zeichen soll einer Art kursivem *F* ähneln, aber dazu braucht man schon sehr viel Fantasie, siehe Abbildung 6.4).

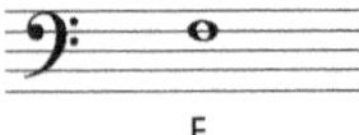

Abbildung 6.4: Auf der Linie zwischen den beiden Punkten beim Bassschlüssel befindet sich die Note »F«.

Und natürlich lässt sich auch hier wieder der Rest der Tonleiter rekonstruieren:

Abbildung 6.5: Die Noten des Bass- oder F-Schlüssels

Wenn wir nun also beide Notensysteme zusammenführen wollen, müssen wir uns am mittleren (eingestrichenen) C orientieren, denn dort genau liegt ja die »Nahtstelle«, die zwischen linker und rechter Hälfte die Klaviatur trennt. In Abbildung 6.6 sehen wir oben den Violin- und unten den Bassschlüssel. Zusammen nennt man das *Akkolade*.

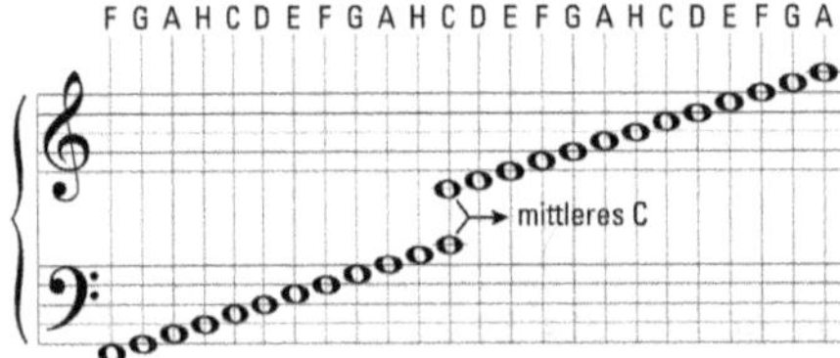

Abbildung 6.6: Die Akkolade besteht sowohl aus Violin- als auch Bassschlüssel – das Bindeglied dabei ist das mittlere C, das beim Violinschlüssel am unteren, beim Bassschlüssel am oberen Rand liegt – es ist aber haargenau die gleiche Note.

Eine gute Merkhilfe: Das eingestrichene C liegt beim Violinschlüssel auf einer Hilfslinie unterhalb, beim Bassschlüssel auf einer Hilfslinie oberhalb des Fünf-Linien-Systems. Hilfslinien sind Linien, die man gelegentlich in beiden Notensystemen zur Erweiterung des Tonumfangs braucht. Beim eingestrichenen C gehen die Notensysteme beider Tonschlüssel nahtlos ineinander über.

Der C-Schlüssel (in Form des Alt- und Tenorschlüssels)

Vielleicht läuft Ihnen irgendwann ein Alien über den Weg, der sich Ihnen als C-Schlüssel vorstellt. Dann sollten Sie ihn als Erstes fragen, ob er ein Alt- oder ein Tenorschlüssel ist (siehe Abbildung 6.7).

Die C-Schlüssel verwendet man in der klassischen Notation für einen Instrumentenumfang, der zwischen dem Umfang des Violin- und des Bassschlüssels liegt – das heißt, ein Musiker, der ein entsprechendes Instrument spielt, muss nicht ständig zwischen Violin- und Bassschlüssel hin und her wechseln, sondern kann sich auf einen Notenschlüssel beschränken.

Bevor man das Notensystem standardisierte, gab es noch weitere C-Schlüssel – man hatte auf diese Weise einen sehr breiten Tonumfang zur Verfügung. Heute verwendet man fast nur noch

- **den Altschlüssel:** Das C liegt auf der dritten Linie von unten (und auch von oben, also genau in der Mitte). Vor allem für die Bratsche (Viola) in Gebrauch.
- **den Tenorschlüssel:** Das C liegt auf der vierten Linie von unten (oder zweiten von oben). Er wird vor allem für die Posaune und für Cello und Fagott in hoher Lage verwendet.

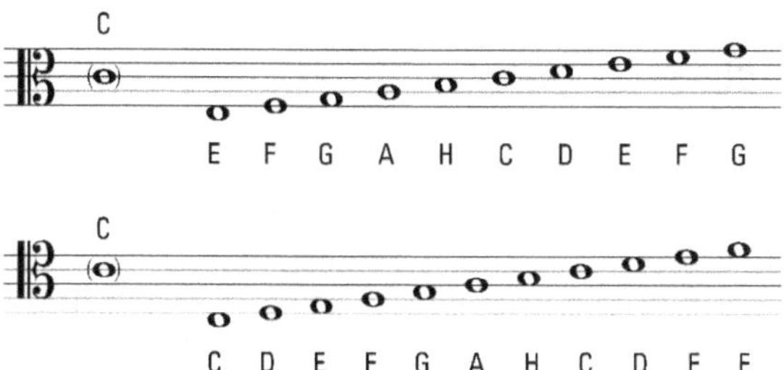

Abbildung 6.7: Altschlüssel (oben) und Tenorschlüssel (unten). Durch die unterschiedliche Positionierung der Note C in beiden Systemen ändert sich natürlich auch die Position aller anderen Noten.

Ganztonschritte, Halbtonschritte, Versetzungszeichen und Vorzeichen

In der abendländischen Musik enthält eine Oktave zwölf verschiedene Töne, die jeweils einen Halbtonschritt voneinander entfernt sind. Eine *Tonleiter* jedoch besteht nur aus sieben Tönen, die mal einen Halbton, mal zwei Halbtöne voneinander entfernt sind. Anders gesagt: Beim Aufbau einer Tonleiter werden gewisse Halbtonschritte übersprungen (mehr über Tonleitern in Kapitel 7).

Wenn also Musiker von den Noten A, H, C, D, E, F und G sprechen, meinen sie die sogenannten *Stammtöne* – das sind diejenigen Noten, die wir bei einem Klavier oder Keyboard auf den weißen Tasten finden. Diese Noten werden mit ganz normalen Buchstaben bezeichnet – und angefangen mit C bilden sie die Tonfolge der C-Dur-Tonleiter. Da der gesamte Bestand an Tönen jedoch zwölf verschiedene Tonhöhen umfasst, hat das Klavier zusätzlich noch fünf schwarze Tasten, die zwischen den weißen Tasten liegen und deren Anordnung sich ebenfalls über die gesamte Klaviatur hin ständig wiederholt – das sind Töne mit sogenannten Versetzungszeichen, die in der C-Dur-Tonleiter fehlen. Ganz früher hatten Klaviere (beziehungsweise ihre Vorgänger) nur weiße Tasten – aber erst seitdem es auch schwarze Tasten gibt, lassen sich alle gängigen Tonleitern spielen und natürlich auch raffiniertere Melodien komponieren.

Wenn man auf der Gitarre oder auf dem Klavier einen Ganztonschritt spielen will, muss man vom Ausgangston aus »zwei Treppenstufen auf einmal steigen« – das heißt, auf der

Gitarre einen Bund oder auf dem Klavier eine Taste überspringen (wobei die schwarzen Tasten in diesem Fall natürlich mitzählen). Halbtonschritte und Ganztonschritte bezeichnet man als Intervalle – mehr darüber in Kapitel 9. Und den Unterschied zwischen Halbtönen und Ganztönen sollte man begriffen haben, wenn man die Muster anwenden will, mit deren Hilfe man Tonleitern und Akkorde aufbaut (mehr dazu in Kapitel 7 und 10).

Um Halbtonschritte geht es auch, wenn Noten ein Versetzungszeichen bekommen – wodurch sie entweder um einen halben Ton tiefer oder höher erklingen. Es gibt Erhöhungszeichen und Erniedrigungszeichen. Ein Cis (C♯) ist zum Beispiel ein um einen Halbton erhöhtes C, ein Ces (C♭) ein um einen Halbton erniedrigtes C.

Wie man mit Halbtonschritten arbeitet

Im westlichen Notensystem beträgt der kleinste Abstand zwischen zwei Tönen einen Halbton. Wenn Sie zum Beispiel am Klavier einen Ton anschlagen, dann brauchen Sie, um einen Halbton tiefer oder höher zu spielen, nur eine Taste nach links beziehungsweise nach rechts zu gehen – die schwarzen Tasten, wie gesagt, immer mitgerechnet. Benachbarte Tasten auf dem Klavier und benachbarte Bünde auf der Gitarre besitzen immer einen Abstand von einem Halbton. Sehen Sie sich dazu einmal Abbildung 6.8 an.

Genau genommen gibt es innerhalb einer Oktave noch viel mehr als zwölf Tonhöhen, die aber auf einer Gitarre oder auf Instrumenten mit einer Klaviatur nicht darstellbar sind. Die Höhe eines Tones hängt von der Schwingungszahl, also von der Frequenz, ab – zwischen zwei Halbtönen liegen theoretisch noch beliebig viele weitere Tonhöhen, die man *mikrotonale Intervalle* nennt. In der westlichen Welt jedoch bilden Halbtonstufen die kleinste Einheit, die zwei Töne voneinander trennen. Im Orient ist das anders: Da gibt es Instrumente, bei denen aufeinander folgende Töne oft nur einen *Viertelton* voneinander entfernt sind – wie etwa bei der Sitar oder vielen bundlosen Saiteninstrumenten. Vierteltöne liegen auf halbem Weg zwischen zwei Halbtönen.

Falls Sie vorhaben, auch mal in einem Streichquartett oder A-cappella-Chor (und Ähnlichem) mitzuwirken, sollten Sie Folgendes im Hinterkopf behalten: Auch hier werden die mikrotonalen Unterschiede zwischen den einzelnen Tonarten beherzigt, man spricht hierbei von einer *reinen Stimmung*, im Gegensatz zur *temperierten Stimmung*, wie sie aufgrund bauartlicher Verhältnisse zum Beispiel auf dem Klavier vorzufinden und auch nicht anders zu verwirklichen ist.

Abbildung 6.8 liefert Ihnen ein Beispiel für Halbtonabstände. Die schwarze Taste links von E ist ein Es (oder Dis), die weiße Taste rechts davon ein Eis (oder F).

Im Allgemeinen wird an die Bezeichnung einer Note, die erhöht werden soll, ein -is angehängt, und an eine, die erniedrigt werden soll, ein -es (Ausnahmen bestätigen die Regel). Hier eine Übersicht:

Auf der Gitarre findet man übrigens sogar leichter zum nächsten Halbton als zum nächsten Ganzton: Man muss den/die Finger der Greifhand nur um einen Bund verschieben – je nach Bedarf nach oben oder nach unten, und schon ist man einen Halbtonschritt weiter

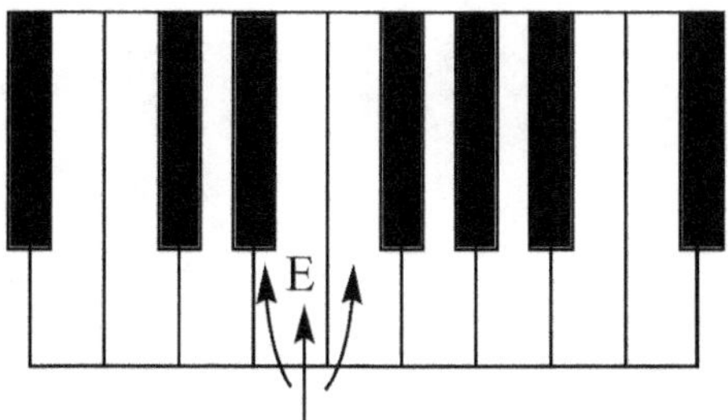

Abbildung 6.8: Sie sehen hier den Ton E auf der Klaviatur. Um einen Halbton tiefer zu spielen, müssen Sie nach links auf die schwarze Taste gehen, den nächsthöheren Halbton finden Sie rechts davon auf der weißen Taste.

Stammton	erhöht (♯)	erniedrigt (♭)
C	Cis	Ces (entspricht H)
D	Dis	Des
E	Eis (entspricht F)	Es
F	Fis	Fes (entspricht E)
G	Gis	Ges
A	Ais	As
H	His (entspricht C)	B

Tabelle 6.1: Die im deutschen Sprachraum übliche Bezeichnung der Stammtöne und Töne mit Versetzungszeichen

gegangen. Merkregel: Bewegt man die Hand auf dem Gitarrenhals nach unten, wird der Ton höher (Abbildung 6.9), bewegt man sie nach oben, wird er tiefer (Abbildung 6.10). Aber falls Sie eine Gitarre besitzen, wird das Ihrem feinen Gehör sicher ohnehin nicht entgangen sein.

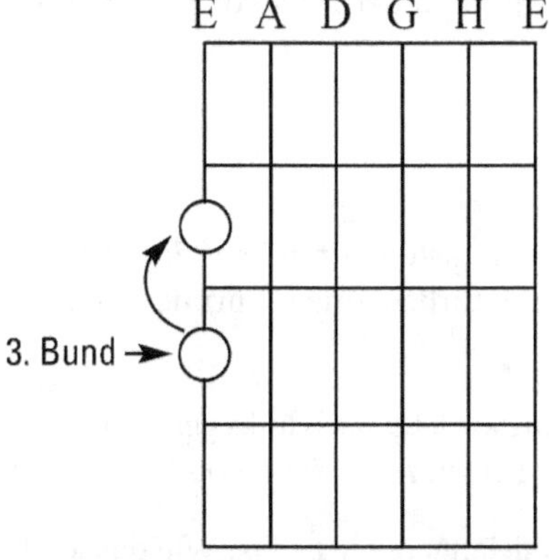

Abbildung 6.9: Wenn Sie die dicke E-Saite im dritten Bund drücken und anschlagen, erhalten Sie ein G. Im zweiten Bund findet sich dann logischerweise das Ges – von der Tonhöhe her identisch mit dem Fis.

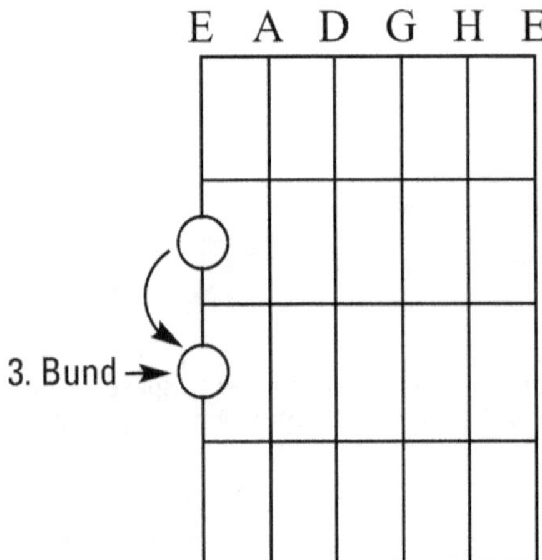

Abbildung 6.10: Hier wechseln Sie – genau umgekehrt wie im letzten Beispiel – auf dem Griffbrett der Gitarre vom Ges (oder Fis) zum reinen G.

Okay, Sie haben es sicher längst kapiert: Wenn ein Musiker sagt, eine Note muss erniedrigt werden, gehen Sie als Gitarrist auf dem Griffbrett einen Bund nach oben (in Richtung Sattel), und wenn er sagt, sie muss erhöht werden, gehen Sie einen Bund nach unten (in Richtung Steg). Und beim Klavier ist es ganz ähnlich: Erniedrigt wird nach links (wo ja die tiefen Töne brummen), und erhöht wird nach rechts (wo die hohen Töne klimpern).

Und was Ihnen bestimmt auch längst aufgefallen ist: Die schwarzen Klaviertasten haben je zwei verschiedene Bezeichnungen – und zwar abhängig von ihren weißen Nachbartönen. Ein Beispiel: Rechts vom F (weiße Taste) ist das Fis (schwarze Taste), aber genau dieses Fis befindet sich auch links vom G (weiße Taste) und ist damit gleichzeitig ein Ges.

Das Seltsame ist: Die beiden Tonhöhen (Fis und Ges) sind zwar identisch, aber auf dem Notenblatt werden sie unterschiedlich notiert, sind also streng genommen zwei unterschiedliche Noten. Man spricht da in der Musiktheorie von der sogenannten *enharmonischen Verwechslung.*

Und jetzt zu den Ganztonschritten

Eigentlich logisch: Wenn *ein* Bund auf der Gitarre oder *ein* Tastenabstand auf dem Klavier einem Halbton entspricht, dann entspricht ein Ganzton natürlich einem Sprung von zwei Bünden beziehungsweise zwei Tasten.

Also, angenommen wir spielen auf dem Klavier ein E. Wenn wir jetzt nach links gehen und dabei eine Taste (in diesem Fall die schwarze) auslassen, gelangen wir zu D (siehe Abbildung 6.11).

Bewegen wir uns hingegen um zwei Tasten nach rechts, gelangen wir zu Fis. Wie das jetzt? Warum nun plötzlich ein Ton mit einem Versetzungszeichen? Ganz einfach – weil rechts neben dem E eine weitere weiße Taste liegt, das F. Ein Ganztonsprung muss uns also logischerweise zur schwarzen Taste Fis führen (Abbildung 6.12).

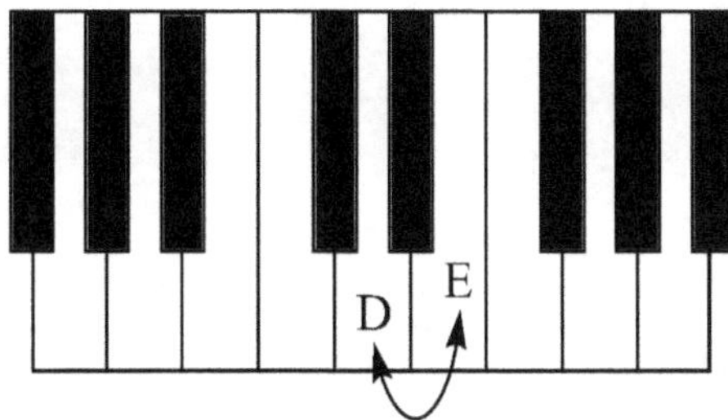

Abbildung 6.11: Wenn wir vom Ausgangston E die Hand um einen Ganzton (oder zwei Halbtöne, also zwei Klaviertasten) nach links bewegen, kommen wir beim Ton D an.

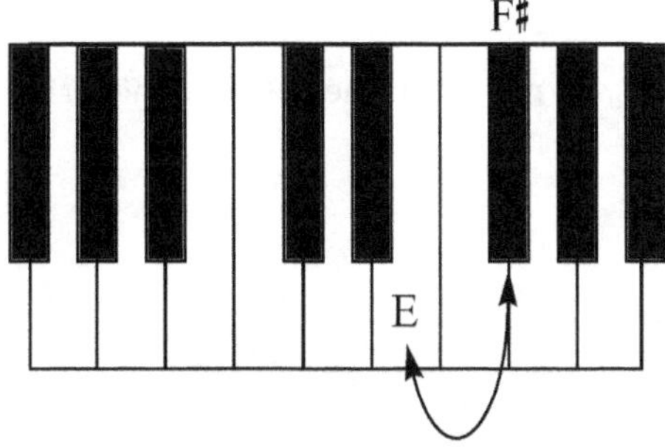

Abbildung 6.12: Ein Ganztonschritt (beziehungsweise zwei Halbtonschritte) auf dem Klavier von E nach rechts führt zu Fis.

Auf der Gitarre entspricht ein Bund jeweils einem Halbtonschritt. Wenn Sie also einen Ganzton höher oder tiefer spielen wollen, müssen Sie zwei Bünde nach unten oder oben springen.

Auf dem Klavier beträgt der Tonabstand von einer weißen Taste zur nächsten (G-A, A-H, C-D, D-E, F-G) einen Ganzton – für die Halbtöne sind die dazwischen liegenden schwarzen Tasten zuständig. Es gibt aber zwei Ausnahmen: Einmal den Tonabstand von E nach F und dann noch den von H nach C – das sind jeweils zwei weiße Tasten, die aber nur einen Halbton voneinander entfernt sind.

Was sind Versetzungszeichen?

Versetzungszeichen sind Symbole, die den Notenleser darauf hinweisen, dass eine Note um einen Halbton höher oder tiefer gespielt werden muss. Für Cis und Dis und Ces und Des und so weiterhat das Notensystem keine eigenen Linien. Also notieren wir (um bei unserem Beispiel zu bleiben) die Noten C oder D und ergänzen sie durch ein sogenanntes Versetzungszeichen. Davon gibt es mehrere, und zwar

- ✔ das Kreuz oder Erhöhungszeichen (♯)
- ✔ das ♭ oder Erniedrigungszeichen (♭)
- ✔ das Doppelkreuz (𝄪)

- das Doppel-♭ (𝄫)
- das Auflösungszeichen (♮)

Das Erhöhungszeichen

Das Erhöhungszeichen sehen Sie in Abbildung 6.13.

Abbildung 6.13: Das Erhöhungszeichen ist ein Kreuzsymbol und sieht aus wie das Nummernkreuz.

Wenn dieses Zeichen vor einer Note steht, heißt das, sie muss um einen Halbton höher erklingen (Abbildung 6.14).

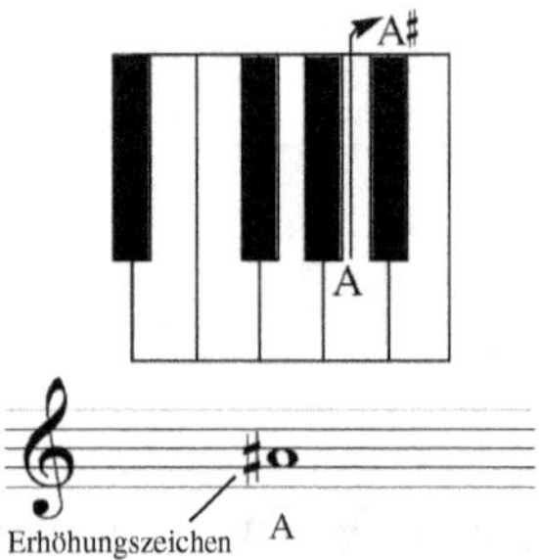

Abbildung 6.14: Ein erhöhtes A wird zum Ais und findet sich im Notensystem auf der A-Linie, allerdings mit einem ♯ davor.

Auf der Klaviatur müssen wir für ein Ais (A♯) also die schwarze Taste *rechts* von der A-Taste spielen.

Noch ein Beispiel gefällig?

Abbildung 6.15: Ein erhöhtes E wird zum Eis und findet sich auf der gleichen Taste wie das F.

Das Erniedrigungszeichen

Das Erniedrigungszeichen ähnelt dem kleinen Buchstaben b (siehe Abbildung 6.16). Beim Erniedrigungszeichen ist es genau umgekehrt wie beim Erhöhungszeichen: Der entsprechende Ton erklingt um einen Halbton tiefer.

Abbildung 6.16: Das Erniedrigungszeichen

Um ein As auf dem Klavier zu spielen, müssen wir die schwarze Taste *links* vom A spielen:

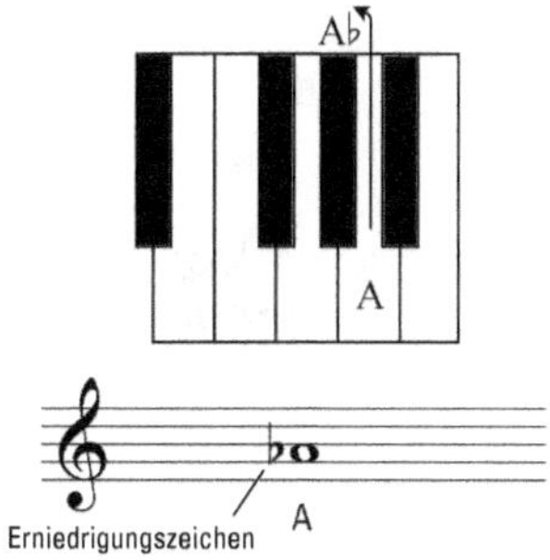

Abbildung 6.17: Ein erniedrigtes A wird zum As.

Und jetzt die gleiche Prozedur wieder für die Note E:

Abbildung 6.18: Ein erniedrigtes E wird zum Es.

Doppelkreuz und Doppel-♭

Von Zeit zu Zeit werden Sie auch mal einem *Doppelkreuz* oder einem *Doppel-*♭begegnen. Das sieht dann so aus:

Abbildung 6.19: Ein Doppelkreuz (doppeltes Erhöhungszeichen) sieht so ähnlich aus wie der Buchstabe X, bei einem Doppel-♭ (doppeltes Erniedrigungszeichen) setzt man einfach zweimal ein ♭hintereinander.

Ein Doppelkreuz erhöht die Ursprungsnote um zwei Halbtöne (also einen Ganzton), das doppelte ♭ erniedrigt sie um zwei Halbtöne (also einen Ganzton). Nun werden Sie sich fragen, warum man nicht einfach die höhere oder tiefere Note notiert? Das liegt ganz einfach daran, dass es in der entsprechenden Tonart nur auf diese Weise sinnvoll notiert werden kann und auch daran, dass der vorgesehene Ton in der reinen Stimmung eben dann doch ein klein wenig ein anderer ist.

Das Auflösungszeichen

Erhöhungs- oder Erniedrigungszeichen gelten jeweils ab der Position, wo sie stehen, für den ganzen Takt – also bis zum nächsten Taktstrich. Das Auflösungszeichen sagt uns, dass die Erhöhung oder Erniedrigung einer Note schon vor dem Taktstrich nicht mehr gilt – also aufgelöst wird. Es sieht so aus:

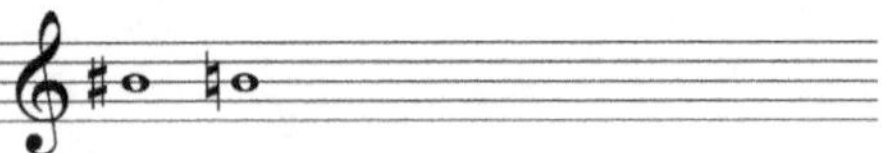

Abbildung 6.20: Die Note auf der dritten Linie im Violinschlüssel ist ein H. In unserem Beispiel wird erst durch das Kreuz ein His daraus, danach durch das Auflösungszeichen wieder ein ganz normales H.

Versetzungszeichen gelten normalerweise immer für einen gesamten Takt. Das heißt: Würde vor dem zweiten H in unserem Beispiel kein Auflösungszeichen stehen, müssten wir wiederum ein His spielen. Soll aber nun ein H erklingen, muss das Auflösungszeichen uns darauf hinweisen. Es gilt genauso, wenn wir zuvor ein Doppelkreuz oder Doppel-♭ hatten. Neben den Versetzungszeichen gibt es auch die sogenannten *Vorzeichen*, die für eine gesamte Notenzeile gelten und sich danach richten, in welcher Tonart das Stück geschrieben ist. Mehr darüber in Kapitel 8.

Wie man Noten auf dem Klavier und auf der Gitarre spielt

Super, wenn man weiß, welche Note wo im Notensystem zu finden ist – aber das ist brotloses Wissen, wenn man sie nicht auch auf dem Instrument findet, das man spielen will. Aber keine Angst – das Ganze muss nicht in sture Paukerei ausarten. Es gibt ein paar sehr nützliche Merkregeln, mit denen man nach einiger Übung jeden Ton todsicher treffen wird. Natürlich können wir jetzt nicht die Spieltechnik auf sämtlichen Instrumenten von der Bratsche bis zum Saxophon einzeln besprechen – aber die meisten Leser spielen wahrscheinlich entweder Gitarre oder Klavier (oder beides). Deshalb wollen wir uns auf diese beiden Instrumente beschränken.

Die Töne auf dem Klavier

Sehen Sie sich einmal Abbildung 6.21 an. Da sehen Sie einen Teil der Klaviatur, die in der Regel zwar ganze 88 Tasten umfasst – die Zeichnung jedoch beschränkt sich der Einfachheit halber auf deren mittleren Bereich. Darunter sehen Sie die Schoko … äh, Akkolade (Sie wissen noch, was das ist, oder? Beide Notenschlüssel, also der Violin- und der Bassschlüssel zusammen). Die Pfeile zeigen Ihnen, welche Taste welcher Note entspricht (wobei nicht alle Tasten mit Pfeilen versehen wurden, sonst würde das Ganze aussehen wie ein Stacheldrahtverhau. Das Prinzip jedoch lässt sich leicht erkennen: Jede Note, sofern sie kein Versetzungszeichen hat, entspricht einer weißen Klaviertaste).

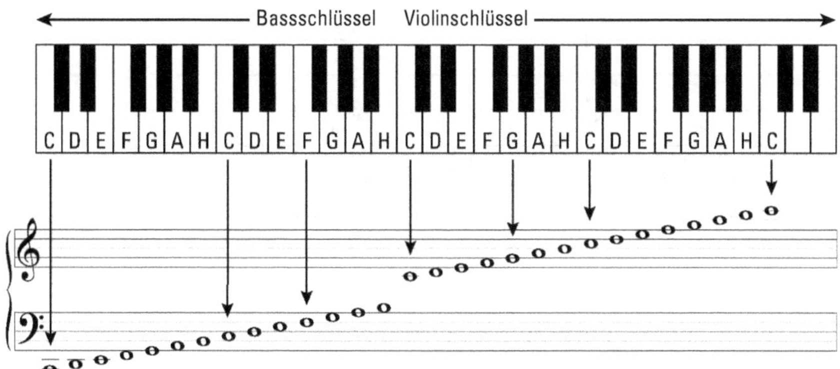

Abbildung 6.21: Die Töne der Klaviatur dargestellt an den Noten der Akkolade

Die Töne auf der Gitarre

Sie haben es schon bemerkt: Die Klaviatur folgt einer gewissen Ordnung, deshalb lassen sich Noten mit ihrer Hilfe besonders gut einprägen. Bei der Gitarre wird es etwas schwieriger, denn da verteilen sich die Töne eher wild auf dem Gitarrenhals, tauchen in der gleichen oder einer anderen Oktave auf der nächsten oder übernächsten Saite wieder auf, aber ohne dass man zunächst eine Regel daraus ableiten könnte. Das liegt daran, dass die Gitarrensaiten nicht alle im selben Abstand zueinander gestimmt sind. Deshalb gehen wir nun etwas langsamer vor und teilen das Griffbrett der Gitarre in drei Teile auf, in denen jeweils keine identischen Töne vorkommen.

Wir gehen dabei bis zum zwölften Bund – den sollten Sie sich merken, denn dort geht wieder alles von vorn los, und es erklingen die gleichen Töne wie bei »leer gespielten« Saiten, nur um eine Oktave höher. Der zwölfte Bund ist auf den meisten Gitarren durch zwei Punkte gekennzeichnet.

In Abbildung 6.22 sehen Sie eine Darstellung der Töne auf Bund 1 bis 4, Abbildung 6.23 zeigt Bund 5 bis 9 und Abbildung 6.24 zeigt Bund 10 bis 14.

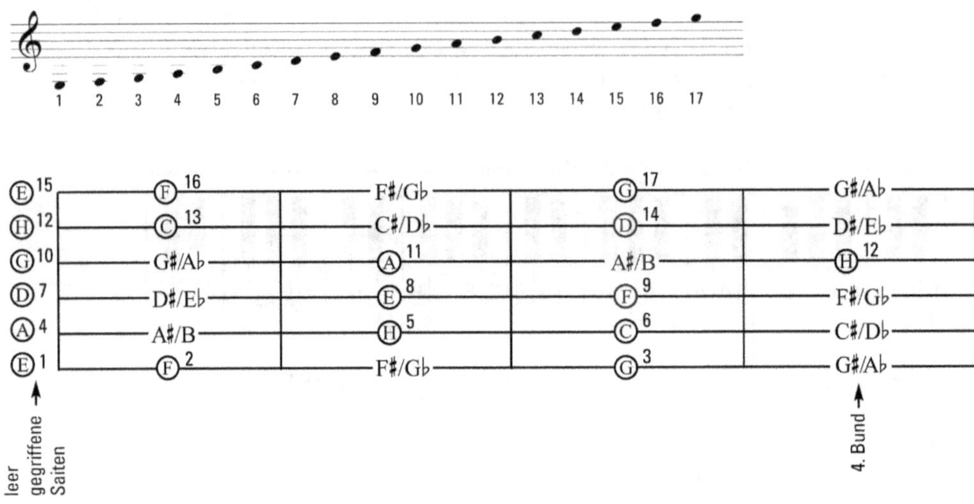

Abbildung 6.22: Die ersten vier Gitarrenbünde. Ganz links sehen Sie die Bezeichnungen der leeren Saiten, wenn man sie also spielt, ohne auf irgendeinen Bund zu drücken. Auf den Linien stehen die Namen der Töne, die Sie spielen, wenn Sie im entsprechenden Bund greifen.

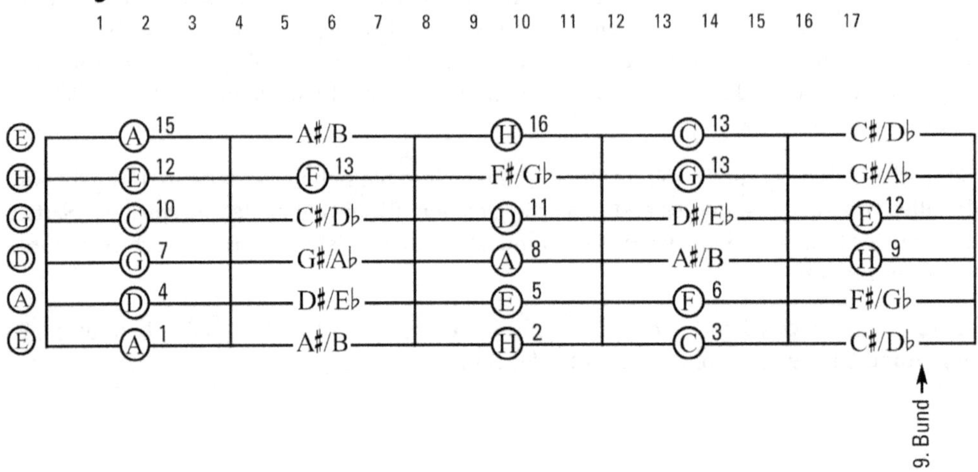

Abbildung 6.23: Die Töne auf Bund 5 bis 9 auf dem Gitarrengriffbrett

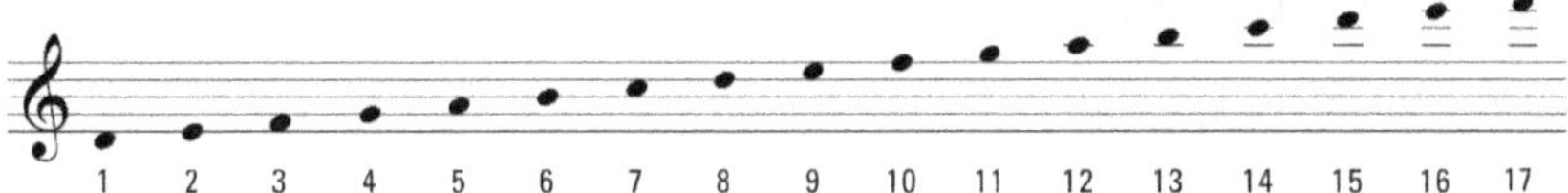

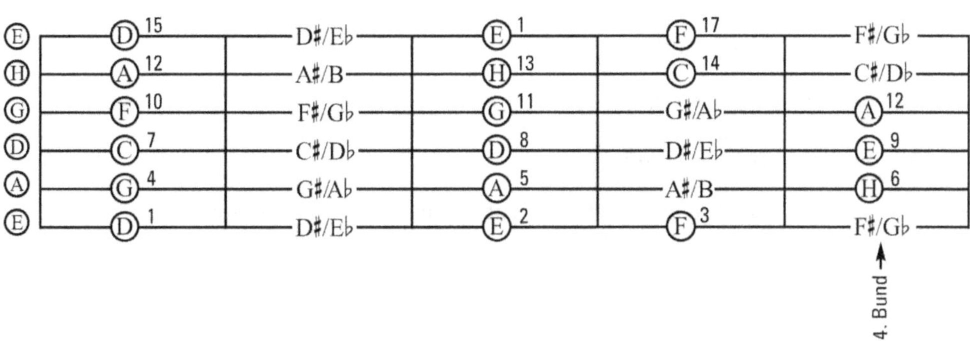

Abbildung 6.24: Die Töne auf Bund 10 bis 14 auf dem Gitarrengriffbrett

Und wie merkt man sich das Ganze jetzt?

Sehen wir uns wieder die Notenlinien an – und zwar erst mal beim *Violinschlüssel.* Es gibt tausend Eselsbrücken, um sich ihre Reihenfolge einzuprägen – wir beschränken uns mal auf vier, und wenn Ihnen keine davon gefällt, steht es Ihnen natürlich frei, sich selbst eine auszudenken.

Die Note auf der untersten Linie ist ein E, darauf folgen auf den nächsten Linien die Noten G, H, D und F. Also: **E – G – H – D – F.**

- ✔ Ein **G**uter **H**und **D**arf **F**ressen.
- ✔ Eine **G**ute **H**ummel **D**arf **F**liegen.
- ✔ Ein **G**roßer **H**eld **D**arf **F**eiern.
- ✔ Ein **G**eizhals **H**atte **D**reißig **F**rauen.

Die Anfangsbuchstaben eines jedes Wortes stehen jeweils für die Bezeichnung der Note. Aber damit haben wir natürlich noch nicht alle Noten erfasst – es gibt ja auch noch die in den Zwischenräumen. Ihre Reihenfolge lautet (von unten nach oben): **F – A – C – E.**

Hier braucht man sich keine Eselsbrücke einzuprägen. Das englische Wort »face« für Gesicht kennt sicherlich jeder – und falls nicht, hat er hiermit die Chance, seine erste englische Vokabel zu lernen.

Und jetzt noch ein paar Eselsbrücken für den *Bassschlüssel.* Die Noten auf den Linien lauten hier (von unten nach oben): **G – H – D – F – A.**

- **G**retel **H**at **D**as **F**enster **A**ufgemacht.
- **G**eh, **H**ol **D**ir **F**rische **A**ustern!
- **G**unter **H**at **D**ie **F**einsten **A**pfelsinen.

Die Noten in den Zwischenräumen beim Bass- oder F-Schlüssel lauten: **A – C – E – G.**

- **A**lle **C**hristen **E**hren **G**ott.
- **A**lle **C**hinesen **E**ssen **G**emüse.
- **A**uch **C**aesar **E**rzählte **G**ewäsch.

Aber wie gesagt, lassen Sie im Zweifelsfall ruhig selbst Ihre Fantasie spielen …

IN DIESEM KAPITEL

Erfahren Sie, wie Dur- und Molltonleitern aufgebaut sind

Lernen Sie, wie man die Tonleitern auf dem Klavier und auf der Gitarre spielt

Können Sie sich alle Dur- und Molltonleitern selbst anhören

Kapitel 7
Alles über Dur- und Molltonleitern

Was ist eine *Tonleiter*? Eine Tonleiter oder Skala ist eine in Ganzton- oder Halbtonschritten auf- oder absteigende Folge von Tönen, auf deren Grundlage man ein Musikstück oder zumindest einen Teil davon komponiert. Würden wir über alle Tonleitern schreiben, die es in der Musik weltweit gibt, könnten wir damit wahrscheinlich eine ganze Enzyklopädie füllen. Da dieses Buch aber in erster Linie von der westlichen Musiktradition handelt, beschränken wir uns auf die beiden Tonleitern, die in dieser Tradition am häufigsten verwendet werden: die Dur- und die Molltonleiter (die sogenannten diatonischen Tonleitern). Bis ins 18. Jahrhundert hinein wurden nämlich die Kirchentonarten verwendet und damit alleine ließe sich ein Band der Enzyklopädie füllen!

Man kann es gar nicht oft genug betonen: Wenn man Musik spielen will, muss man die Tonleitern kennen. Und das bedeutet nicht, dass man sie nur vorwärts und rückwärts spielen kann – man muss auch wissen, auf welche Gitarrensaite in welchem Bund oder von welcher Klaviertaste zur anderen die Finger springen müssen, um die richtigen Töne zu treffen.

Nehmen wir mal an, Sie wollen zusammen mit einer Gruppe von Musikern eine Jamsession machen. Wenn Ihnen klar ist, welche Tonleiter die anderen benutzen und wenn Sie wissen, welche Noten dabei gespielt werden dürfen und welche nicht, kann eigentlich nichts schiefgehen (Tonleitern hängen von der sogenannten *Tonart* samt ihrer Vorzeichen ab – darüber erfahren Sie mehr in Kapitel 8), solange Sie keine Note spielen, die nicht zu der betreffenden Tonleiter gehört.

Alles über Durtonleitern

Natürlich besteht jede Durtonleiter aus jeweils anderen Tönen – der Aufbau ist aber immer der gleiche. Jede Durtonleiter besteht aus sieben verschiedenen Tönen, und es gibt ein unveränderliches Muster, das für alle Durtonleitern verbindlich ist.

Dieses Muster lautet, wenn man eine aufsteigende Tonleiter betrachtet: G-G-H-G-G-G-H.

Jedes G steht dabei für einen Ganztonschritt, jedes H für einen Halbtonschritt.

Über Ganztöne und Halbtöne haben wir bereits in Kapitel 6 ausführlich gesprochen – aber eine kurze Wiederholung kann nicht schaden:

- **Halbtonschritt:** Die Hand bewegt sich von einer Klaviertaste zur nächsten (egal ob weiß oder schwarz) oder von einem Gitarrenbund zum nächsten – ob nach oben oder unten, hängt davon ab, ob man einen Halbton tiefer oder höher spielen will.
- **Ganztonschritt:** Auf dem Klavier »überspringt« die Hand eine Taste, auf dem Gitarrengriffbrett »überspringt« sie einen Bund.

Was die Tonhöhe anbelangt, entspricht ein Halbtonschritt genau dem zwölften Teil, ein Ganztonschritt genau dem sechsten Teil einer Oktave.

Jeder der sieben Töne einer Durtonleiter entspricht einer *Tonstufe*. Die erste Stufe nennt man auch den Grundton. Auf jeder Stufe kann ein Akkord aufgebaut werden (Näheres zu Akkorden erfahren Sie ab Kapitel 10). Die Akkorde auf den Stufen einer Tonleiter – soviel sei jetzt schon verraten – bezeichnet man auch als *harmonische Funktionen*. In einer Durtonleiter haben einige dieser Akkorde ganz bestimmte Namen:

- **erste Stufe:** Tonika
- **dritte Stufe:** Mediante
- **vierte Stufe:** Subdominante
- **fünfte Stufe:** Dominante
- **sechste Stufe:** Submediante
- **siebte Stufe:** Leitton
- **achte Stufe:** Tonika

Die achte Note ist also eine Wiederholung der ersten Note, des Grundtons – dieser legt die Bezeichnung für die Tonleiter fest. Ist der Grundton also ein C, handelt es sich um eine C-Dur-Tonleiter. Tonleitern, die mit dem gleichen Grundton beginnen, bezeichnet man als *Varianttonarten* oder auch *Paralleltonarten* – also zum Beispiel C-Dur und c-Moll. Beide haben als Grundton das C, doch die folgenden Töne machen den Unterschied aus. Jede von ihnen verkörpert eine Tonstufe, und das Ablaufmuster von Ganztönen und Halbtönen verrät, ob es sich um eine Dur- oder um eine Molltonleiter handelt.

Die erste und die achte Stufe einer Tonleiter haben immer den gleichen Namen – weil es sich um ein- und denselben Ton handelt, nur eine Oktave tiefer oder höher. Kein Musiker spricht von der achten Stufe einer Tonleiter – da sich an dieser Stelle das Muster wiederholt und diese achte Stufe der ersten Stufe entspricht.

Wenn Sie zum Beispiel ein Stück in C-Dur spielen, enthält dieses die Töne C, D, E, F, G, A, H, C. Wenn nun jemand Sie darum bittet, die vierte und zweite Stufe dieser Tonleiter zu spielen, dann werden Sie ein F und ein D spielen.

Um die Töne einer Tonleiter nicht nur zu kennen, sondern auch spielen zu können, muss man sich die Anordnung dieser Töne auf seinem Instrument als eine Art Muster einprägen. Blicken Sie einmal auf das Griffbrett Ihrer Gitarre oder die Klaviatur des Klaviers – wissen Sie da genau, wo die einzelnen Stufen jeder Tonleiter von 1 bis 8 sich befinden? Angenommen, Sie sollen in einer vorgegebenen Tonleiter nacheinander die Stufen 5-3-2-1-6-4-5-8 spielen – haben Sie da eine Ahnung, wo Sie hingreifen müssen? Wahrscheinlich nicht – aber Sie können es lernen. Dazu müssen Sie ...

- ✔ ... sich die Klaviatur oder das Griffbrett im Geiste vorstellen können und wissen, welcher Ton sich wo auf Ihrem Instrument befindet.
- ✔ ... genau wissen, welcher Ton bei welcher Tonleiter welcher Stufe entspricht.
- ✔ ... in der Lage sein, eine Tonfolge zu spielen, wenn man Ihnen die Tonart und die Zahlen der Stufen vorgibt.

Die *Durtonleiter* ist die beliebteste Tonleiter überhaupt, und sie ist auch am leichtesten zu erkennen, wenn man sie hört. Zwei Beispiele für in Dur komponierte Songs sind »Happy Birthday« und »Mary Had a Little Lamb«.

Wie man Durtonleitern auf der Gitarre und auf dem Klavier spielt

Angenommen, jemand bittet Sie darum, die C-Dur-Tonleiter auf dem Klavier zu spielen, dann würden Sie folgende Töne spielen (Abbildung 7.1):

Achten Sie in der Abbildung auf die Pfeile oberhalb der Klaviertasten. Sie zeigen das Muster, dem ausschließlich jede Durtonleiter folgt – in diesem Fall sind nur weiße Tasten beteiligt, doch bei anderen Tonleitern kommen, um das Schema zu wahren, auch schwarze Tasten ins Spiel.

Wenn Sie eine Durtonleiter auf dem Klavier spielen wollen, müssen Sie als Erstes den Grundton suchen. Mit dem fangen Sie an. Bei einer A-Dur-Tonleiter also das A, bei einer D-Dur-Tonleiter das D und so weiter (wenn Sie nicht mehr wissen, welche Noten sich wo befinden, schlagen Sie in Kapitel 6 nach). Nach dem Grundton setzt es sich dann gemäß dem Muster fort: G-G-H-G-G-G-H. Der letzte Ton der Tonleiter ist der gleiche wie der Ausgangston, nur eine Oktave höher.

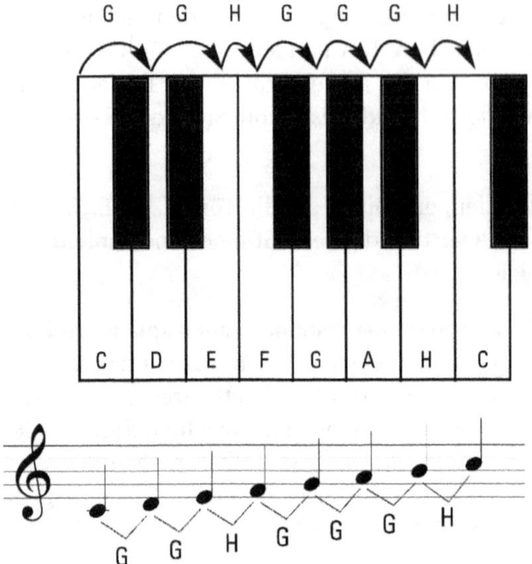

Abbildung 7.1: Die C-Dur-Tonleiter folgt, wie alle anderen Durtonleitern, dem Muster G-G-H-G-G-G-H.

Sämtliche Durtonleitern samt ihrer Vorzeichen im Liniensystem finden Sie in Kapitel 8. Und den zum Download verfügbaren Audiobeispielen können Sie sich das Ganze auch anhören.

Tonleitern sind auf der Gitarre sogar leichter zu spielen als auf dem Klavier. Gitarristen behelfen sich, indem Sie den Gitarrenhals – also das Griffbrett – gedanklich in Abschnitte zu je vier Bünden aufteilen. Je nachdem, in welcher Tonart sie spielen wollen, positioniert sich ihre Hand über diesem Vier-Bünde-Block. Jeder Block umfasst zwei Oktaven jeder Tonhöhe der betreffenden Tonleiter.

In Abbildung 7.2 sehen Sie das Muster, dem Durtonleitern auf der Gitarre folgen; die Noten werden dabei in der angegebenen Reihenfolge gespielt. Das Diagramm ist relativ zu

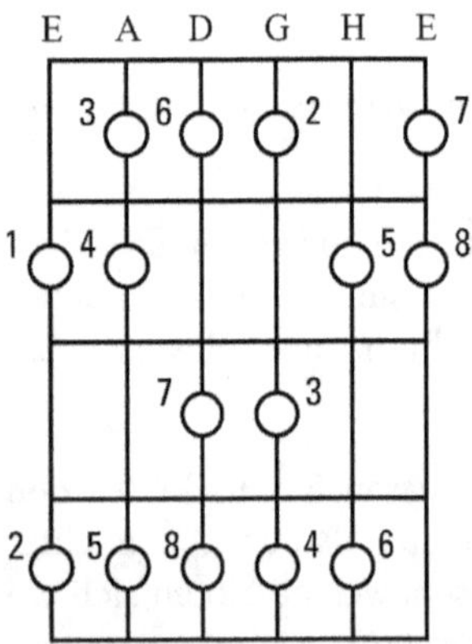

Abbildung 7.2: Dieses Durtonleiter-Muster funktioniert auf dem Gitarrenhals sowohl aufwärts als auch abwärts.

lesen, es bezieht sich also auf die Abstände von einem bereits gegriffenen Grundton aus. Es kann über das Griffbrett verschoben werden und enthält dann Tonleitern von verschiedenen grundtönen aus. ***Und nicht vergessen***: Der achte Ton der ersten Oktave ist gleichzeitig der erste Ton der zweiten Oktave.

Um auf der Gitarre eine Durtonleiter zu spielen, müssen Sie zunächst die erste Saite (also die tiefste, die sogenannte dicke E-Saite) im jeweils richtigen Bund greifen – so gelangen Sie zum entsprechenden Grundton:

- **Leere Saite:** E
- **1. Bund:** F
- **2. Bund:** F♯/G♭
- **3. Bund:** G
- **4. Bund:** G♯/A♭
- **5. Bund:** A
- **6. Bund:** A♯/B
- **7. Bund:** H
- **8. Bund:** C
- **9. Bund:** C♯/D♭
- **10. Bund:** D
- **11. Bund:** D♯/E♭
- **12. Bund:** E
- **13. Bund:** F

Jetzt brauchen Sie nur diesem Muster auf dem Gitarrenhals zu folgen – so können Sie jede Durtonleiter aufbauen, die Sie sich wünschen. Die Tonart wird dabei immer durch den ersten und den letzten Ton bestimmt. Das heißt: Wenn Sie zum Beispiel eine C-Dur-Tonleiter spielen wollen, beginnen Sie bei der E-Saite einfach im achten Bund. Dieses Muster wiederholt sich auf dem Griffbrett immer und immer wieder – da brauchen Sie sich im Gegensatz zum Klavier um weiße und schwarze Tasten nicht zu kümmern (mehr über die einzelnen Töne auf dem Gitarrengriffbrett steht in Kapitel 6).

Eigentlich erklingen sämtliche Töne auf der Gitarre um eine Oktave (zwölf Halbtöne) tiefer, als es auf dem Notenblatt steht. Würde man sie allerdings für die Gitarre richtig notieren, stünden sämtliche Noten auf Hilfslinien unterhalb des Liniensystems. Auf dem Klavier ist die eingestrichene (mittlere) Oktave die am häufigsten verwendete, deshalb orientiert sich das Notensystem an dieser Oktave. Ein Notenblatt, auf dem die Gitarrennoten notiert wären, würde mit seinen vielen Hilfslinien den Spieler völlig verwirren.

Jetzt gibt's was aufs Ohr …

… und zwar alle Durtonleitern, die von Gitarren- und Klavierspielern verwendet werden. Sie hören sie auf den Audiobeispielen in Track 1 bis 15, und in Tabelle 7.1 können Sie sehen, welche Tonleiter Sie gerade hören. Vergessen Sie dabei nicht, dass Fis-Dur und Ges-Dur, Cis-Dur und Des-Dur sowie H-Dur und Ces-Dur enharmonisch verwechselbare, also klanglich gleiche Skalen sind.

Track	Tonleiter
1	A-Dur
2	As-Dur
3	H-Dur
4	B-Dur
5	C-Dur
6	Ces-Dur
7	Cis-Dur
8	D-Dur
9	Des-Dur
10	E-Dur
11	Es-Dur
12	F-Dur
13	Fis-Dur
14	G-Dur
15	Ges-Dur

Tabelle 7.1: Die 15 Tonleitern, wie sie von Gitarristen und Pianisten verwendet werden

Und jetzt wird's mollig …

Viele denken, Molltonleitern bräuchte man nur für traurige und melancholische Songs – aber das stimmt nicht. Jeder gute Musiker weiß, dass es unerlässlich ist, sie zu beherrschen, da sie das Spiel viel interessanter und facettenreicher machen, als wenn man sich nur auf die Durtonleitern beschränken würde. Je nach Aufbau unterscheidet man zwischen der natürlichen (also der »normalen«), der harmonischen und der melodischen Molltonleiter.

Auch wenn jede Molltonleiter sich aus anderen Tönen zusammensetzt, so folgt doch jeder Typus einem bestimmten Schema, das sich in allen Tonarten wiederholt. Diese feststehenden Muster sind es, die den Molltonleitern ihren jeweils ganz bestimmten Charakter verleihen. Die Akkorde auf den Stufen der natürlichen Molltonleiter haben die gleichen Namen wie die der Durtonleiter – bis auf die siebte, die hier nicht als »Leitton« fungiert (die natürliche Molltonleiter hat keinen Leitton).

Bei den harmonischen und melodischen Molltonleitern heißt die siebte Stufe wiederum *Leitton*, weil sie im Vergleich zur natürlichen Molltonleiter erhöht ist.

In den folgenden Abschnitten wollen wir uns näher mit den drei Molltonleitern beschäftigen – und lernen, wie man sie auf dem Klavier und auf der Gitarre spielt.

Die natürliche Molltonleiter auf dem Klavier und auf der Gitarre

Was Intervalle sind, wissen Sie sicher noch – so nennt man die Abstände zwischen einzelnen Tönen. Das Intervallmuster der natürlichen Molltonleiter lautet: **G-H-G-G-H-G-G** (G steht für Ganzton, H für Halbton). Der erste (und letzte) Ton der Skala legt den Namen der Tonart fest.

Eine natürliche Molltonleiter kann von der Durtonleiter mit dem gleichen Grundton abgeleitet werden – nur mit dem Unterschied, dass die dritte, sechste und siebte Stufe jeweils um einen Halbton tiefer erklingen. Wenn Sie also zum Beispiel die natürliche Molltonleiter in A auf dem Klavier spielen wollen, können Sie wie in Abbildung 7.3 vorgehen, um sie aufzubauen:

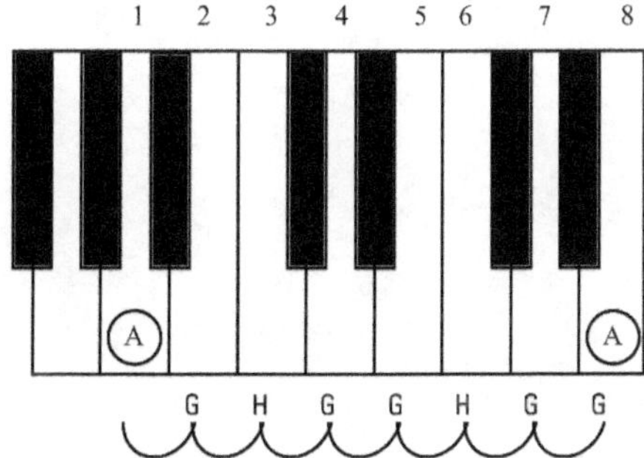

Abbildung 7.3: Die Töne der natürlichen Molltonleiter auf dem Klavier

Das gleiche Schema gilt in beiden Richtungen auch für jeden Ton auf dem Griffbrett der Gitarre. Das Muster der natürlichen Molltonleitern auf der Gitarre sehen Sie in Abbildung 7.4. Sie müssen die Töne in der Reihenfolge der Nummerierung auf der Zeichnung spielen. Der erste Ton (mit der Ziffer 1) befindet sich auf der dicken E-Saite.

Ansonsten funktioniert das Ganze wie bei der Durtonleiter: Wenn Sie eine andere Tonart spielen wollen, brauchen Sie das Muster auf dem Griffbrett nur zu verschieben. Der erste Ton, den Sie auf der tiefen E-Saite spielen, ist der Grundton, und nach ihm wird die Tonart benannt. Wenn Sie also die Molltonleiter in A spielen wollen, müssen Sie nur wissen, wo sich auf der E-Saite das A befindet – nämlich im fünften Bund. Also verschieben Sie das Muster so, dass der erste Ton im fünften Bund landet. Das sieht dann aus wie in Abbildung 7.5.

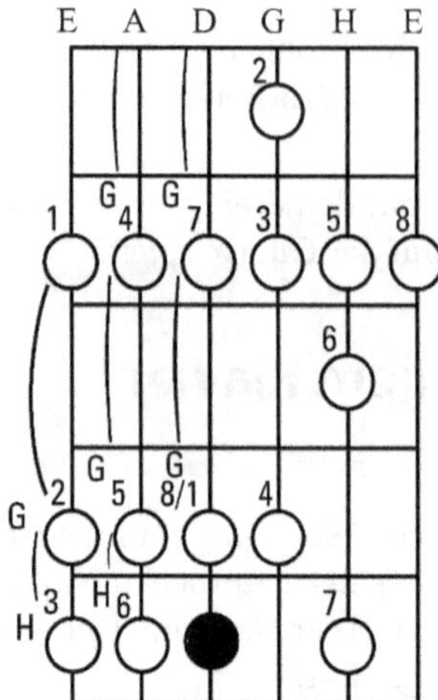

Abbildung 7.4: So spielt man die natürliche Molltonleiter auf der Gitarre.

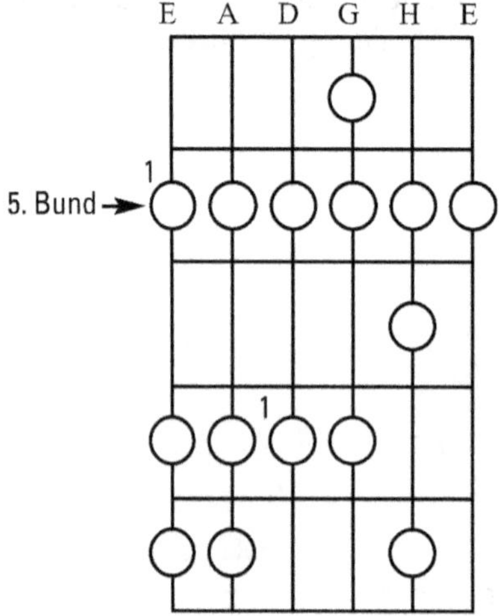

Abbildung 7.5: Die natürliche Molltonleiter in A auf der Gitarre.

Viel Spaß auch mit den harmonischen Molltonleitern!

Die *harmonische Molltonleiter* ist eine Variante der natürlichen Molltonleiter (die wir ja bereits kennen). Sie unterscheidet sich kaum von ihr – bis auf die 7. Stufe, die hier um einen Halbton erhöht ist. Aber Vorsicht – im Notensystem steht in diesem Fall kein Vorzeichen, sondern es wird jeweils ein Versetzungszeichen notiert, wenn wir auf die betreffende Note stoßen. (Versetzungszeichen sind Kreuze, B's oder Auflösungszeichen, das steht alles in Kapitel 6). Das heißt, hier kann es gelegentlich vorkommen, dass Erhöhungs- und Erniedrigungszeichen in ein- und derselben Skala auftauchen, was aber okay ist.

Nun stellen Sie sich vor, Sie wollen die harmonische Molltonleiter in A auf dem Klavier spielen. In diesem Fall sieht das Schema so aus wie in Abbildung 7.6:

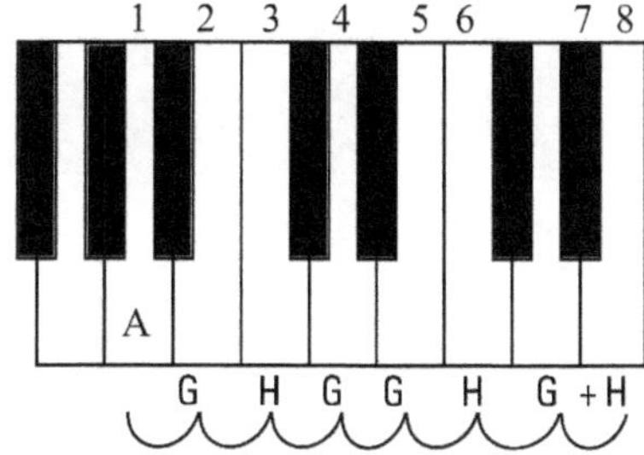

Abbildung 7.6: Die harmonische Molltonleiter in A auf dem Klavier. Die siebte Stufe ist um einen Halbton erhöht, heißt also in diesem Fall Gis, und befindet sich auf einer schwarzen Taste.

Wenn Sie selbst komponieren und eine harmonische Molltonleiter verwenden wollen, empfiehlt es sich, erst einmal die natürliche Molltonleiter zu Papier zu bringen, um dann nachträglich das Versetzungszeichen (Kreuz oder Auflösungszeichen) einzufügen, das die siebte Tonleiterstufe um einen Halbton erhöht.

Harmonische Molltonleitern auf der Gitarre sind einfach. Sehen Sie sich das Muster in Abbildung 7.7 an. Der mit der Ziffer 1 versehene Ton ist der Grundton. Wenn Sie ihn in den Bund verschieben, auf dem sich der Grundton der Tonart befindet, in der Sie spielen wollen (und natürlich das restliche Schema mitverschieben), können Sie gar nichts verkehrt machen.

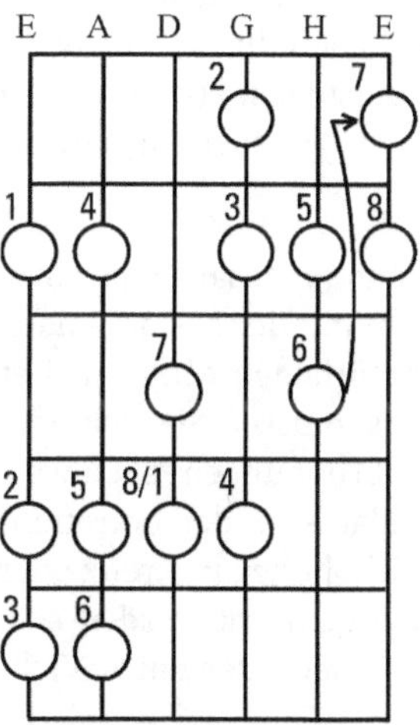

Abbildung 7.7: Die harmonische Molltonleiter auf dem Gitarrengriffbrett – Sie sehen, das Schema der natürlichen Molltonleiter hat sich etwas verändert, da die siebte Stufe um einen Halbton erhöht wurde.

Wie immer richtet sich auch hier die Tonart nach dem ersten und letzten Ton der Skala. Bleiben wir bei unserem bewährten Beispiel in A. Harmonisch a-Moll sieht also wie folgt aus (Abbildung 7.8):

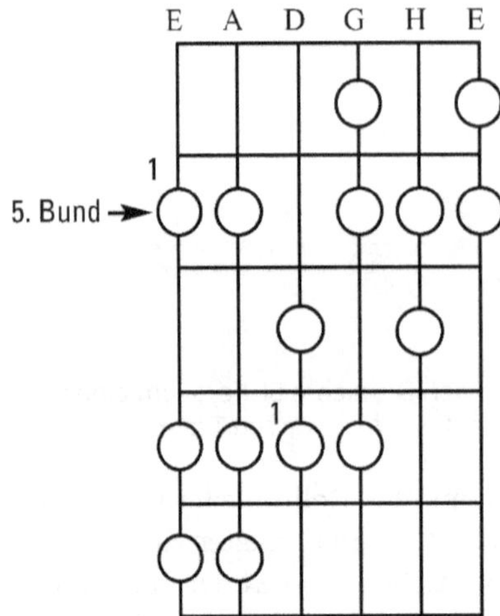

Abbildung 7.8: Die harmonische Molltonleiter in A auf dem Griffbrett der Gitarre

Und so zaubern Sie mit der melodischen Molltonleiter …

Die *melodische Molltonleiter* leitet sich ebenfalls von der natürlichen Molltonleiter ab (die Sie ja bereits kennen). Hier aber wird nicht nur die siebte, sondern auch die sechste Stufe um einen Halbton erhöht – allerdings nur, wenn man die Tonleiter aufsteigend (also von tief nach hoch) spielt. Beim Abwärtsspielen (von hoch nach tief) kehrt man wieder zur natürlichen Molltonleiter zurück.

Klingt ziemlich verwirrend, oder? Deshalb noch mal ganz langsam von vorn: Wenn Sie ein Stück in melodisch Moll spielen und es geht mit der Melodie nach oben, dann müssen die sechste und siebte Stufe der natürlichen Molltonleiter um einen Halbton erhöht werden. Geht's jedoch abwärts, müssen Sie sich wieder an die natürliche Molltonleiter halten, das heißt: Die Erhöhungen fallen weg. Und woran erkennen Sie das auf dem Notenblatt? Ganz klar – vor den betreffenden Noten steht dann ein Versetzungszeichen: für eine Erhöhung ein Kreuz oder Auflösungszeichen; und wenn dieses wieder rückgängig gemacht werden soll, dann finden Sie vor denselben Noten ein Auflösungszeichen oder ein ♭. Nicht ganz unknifflig …

Wenn Sie auf dem Klavier die melodische Molltonleiter in A (aufwärts!) spielen wollen, dann müssen Sie folgende Tasten drücken (Abbildung 7.9):

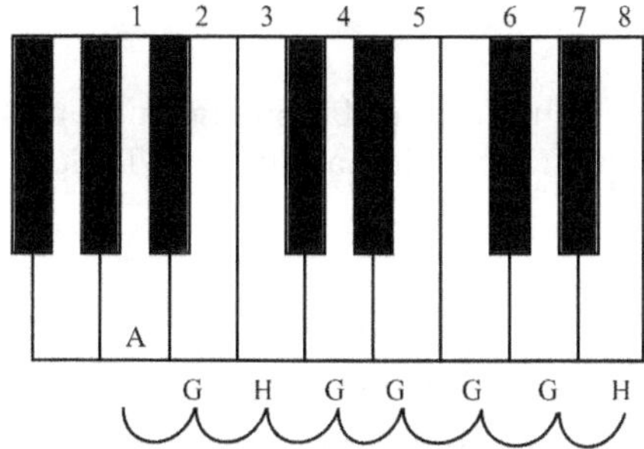

Abbildung 7.9: In der melodischen Molltonleiter sind die sechste und siebte Stufe erhöht – hier das Beispiel für a-Moll, die betreffenden Töne heißen Fis (statt F) und Gis (statt G).

Musiker, die einen Song mit Hilfe der melodischen Molltonleiter komponieren, machen es so: Sie schreiben erst alles in der natürlichen Molltonleiter auf, und danach erst setzen sie vor alle Noten der sechsten und siebten Stufe ein Erhöhungszeichen (Kreuz) oder, falls diese zuvor erniedrigt waren, ein Auflösungszeichen.

Das Schöne an der Gitarre ist, dass man sich für jede Art von Tonleiter nur ein einziges Muster einzuprägen braucht – das gilt dann für alle Tonarten, nur eben an einer jeweils anderen Stelle des Griffbretts. In Abbildung 7.10 sehen wir zunächst einmal das Grundmuster von melodisch Moll für alle Tonarten. Abbildung 7.11 zeigt uns dann die spezielle Anwendung dieses Musters für melodisch a-Moll.

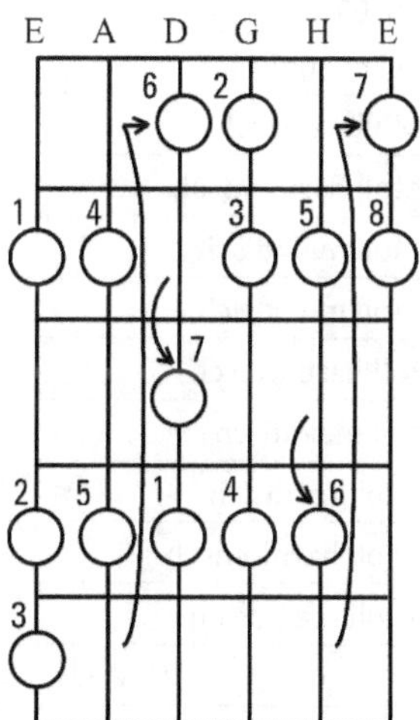

Abbildung 7.10: Bei der melodischen Molltonleiter werden die sechste und siebte Stufe im Vergleich zur natürlichen Molltonleiter um jeweils einen Halbton erhöht.

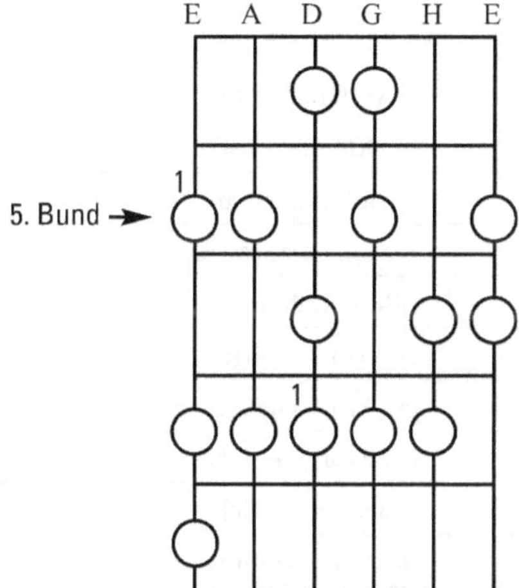

Abbildung 7.11: Die melodische Molltonleiter in A auf dem Griffbrett der Gitarre.

Lauschen wir dem Moll …

Jetzt brauchen Sie wieder die Audiobeispiele. In Track 16 bis 60 finden Sie alle möglichen Molltonleitern für sämtliche Grundtöne (siehe Tabelle 7.2). Viel Spaß mit den molligen Klängen!

Track	Tonleiter	Track	Tonleiter
16	a-Moll natürlich	39	d-Moll melodisch
17	a-Moll harmonisch	40	dis-Moll natürlich
18	a-Moll melodisch	41	dis-Moll harmonisch
19	as-Moll natürlich	42	dis-Moll melodisch
20	as-Moll harmonisch	43	e-Moll natürlich
21	as-Moll melodisch	44	e-Moll harmonisch
22	ais-Moll natürlich	45	e-Moll melodisch
23	ais-Moll harmonisch	46	es-Moll natürlich
24	ais-Moll melodisch	47	es-Moll harmonisch
25	h-Moll natürlich	48	es-Moll melodisch
26	h-Moll harmonisch	49	f-Moll natürlich
27	h-Moll melodisch	50	f-Moll harmonisch
28	b-Moll natürlich	51	f-Moll melodisch
29	b-Moll harmonisch	52	fis-Moll natürlich
30	b-Moll melodisch	53	fis-Moll harmonisch
31	c-Moll natürlich	54	fis-Moll melodisch
32	c-Moll harmonisch	55	fis-Moll melodisch
33	c-Moll melodisch	56	g-Moll harmonisch
34	cis-Moll natürlich	57	g-Moll melodisch
35	cis-Moll harmonisch	58	gis-Moll natürlich
36	cis-Moll melodisch	59	gis-Moll harmonisch
37	d-Moll natürlich	60	gis-Moll melodisch
38	d-Moll harmonisch		

Tabelle 7.2: Die verschiedenen Molltonleitern für sämtliche Tonarten, wie Gitarristen und Pianisten sie verwenden

Noch mehr Tonleitern? Hilfe!

Wer glaubt, wir hätten jetzt alle Tonleitern abgehakt, der irrt sich.

Es gäbe da zum Beispiel noch die *chromatische Tonleiter*, die aber nicht schwer zu verstehen ist – sie besteht im Gegensatz zu den bisher bekannten Tonleitern nur aus Halbtonschritten, insgesamt also zwölf Noten. Das heißt: Nach dem C kommt nicht das D, sondern erst mal das Cis bzw. Des und so weiter. Zum Einprägen auf der Gitarre oder dem Klavier eignet sich diese Tonleiter besonders gut, da sie der Reihenfolge der Tasten beziehungsweise Bünde entspricht.

Es gibt die *pentatonische Tonleiter*, die – wie schon der Name sagt (*penta* ist das griehische Wort für fünf) – nur aus fünf Tönen besteht und vor allem in der Pop- und Bluesmusik Anwendung findet. Es gibt die Bluestonleiter und die sogenannte Zigeunertonleiter, aber die gehören zu den »höheren Weihen«, und wir müssen sie hier nicht alle durchpauken.

Wichtig ist es, noch ein paar Worte über die sogenannten *Kirchentonarten* (Modi) zu verlieren. Das Prinzip, dem sie folgen, ist relativ einfach. Gehen wir einmal von der C-Dur-Tonleiter aus: Sie besteht aus den Stammtönen, die auf dem Klavier ausschließlich auf weißen Tasten gespielt werden, und lautet:

C-D-E-F-G-A-H-C

Nun können Sie das gleiche Tonmaterial aber auch spielen, indem Sie mit einem anderen Ton beginnen, zum Beispiel mit dem zweiten, dem D. Probieren Sie das auf dem Klavier oder der Gitarre einmal aus (also von D nach D spielen). Sie werden feststellen, dass die Tonfolge jetzt anders klingt als zuvor mit dem C als Grundton. Und wenn Sie mit dem E beginnen und bis zum nächsten E spielen, klingt sie wieder ein wenig anders, und so weiter. Das liegt daran, dass die Anordnung der Intervallschritte, also die Abfolge von Ganz- und Halbtonschritten, sich verändert hat. Die verschiedenen Tonleitern, die dadurch entstehen – das sind jene »Kirchentonarten«.

Die normale Durtonleiter bezeichnet man als *ionischen Modus*. Die natürliche Molltonleiter heißt *äolischer Modus*. Und auch die anderen Kirchentonarten haben recht seltsame Namen, die sich alle aus dem Griechischen ableiten.

In Tabelle 7.3 finden Sie eine Übersicht:

Bezeichnung	**Notenfolge**
dorischer Modus	D-E-F-G-A-H-C-D
phrygischer Modus	E-F-G-A-H-C-D-E
lydischer Modus	F-G-A-H-C-D-E-F
mixolydischer Modus	G-A-H-C-D-E-F-G
äolischer Modus	A-H-C-D-E-F-G-A
ionischer Modus	C-D-E-F-G-A-H-C
lokrischer Modus (eine künstliche Skala, keine Kirchentonart)	H-C-D-E-F-G-A-H

Tabelle 7.3: Die Kirchentonarten

All jene Kirchentonleitern sind diatonische Skalen und bestehen aus jeweils fünf Ganzton- und zwei Halbtonschritten. Spielen Sie diese Tonleitern ruhig einmal auf Ihrem Instrument durch, um mit ihren verschieden klingenden Tonfolgen vertraut zu werden.

Wie auch die Dur- und Molltonleitern können die Kirchentonleitern auf jedem Ton der Tonleiter beginnen, wenn nur die jeweiligen Ganz- und Halbtonschritte beibehalten werden. So kann man zum Beispiel den dorischen Modus auch auf F beginnen oder den lydischen auf C – das nennt sich dann F-Dorisch (F-G-As-B-C-D-Es) oder C-Lydisch (C-D-E-Fis-G-A-H). Hört sich kompliziert an? Das ist es auch so ein klein wenig. Und dabei haben wir noch nicht mal die plagalen Modi erwähnt, aber das würde nun wirklich etwas zu weit führen …

IN DIESEM KAPITEL

Lernen Sie, wie man den Quintenzirkel benutzt

Erfahren Sie alles über Generalvorzeichen

Werden Sie näher mit Dur- und Molltonarten vertraut

Kapitel 8
Vorzeichen und der Quintenzirkel

Beim Betrachten der meisten Notenblätter wird Ihnen auffallen, dass gleich am Anfang der Notenzeilen, rechts neben der Taktvorzeichnung, ein oder mehrere Erhöhungs- oder Erniedrigungszeichen stehen. Das sind die sogenannten *Generalvorzeichen* (kurz Vorzeichen genannt), die uns verraten, in welcher Tonart das betreffende Stück komponiert wurde.

Wenn man die *Tonart* eines Stückes kennt, weiß man genau, welche Tonleitern beim Komponieren verwendet wurden und welche nicht – was beim Entziffern des Notenblatts eine große Hilfe ist, sofern man die einzelnen Tonleitern kennt und weiß, welche Töne sie enthalten. Auch wenn man bei einer Session mit anderen Musikern zusammenspielt, weiß man dann im Voraus, welche Noten zu erwarten sind und wo die Melodie sich vermutlich hinbewegt. Es ist, als ob man einen Text liest und schon vorher weiß, welches Wort als Nächstes kommt – oder zumindest, welche Worte nicht in Frage kommen.

In diesem Kapitel werden Sie alles erfahren, was man über diese Generalvorzeichen wissen muss und wie man an ihnen sofort erkennt, mit welcher Tonart man es zu tun hat. Außerdem lernen Sie den Quintenzirkel kennen – mit seiner Hilfe kann man Tonarten ganz leicht identifizieren. Zum Schluss des Kapitels beschäftigen wir uns dann noch ausführlich mit den verschiedenen Dur- und Molltonarten sowie ihren Paralleltonarten.

Werden Sie mit dem Quintenzirkel vertraut!

Im 6. Jahrhundert vor Christus hatte der griechische Gelehrte und Philosoph Pythagoras eine zündende Idee, die für alle, die Musik machten oder mit Musik zu tun hatten, eine große Erleichterung darstellte, da sie konkret die mathematischen Grundlagen von Klängen und Zusammenklängen beschrieb. Pythagoras hatte bereits zuvor die Beziehung zwischen der Frequenz (Schwingungszahl) eines Tons und der Länge einer Saite herausgefunden, er hatte definiert, was eine Oktave ist, und experimentierte nun auch mit der Addition und Verknüpfung von Intervallen wie Oktaven, Quinten und Quarten.

Durch die Unterteilung eines Kreises in zwölf gleiche Teile (wie das Zifferblatt einer Uhr) entstand der sogenannte Quintenzirkel, wie er heute von Musikern noch verwendet wird. Jeder der zwölf Positionen wird eine bestimmte Tonhöhe zugeordnet, die jeweils einem der zwölf Halbtöne entspricht – und nicht nur den Tonhöhen, sondern auch den Dur- und Molltonleitern, die man auf dem jeweiligen Grundton aufbauen kann. Im Laufe der Jahrhunderte wurde der Quintenzirkel von Musiktheoretikern aktualisiert. Seine heutige Form sehen Sie in Abbildung 8.1. Über diesen Quintenzirkel wollen wir im nächsten Abschnitt ausführlich sprechen.

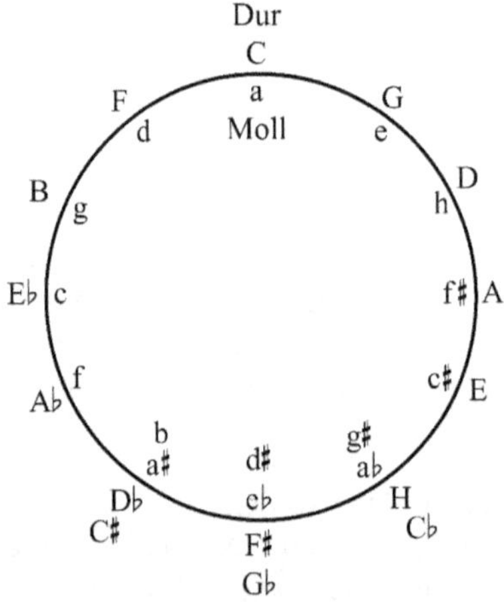

Abbildung 8.1: Der Quintenzirkel in seiner heutigen Form. Er veranschaulicht die Folge der Tonleitern im Quintabstand und zeigt auf, welche Durtonart welcher Paralleltonart in Moll entspricht. Großbuchstaben stehen für den Grundton einer Durtonart, Kleinbuchstaben für den Grundton einer Molltonart.

Der Quintenzirkel mal aus mathematischem Blickwinkel: Eine Umdrehung entspricht zwölf Quinten, das entspricht sieben Oktaven – oder anders gesagt: Nach zwölf aufeinander gestapelten Quinten oder sieben Oktaven wird wieder der Ausgangston erreicht.

Die Erfindung und Anwendung des Quintenzirkels bildet die Grundlage der modernen westlichen Harmonielehre – deshalb werden wir ihm in diesem Buch immer wieder begegnen. Eine etwas andere Darstellung des Quintenzirkels sehen Sie in Abbildung 8.2. Im inneren Kreis stehen jetzt Zahlen – die verraten Ihnen, welche Generalvorzeichen, also wie viele Erhöhungs- und Erniedrigungszeichen jede Tonart hat. In der linken Hälfte des »Zifferblatts« stehen die Anzahlen der Erniedrigungszeichen (♭), in der rechten die der Erhöhungszeichen (♯).

Je öfter Sie den Quintenzirkel aus Abbildung 8.2 verwenden, umso schneller werden Sie sich einprägen können, welche und wie viele Vorzeichen welcher Tonart entsprechen (deren Grundtöne jeweils am äußeren Rand des Zirkels stehen). Die Erhöhungszeichen zählen Sie im Uhrzeigersinn, die Erniedrigungszeichen entgegen dem Uhrzeigersinn. Startpunkt ist das C ganz oben.

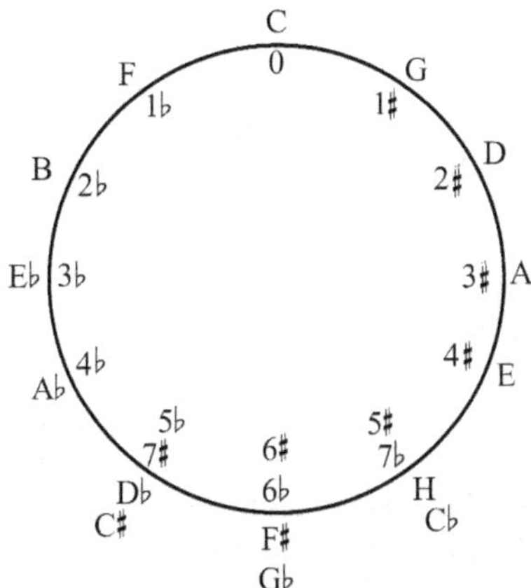

Abbildung 8.2: Der Quintenzirkel verrät Ihnen genau, wie viele Erhöhungs- oder Erniedrigungszeichen jede Tonart hat, hier die Durtonarten.

Bleiben wir einmal beim C – darunter steht eine 0. Das heißt: Ein Stück, das in der Tonart C-Dur (oder a-Moll) geschrieben wurde, hat überhaupt keine Vorzeichen. Unter dem G steht eine 1 – das heißt, die Tonart G-Dur hat *ein* Erhöhungszeichen (♯). Wenn Sie also auf dem Klavier ein Stück in G-Dur spielen, bleiben Sie immer auf den weißen Tasten – bis Sie zur siebten Tonstufe gelangen. Dort spielen Sie dann kein F, sondern ein Fis (und genauso wird auch jedes andere F, das Ihnen im Stück begegnet, in ein Fis verwandelt). Die Tonart D-Dur hat zwei Erhöhungszeichen, A-Dur hat drei und so geht es immer weiter – aber nur in der rechten »Uhrhälfte«, wohlgemerkt.

Wenn Sie also vor einem Notenblatt sitzen, brauchen Sie nur die Vorzeichen am Anfang zu zählen, und schon wissen Sie die Tonart. Der Quintenzirkel hilft Ihnen aber auch beim Komponieren, beim Harmonisieren von Melodien, beim Aufbau von Akkorden und beim Wechsel der Tonart innerhalb ein- und derselben Komposition.

Jede »Station« im Quintenzirkel liegt (im Uhrzeigersinn) eine Quinte über der vorangegangenen Station – daher der Name Quintenzirkel. Als Quinte bezeichnet man den Abstand (das Intervall) zwischen der ersten und fünften Stufe einer Tonleiter. Ein Beispiel: In der C-Dur-Tonleiter ist die fünfte Stufe das G (C-D-E-F-G). Deshalb steht im Quintenzirkel das G auch rechts neben dem C. Und als Nächstes kommt das D, das wiederum die fünfte Stufe der G-Dur-Tonleiter ist, und so weiter. (Alles über die verschiedenen Tonleitern finden Sie in Kapitel 7.)

Beim Verstehen des Quintenzirkels helfen uns übrigens Christina und Christian. Sie wissen nicht, wer die beiden sind? Das werden Sie gleich erfahren.

Erhöhungszeichen: Für Christina gehst Du abends Eis holen

Welche Noten bei welcher Anzahl von Kreuzen erhöht werden, folgt stets einer ganz bestimmten Ordnung. Es sind der Reihe nach: F, C, G, D, A, E, H.

Das heißt: Wenn Sie nur ein Kreuz am Anfang des Notensystems sehen, verrät Ihnen der Quintenzirkel nicht nur, dass es sich um die Tonart G-Dur (oder e-Moll) handelt, sondern auch, dass es in dieser Tonleiter die Note F ist, die zu Fis erhöht wird. Als Eselsbrücke für die Reihenfolge können Sie sich den Spruch merken:

F*ür* ***C****hristina* ***G****ehst* ***D****u* ***A****bends* ***E****is* ***H****olen* (Sie können sich natürlich auch einen eigenen Spruch ausdenken, der sich Ihrem Gedächtnis besser einprägt.)

Ein Beispiel: Wenn Sie einen Song in der Tonart H-Dur spielen, suchen Sie auf dem Quintenzirkel erst mal das H (es steht auf fünf Uhr). Dort erfahren Sie, dass diese Tonart fünf Erhöhungszeichen hat (5 ♯im Inneren des Kreises). Wenn Sie jetzt wissen wollen, *welche* Noten es sind, die erhöht werden, greifen Sie auf die Eselsbrücke mit Christina zurück. Sie brauchen nur die Anfangsbuchstaben der ersten fünf Wörter zu nehmen – das sind F, C, G, D und A. Diese Noten werden in dem Stück also entsprechend zu Fis, Cis, Gis, Dis und Ais.

Quizfrage: Wie sieht es aus, wenn Sie ein Stück in D-Dur spielen wollen? In diesem Fall sind es nur zwei Noten, die erhöht werden, nämlich das F und das C.

Erniedrigungszeichen: Hat Erika auch den geilen Christian frisiert?

Bei den Erniedrigungszeichen funktioniert das Ganze kaum anders als bei den Erhöhungszeichen – nur, dass wir uns jetzt *entgegen dem Uhrzeigersinn* durch den Quintenzirkel bewegen müssen. Wir beginnen wieder bei C-Dur – dort haben wir nach wie vor die Null, also keine Vorzeichen. Links davon steht F-Dur – mit *einem* Erniedrigungszeichen. Und eine Station weiter entgegen dem Uhrzeigersinn folgt B-Dur mit zwei Erniedrigungszeichen, und so geht es auch hier immer weiter.

Wie die Erhöhungen folgen auch die Erniedrigungen einem gleichbleibenden Schema – diesmal lautet es H, E, A, D, G, C, F. Als Merkregel (Eselsbrücke) könnte man zum Beispiel den Satz nehmen: ***H****at* ***E****rika* ***A****uch* ***D****en* ***G****eilen* ***C****hristian* ***F****risiert?* Es sind die gleichen Buchstaben wie bei den Erhöhungszeichen – nur in umgekehrter Reihenfolge.

Nehmen wir als Beispiel Ges-Dur, das im Quintenzirkel sechs Stationen von C-Dur entfernt liegt – also hat es sechs Erniedrigungszeichen, und zwar für die Noten H, E, A, D, G und C, aus denen somit B, Es, As, Des, Ges und Ces werden. Die Tonart B-Dur, die sich zwei Stationen von C-Dur entfernt befindet, hat die Töne B und Es in ihrer Tonleiter. Denken Sie stets daran: Die Reihenfolge der Erhöhungs- und Erniedrigungszeichen, wie wir sie unseren Eselsbrücken entnehmen, entspricht stets der Reihenfolge, in der sie als Generalvorzeichen notiert werden.

Man kann gar nicht oft genug betonen, wie nützlich dieser Quintenzirkel ist – egal ob man nun komponiert, Musik macht oder Musik studiert. Beschäftigen Sie sich mit ihm, prägen Sie ihn sich ein, studieren Sie ihn. Und vor allem: Wenden Sie ihn an.

Wie man Durtonarten an ihren Vorzeichen erkennt

Am besten, wir wiederholen das Ganze noch einmal.

Wenn man wissen will, wie viele Vorzeichen eine Tonart enthält, fängt man im Quintenzirkel bei C-Dur an, im oder gegen den Uhrzeigersinn zu zählen. Für die Kreuz-Tonarten bedeutet das: C-Dur hat keine Vorzeichen, G-Dur hat ein Kreuz, D-Dur hat zwei, und mit jeder Station, die wir weitergehen, kommt ein Vorzeichen hinzu. Abbildung 8.2 zeigt das sehr deutlich. In Abbildung 8.3 steht auf jeder Notenlinie sowie in den Zwischenräumen eine Zahl, die Ihnen verrät,das wievielte Vorzeichen bei welcher Note steht. (Dazu müssen Sie natürlich wissen, welche Noten das sind – das steht in Kapitel 6.)

Abbildung 8.3: Die Erhöhungszeichen samt ihren Nummern und ihren Positionen im Violin- und Bassschlüssel

Beispiel: Sie wollen einen Song in der Tonart H-Dur spielen. Das H liegt *(im Uhrzeigersinn)* fünf »Stationen« von C-Dur entfernt – jetzt wissen Sie also, bei dieser Tonart sind fünf Kreuze vonnöten. Dann nehmen Sie unseren Merkspruch zur Hilfe: *Für Christina Gehst Du Abends Eis Holen.* Nun wissen Sie auch, um *welche* Noten es sich handelt, nämlich F, C, G, D und A – aus denen wird nun Fis, Cis, Gis, Dis und Ais. Sie müssen also fünf Kreuze genau an den für sie vorgesehenen Positionen rechts neben den Notenschlüssel schreiben. Bei der Tonart D-Dur hätten wir hingegen nur zwei Vorzeichen und damit Fis und Cis.

Wenn es bei Durtonleitern nicht um Erhöhungs-, sondern um Erniedrigungszeichen geht, müssen Sie sich allerdings von C-Dur aus in die andere Richtung bewegen – also *gegen den Uhrzeigersinn.* Auch hier zählen Sie wieder mit, um herauszufinden, wie viele Vorzeichen die gewünschte Tonart hat. Und dann greifen Sie auf unsere zweite Eselsbrücke zurück: *Hat Erika Auch Den Geilen Christian Frisiert?* Ein Beispiel für F-Dur: eine Station von C-Dur entfernt – also *ein* Erniedrigungszeichen. Für welche Note? Für das H, das dadurch zum B wird. Ein Beispiel für B-Dur: Zwei Stationen von C-Dur entfernt – also *zwei* Vorzeichen. Für welche Noten? Für das H und das E, die dadurch zu B und Es werden. In Abbildung 8.3

hatten wir Ihnen ein Schema für die Erhöhungszeichen vorgestellt – in Abbildung 8.4 nun das Gleiche für Erniedrigungszeichen:

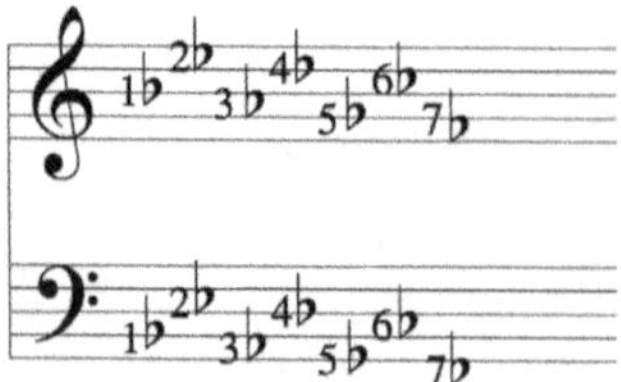

Abbildung 8.4: Die Erniedrigungszeichen samt ihren Nummern und Positionen im Violin- und Bassschlüssel

Kleines Quiz am Rande: Wie viele Erniedrigungszeichen hat die Tonart Ges-Dur? Überlegen Sie erst mal selbst, bevor Sie weiterlesen.

Lösung: Ges-Dur ist sechs Stationen von C-Dur entfernt – also sind es sechs b. Und nun die Eselsbrücke: *Hat Erika Auch Den Geilen Christian Frisiert?* Die Noten mit Vorzeichen lauten also H, E, A, D, G und C, die dadurch zu B, Es, As, Des, Ges und Ces werden.

Weil's so schön war, noch ein Quiz: Wie viele Vorzeichen hat die Tonart Es-Dur?

Drei Erniedrigungszeichen, und zwar für H (wird zu B) und für E (wird zu Es) und für A (wird zu As).

Hurra, Sie haben's kapiert!

Und wie funktioniert das jetzt bei den Molltonarten?

Auch bei Molltonarten hilft uns der Quintenzirkel, die Zahl der Generalvorzeichen samt der betreffenden Noten zu bestimmen. Blättern Sie noch einmal zurück zu Abbildung 8.1. Dort sehen Sie, dass bei jeder Note außerhalb des Kreises auch ein Kleinbuchstabe innerhalb des Kreises steht.

Das sind die zu den jeweiligen Durtonarten gehörigen *parallelen Molltonarten.* Beide haben die gleichen Generalvorzeichen – der einzige Unterschied besteht darin, dass die Mollparallelen mit einem anderen Grundton beginnen als ihre Dur-Verwandten, und zwar mit demjenigen Ton, der drei Halbtöne (oder eine kleine Terz) tiefer ist als der Grundton der Durtonart.

Ein Beispiel: Wenn Sie C-Dur haben, ist die Mollparallele a-Moll (wo in Abbildung 8.1 außen ein C steht, finden Sie innen ein a). Der Grundton von a-Moll ist also der Ton A, der auf der Klaviatur oder dem Griffbrett der Gitarre drei Halbtonschritte tiefer als das C liegt.

Auch unsere Eselsbrücken mit Christina und Christian bleiben in der Molltonart die gleichen. Schließlich ändern sich ja die Vorzeichen nicht.

Auf dem Klavier oder der Gitarre passen Durtonart und Mollparallele zueinander wie der Deckel auf den Topf. Unzählige Songs auch auf die Tonleiter der Paralleltonart zurück, weil das vielseitiger klingt. (Mehr über Akkorde und Akkordfortschreitungen erfahren Sie in den Kapiteln 10 und 11.)

Die ganze Vorzeichen-Wissenschaft auf einen Blick

Die folgenden Abschnitte enthalten eine Zusammenfassung sämtlicher Tonleitern in Dur und (natürlichem) Moll. Da dieses Kapitel vom Quintenzirkel handelt, gehen wir dabei nicht alphabetisch vor, sondern folgen der Reihenfolge der Tonarten im Quintenzirkel.

Bei den Mollparallelen handelt es sich im Folgenden grundsätzlich um das natürliche Moll, deshalb schreiben wir es nicht jedes Mal dazu. Falls Sie Kapitel 7 schon gelesen haben, wissen Sie ja: Es gibt mehrere Arten von Moll.

C-Dur und a-Moll

In Abbildung 8.5 sehen Sie die Tonartvorzeichnung für C-Dur, in Abbildung 8.6 für die dazugehörige Paralleltonart a-Moll.

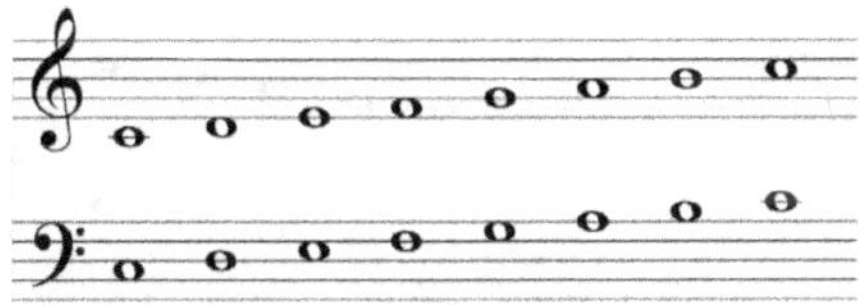

Abbildung 8.5: Die Tonartvorzeichnung und Tonleiter für C-Dur

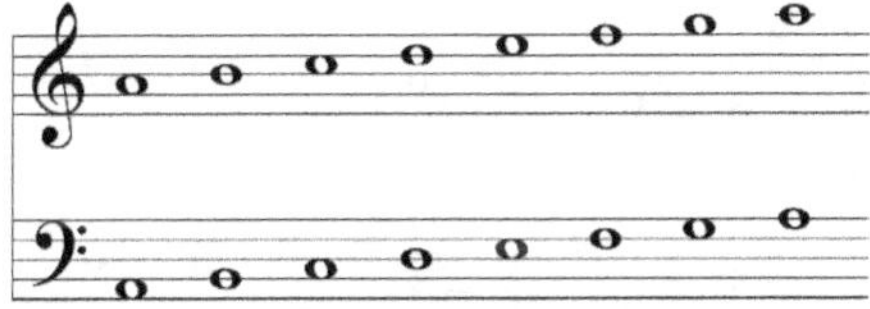

Abbildung 8.6: Die Tonartvorzeichnung und Tonleiter für a-Moll

Sie sehen: Bei der Tonartvorzeichnung von C-Dur und a-Moll gibt es weder Erhöhungs- noch Erniedrigungszeichen – und beide Tonleitern enthalten die gleichen Noten, nur mit einem jeweils anderen Grundton: Die C-Dur-Tonleiter beginnt bei C, die a-Moll-Tonleiter bei A.

G-Dur und e-Moll

Abbildung 8.7 zeigt die Tonartvorzeichnung für G-Dur, Abbildung 8.8 die für die Paralleltonart e-Moll.

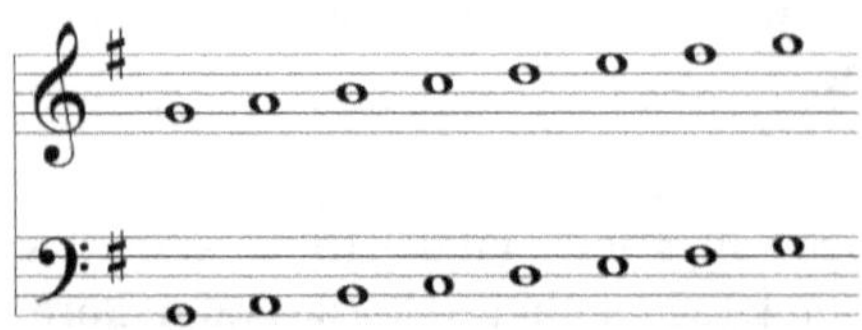

Abbildung 8.7: Die Tonartvorzeichnung und Tonleiter für G-Dur

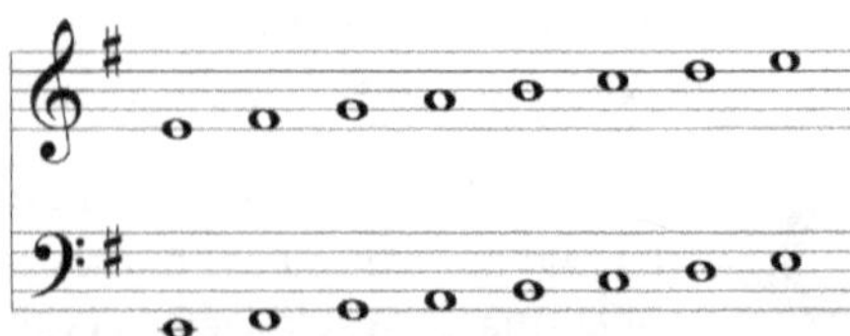

Abbildung 8.8: Die Tonartvorzeichnung und Tonleiter für e-Moll

D-Dur und h-Moll

Abbildung 8.9 zeigt die Tonartvorzeichnung für D-Dur, Abbildung 8.10 die für die Mollparallele h-Moll.

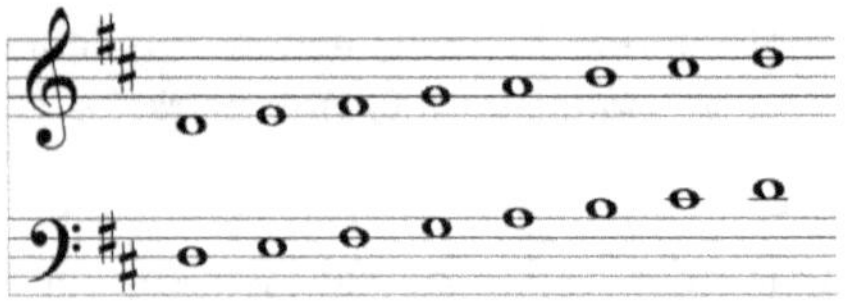

Abbildung 8.9: Die Tonartvorzeichnung und Tonleiter für D-Dur

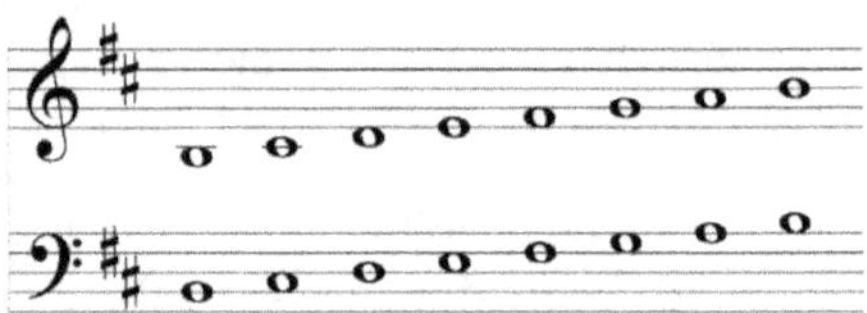

Abbildung 8.10: Die Tonartvorzeichnung und Tonleiter für h-Moll

A-Dur und fis-Moll

Abbildung 8.11 zeigt die Tonartvorzeichnung für A-Dur, Abbildung 8.12 die für die Mollparallele fis-Moll.

Abbildung 8.11: Die Tonartvorzeichnung und Tonleiter für A-Dur

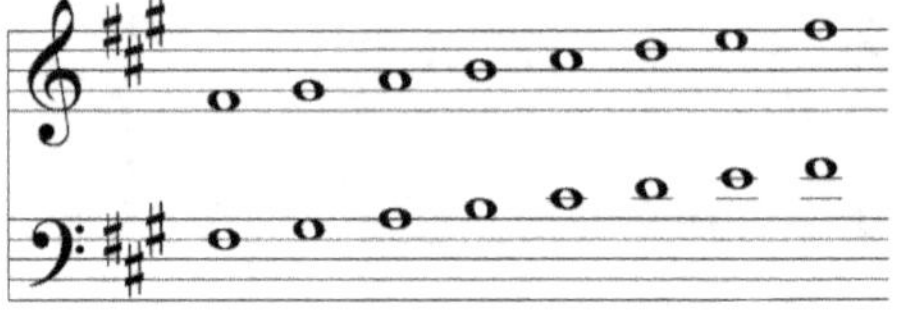

Abbildung 8.12: Die Tonartvorzeichnung und Tonleiter für fis-Moll

E-Dur und cis-Moll

Abbildung 8.13 zeigt die Tonartvorzeichnung für E-Dur, Abbildung 8.14 die für die Paralleltonart cis-Moll.

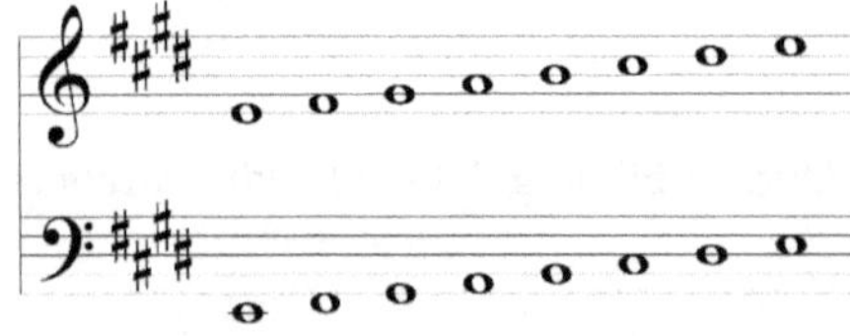

Abbildung 8.13: Die Tonartvorzeichnung und Tonleiter für E-Dur

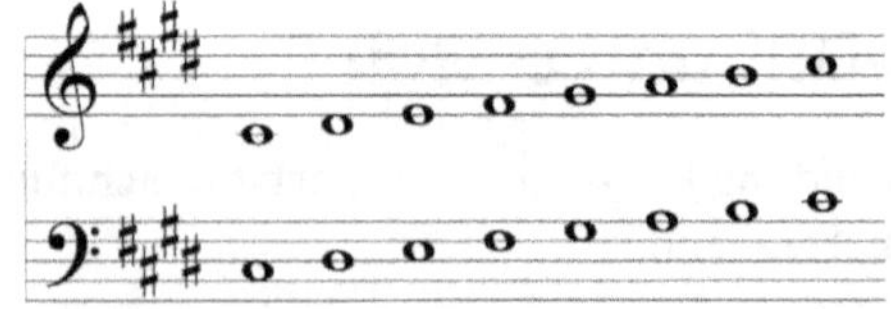

Abbildung 8.14: Die Tonartvorzeichnung und Tonleiter für cis-Moll

H-/Ces-Dur und gis-/as-Moll

Abbildung 8.15 zeigt die Tonartvorzeichnungen für H-Dur und Ces-Dur, Abbildung 8.16 die für die Paralleltonarten gis-Moll und as-Moll.

Abbildung 8.15: Die Tonartvorzeichnungen und Tonleitern für H-Dur und Ces-Dur

Abbildung 8.16: Die Tonartvorzeichnungen und Tonleitern für gis-Moll und as-Moll

Sie wundern sich, dass wir es hier mit jeweils zwei Tonleitern zu tun haben? Werfen Sie mal einen Blick auf Ihre Klaviatur – Sie werden sehen, dass sich links neben dem C keine schwarze Taste befindet und somit eine Ces-Taste nicht existiert. Für das um einen Halbton erniedrigte C müssen wir also eine weiße Taste spielen – die Taste, auf der auch das H liegt. Bei den Tönen Ces und H spricht man von einer sogenannten *enharmonischen Verwechslung*. Das heißt: Die Töne klingen identisch, werden aber mit zwei verschiedenen Stammtönen (einmal ein H, einmal ein erniedrigtes C) notiert. Die Töne der H-Dur-Tonleiter und die der Ces-Dur-Tonleiter klingen völlig gleich – sie werden aber im Notensystem anders notiert. Das Gleiche gilt für gis-Moll und as-Moll – die gleichen Töne, aber anders notiert.

Fis-/Ges-Dur und dis-/es-Moll

Abbildung 8.17 zeigt die Tonartvorzeichnungen für Fis-Dur und Ges-Dur, Abbildung 8.18 die für die Paralleltonarten dis-Moll und es-Moll. Auch hier wieder enharmonische Verwechslungen!

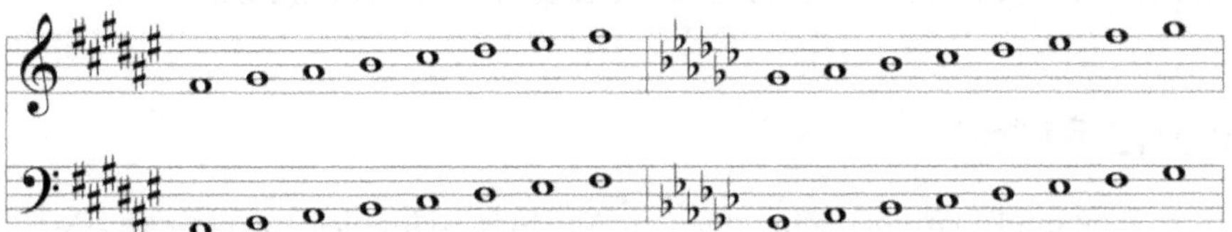

Abbildung 8.17: Die Tonartvorzeichnungen und Tonleitern für Fis-Dur und Ges-Dur

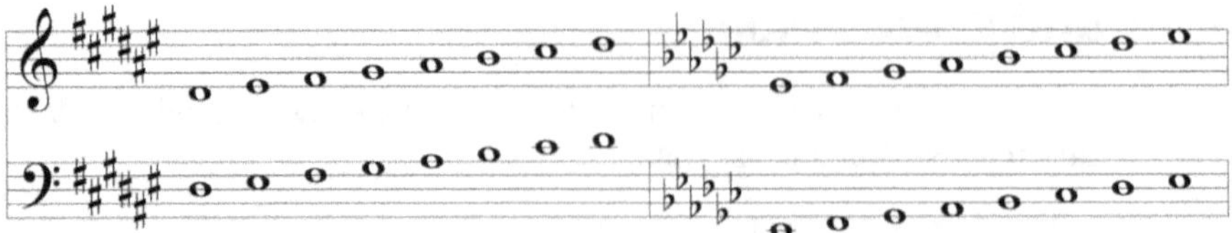

Abbildung 8.18: Die Tonartvorzeichnungen und Tonleitern für dis-Moll und es-Moll

Nun sind wir im Quintenzirkel auf der Sechs-Uhr-Position angelangt. Bis zu diesem Punkt ist die Zahl der Erhöhungszeichen von Schritt zu Schritt um jeweils ein Kreuz gestiegen, aber nun geht es umgekehrt weiter: Mit jedem Schritt wird sozusagen ein Erniedrigungszeichen »abgegeben«, bis auf der Zwölf-Uhr-Position keines mehr übrig ist.

Cis-/Des-Dur und ais-/b-Moll

Abbildung 8.19 zeigt die Tonartvorzeichnungen für Cis-Dur und Des-Dur, Abbildung 8.20 die für die Paralleltonarten ais-Moll und b-Moll.

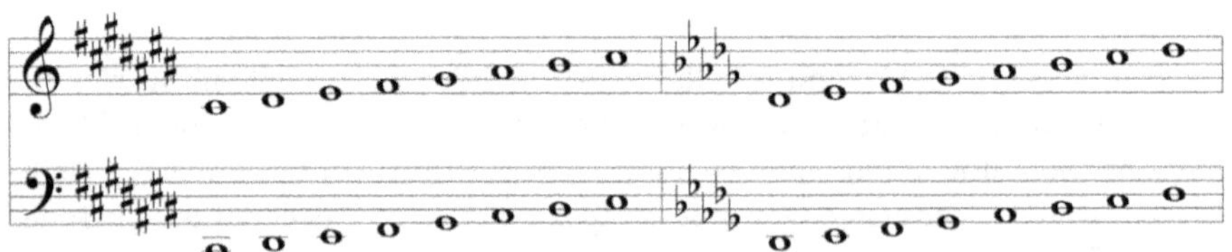

Abbildung 8.19: Die Tonartvorzeichnungen und Tonleitern für Cis-Dur und Des-Dur

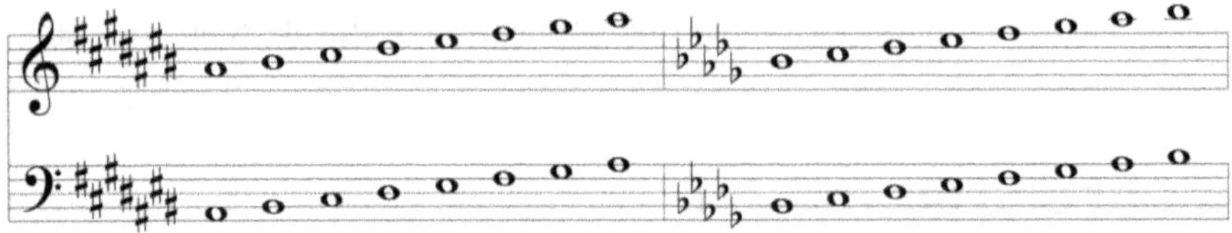

Abbildung 8.20: Die Tonartvorzeichnungen und Tonleitern für ais-Moll und b-Moll

Zum dritten Mal eine enharmonische Verwechslung – aber keine Sorge, es ist die letzte, die Sie sich merken müssen. Großes Musikerehrenwort!

As-Dur und f-Moll

Abbildung 8.21 zeigt die Tonartvorzeichnungen für As-Dur und für die Paralleltonart f-Moll.

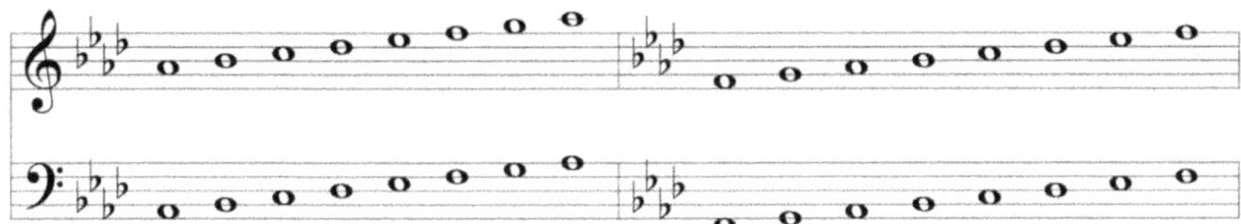

Abbildung 8.21: Die Tonartvorzeichnungen und Tonleitern für As-Dur und f-Moll

Es-Dur und c-Moll

Abbildung 8.22 zeigt die Tonartvorzeichnungen für Es-Dur und die Paralleltonart c-Moll.

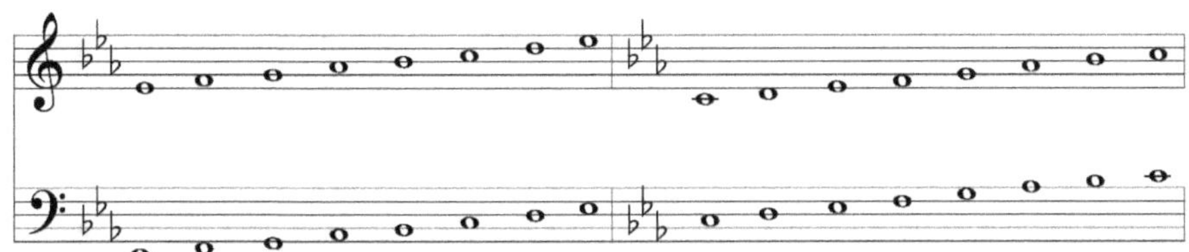

Abbildung 8.22: Die Tonartvorzeichnungen und Tonleitern für Es-Dur und c-Moll

B-Dur und g-Moll

Abbildung 8.23 zeigt die Tonartvorzeichnungen für B-Dur und die Paralleltonart g-Moll.

Abbildung 8.23: Die Tonartvorzeichnungen und Tonleitern für B-Dur und g-Moll

F-Dur und d-Moll

Abbildung 8.24 zeigt die Tonartvorzeichnungen für F-Dur und d-Moll.

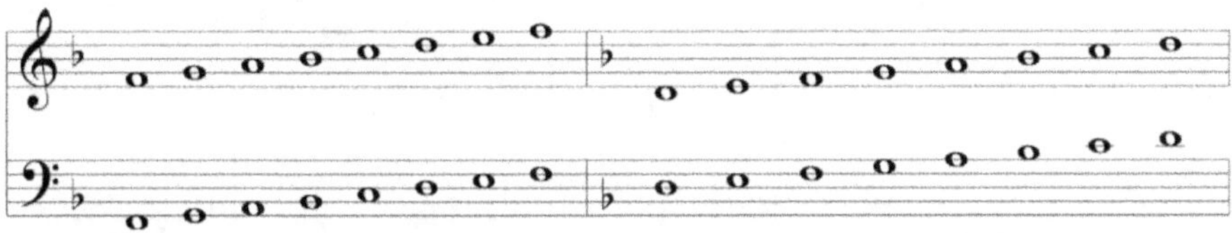

Abbildung 8.24: Die Tonartvorzeichnungen und Tonleitern für F-Dur und d-Moll

IN DIESEM KAPITEL

- Lernen Sie alle möglichen Intervalle kennen
- Arbeiten Sie mit Primen, Oktaven, Quarten und Quinten …
- … aber auch mit Sekunden, Terzen, Sexten und Septimen
- Werden Sie schon bald eigene Intervalle kreieren
- Erfahren Sie, wie Intervalle sich zur Durtonleiter verhalten

Kapitel 9
Das Intervall – der Abstand zwischen zwei Tönen

Den Abstand zwischen zwei Tönen verschiedener Höhe bezeichnet man als *Intervall.* Selbst wenn Sie das Wort noch nie gehört haben – zumindest nicht in Zusammenhang mit Musik – ist beim Musikhören schon unzählige Male an Ihre Ohren gedrungen, wie Intervalle zusammenwirken. Falls Sie jemals in Ihrem Leben Musik gespielt oder schon mal versehentlich mit dem Ellbogen auf eine Klaviatur gekommen sind, sodass einige Misstöne entstanden – dann haben Sie (ohne es zu wissen) Erfahrungen mit Intervallen gemacht. Tonleitern und Akkorde bestehen aus Intervallen. In diesem Kapitel lernen Sie so gut wie alle Intervalle kennen, die in der Musik gebräuchlich sind, und erfahren außerdem, wie man sie beim Aufbau von Tonleitern und Akkorden benutzt.

Man unterscheidet in der Musik zwei Arten von Intervallen:

- ✔ Das *harmonische* (oder simultane) Intervall. Es entsteht, wenn man zwei Töne gleichzeitig spielt (siehe Abbildung 9.1).
- ✔ Das *melodische* (oder sukzessive) Intervall: Es entsteht, wenn man zwei Töne hintereinander spielt (siehe Abbildung 9.2).

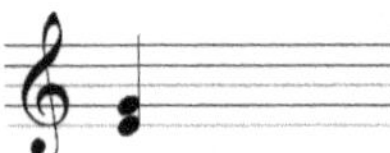

Abbildung 9.1: Beim harmonischen Intervall werden zwei Töne gleichzeitig gespielt.

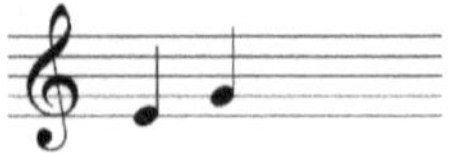

Abbildung 9.2: Beim melodischen Intervall werden zwei Töne hintereinander gespielt.

Zwei Dinge gibt es, die für ein Intervall bestimmend sind:

- ✔ Quantität
- ✔ Qualität

Was damit gemeint ist, erklären wir in den folgenden Abschnitten.

Quantität: Notenlinien und Zwischenräume zählen

Um zu bestimmen, was für ein Intervall zwischen zwei Tönen besteht, muss man im Liniensystem den Abstand feststellen, den sie zueinander haben. Die *Größe* eines Intervalls hängt davon ab, wie viele Notenlinien und Zwischenräume es umfasst. Musiker und Komponisten haben für jedes Intervall eine eigene Bezeichnung, die jeweils von den lateinischen Zahlwörtern abgeleitet ist. Die ersten acht Intervalle heißen:

- ✔ Prime
- ✔ Sekunde
- ✔ Terz
- ✔ Quarte
- ✔ Quinte
- ✔ Sexte
- ✔ Septime
- ✔ Oktave

Die Größe eines Intervalls bestimmt man, indem man sämtliche Linien und Zwischenräume zählt, die es im Notensystem einnimmt (es werden also nicht nur die dazwischenliegenden Linien und Zwischenräume gezählt, sondern auch die, auf/ in denen die Noten sich befinden). Versetzungszeichen vor den Noten lässt man dabei außer Acht.

Sehen Sie sich einmal Abbildung 9.3 an – da sehen Sie, wie einfach es ist, die Größe eines Intervalls herauszufinden. Sie können von der unteren zur oberen Note hinaufzählen oder von der oberen zur unteren Note herab, das spielt keine Rolle. Wir haben es in diesem

Beispiel mit zwei Zwischenraumnoten zu tun, dem F und dem C. Also zählen wir: Ein Zwischenraum, eine Linie, dann wieder ein Zwischenraum, und wieder eine Linie, und dann noch ein Zwischenraum – macht zusammen fünf. Das nennt man eine *Quinte.* Und da beide Noten übereinander stehen, also gleichzeitig gespielt werden, handelt es sich um eine *harmonische Quinte.*

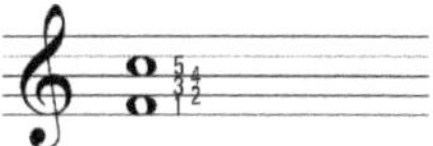

Abbildung 9.3: Das Intervall zwischen F und C nimmt im Notensystem fünf Linien und Zwischenräume ein – das ist eine Quinte.

In Abbildung 9.4 sehen wir eine melodische Sekunde. Vor dem F steht zwar ein Erhöhungszeichen (also handelt es sich um ein Fis), aber das spielt für unsere Intervallberechnung erst einmal keine Rolle. Unsere einzige Aufgabe ist es zu zählen. (Mehr über Versetzungszeichen finden Sie in Kapitel 6.)

Abbildung 9.4: Das Erhöhungszeichen vor dem F ändert nichts an der Quantität des Intervalls: in diesem Fall eine Sekunde.

In Abbildung 9.5 sehen Sie alle Intervalle auf einen Blick, die hier jeweils zwischen zwei Taktstrichen stehen. Das erste ist eine Prime (zwei identische Noten), das letzte eine Oktave. Wir haben auch ein paar Versetzungszeichen eingebaut – aber Sie wissen ja, über die können Sie beim Intervallauszählen vorerst hinwegsehen.

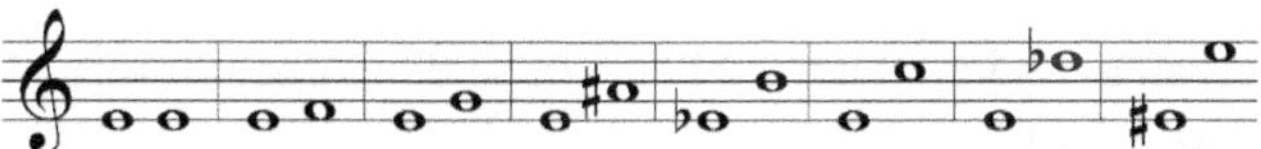

Abbildung 9.5: Alle Intervalle auf einen Blick: Von links nach rechts (jeweils zwischen den Taktstrichen) sehen Sie eine Prime, eine Sekunde, eine Terz, eine Quarte, eine Quinte, eine Sexte, eine Septime und eine Oktave.

Ja gut, werden Sie sagen – und wenn nun ein Intervall größer ist als eine Oktave? In diesem Fall brauchen Sie noch einige weitere Bezeichnungen, die ebenfalls aus dem Lateinischen kommen: Das neunte Intervall heißt *None* (entspricht Oktave plus Sekunde), das zehnte Intervall heißt *Dezime* (entspricht Oktave plus Terz) – und noch größere Intervalle werden als Addition zur Dezime benannt: Undezime, Duodezime und so weiter. In Abbildung 9.6 sehen Sie eine melodische Dezime.

Abbildung 9.6: Wenn sich ein Intervall, in diesem Fall zwischen den Tönen C und E, über zehn Linien und Zwischenräume erstreckt, spricht man von einer Dezime.

Und jetzt zur Qualität … Achten Sie auf die Halbtonschritte

Die *Qualität* eines Intervalls hängt ab von der genauen Anzahl an Halbtonschritten von einer Note zur anderen. Jetzt werden die Versetzungszeichen (also die Kreuze und ♭s vor den Noten) wichtig – bei der Bestimmung der Quantität des Intervalls haben wir sie nicht gebraucht (alles über Versetzungszeichen finden Sie in Kapitel 6). Die Qualität ist es, die einem Intervall seinen ganz speziellen Klang verleiht.

Die Intervalle in Abbildung 9.7 haben alle die gleiche Quantität, doch sie klingen alle verschieden, weil jedes von ihnen eine andere Qualität hat.

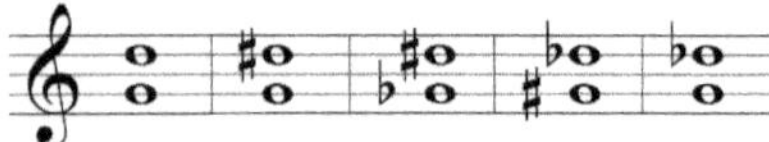

Abbildung 9.7: Bei allen fünf Intervallen handelt es sich um Quinten. Da sie sich jedoch in ihrer Qualität unterscheiden, klingen sie auch unterschiedlich.

Hören Sie sich Track 61 an – dann erkennen Sie, wie verschieden diese Quinten aufgrund ihrer unterschiedlichen Qualität klingen.

Zur Kennzeichnung der Qualität von Intervallen gibt es fünf verschiedene Bezeichnungen:

- ✔ **Groß:** Bei einem großen Intervall befinden sich zwischen den beiden Tönen immer genau ein oder mehrere Ganztonschritte.
- ✔ **Klein:** Ein kleines Intervall enthält einen Halbtonschritt weniger als das gleichnamige große Intervall.
- ✔ **Rein:** Ein reines Intervall bezieht sich auf die harmonische Qualität von Primen, Oktaven, Quarten und Quinten. Dies sind gleichzeitig die einzigen Intervalle, die rein sein können.
- ✔ **Vermindert:** Ein vermindertes Intervall enthält einen Halbtonschritt weniger als ein kleines oder reines Intervall.
- ✔ **Übermäßig:** Ein übermäßiges Intervall enthält einen Halbtonschritt mehr als ein großes oder reines Intervall.

Wann werden welche Intervalle wie benannt?

Welche Bezeichnung ein Intervall hat, hängt immer sowohl von seiner Quantität als auch seiner Qualität ab. So werden Sie zum Beispiel öfter mal einer *großen Terz* oder einer *reinen Quinte* begegnen. Eine reine Terz oder eine große Quinte hingegen existieren nicht.

Auch hier gibt es ein paar feste Regeln:

- **Rein** sind nur Primen, Quarten, Quinten und Oktaven.
- **Groß** oder **klein** sind Sekunden, Terzen, Sexten und Septimen.
- **Vermindert** kann jedes Intervall sein – außer der Prime.
- **Übermäßig** kann jedes Intervall sein.

Primen, Oktaven, Quarten und Quinten

Primen, Oktaven, Quarten und Quinten ist es gemeinsam, dass sie rein, übermäßig oder vermindert sein können (mit Ausnahme der Prime: diese kann nicht vermindert sein).

Die reine Prime

Eine *reine melodische Prime* (also eine bloße Tonwiederholung, *Repetition* genannt) ist so ziemlich das einfachste, was Sie auf einem Instrument spielen können (außer einer Pause natürlich): Sie spielen einfach irgendeinen Ton, und danach spielen Sie ihn noch einmal. Eine *reine harmonische Prime* (*Einklang* genannt) spielen Sie, wenn Sie denselben Ton zweimal zur gleichen Zeit spielen – das ist auf dem Klavier zwar nicht möglich, aber auf den meisten Saiteninstrumenten, da es ein- und dieselbe Note auf verschiedenen Saiten gibt. Der fünfte Bund der tiefen E-Saite der Gitarre entspricht zum Beispiel der leer angeschlagenen A-Saite. Bei Musikstücken, die für mehrere Instrumente geschrieben wurden, entsteht eine reine harmonische Prime, wenn zwei Musiker ein- und denselben Ton auf gleiche Weise auf zwei verschiedenen Instrumenten spielen.

Die übermäßige Prime

Damit wir eine *übermäßige Prime* erhalten, müssen beide Töne einen Halbtonschritt voneinander entfernt sein. Ob dabei nun die eine Note um einen Halbton tiefer oder die andere um einen Halbton höher erklingt, spielt keine Rolle – es geht nur um diesen Halbton.

Das Intervall zwischen B und H zum Beispiel entspricht einer übermäßigen Prime. Es handelt sich zweimal um den gleichen Stammton (H); der eine Ton ist erniedrigt, der andere nicht.

Eine verminderte Prime gibt es nicht, denn ein Intervall mit einem Wert von kleiner als 0 ist undenkbar. Egal, welche Note der Prime Sie erhöhen oder erniedrigen, es entsteht immer eine übermäßige Prime.

Die Oktave

Wenn Sie zwei Töne spielen, die sehr ähnlich klingen, aber dennoch unterschiedlich hoch sind, dann haben Sie es mit einer *Oktave* zu tun. Eine *reine Oktave* lässt sich mit einer reinen Prime vergleichen, da es sich um zweimal den gleichen Ton handelt (den Sie zum Beispiel auf einem Klavier leicht finden, indem Sie vom Ausgangston zu der nächsten Taste springen, deren Platzierung auf dem Klaviaturmuster der ersten entspricht). Der einzige Unterschied zwischen den beiden Tönen besteht darin, dass beide Noten zwölf Halbtonschritte voneinander entfernt sind.

Bei der reinen Oktave in Abbildung 9.8 handelt es sich um ein melodisches Intervall. Die beiden Töne sind genau zwölf Halbtonschritte voneinander entfernt.

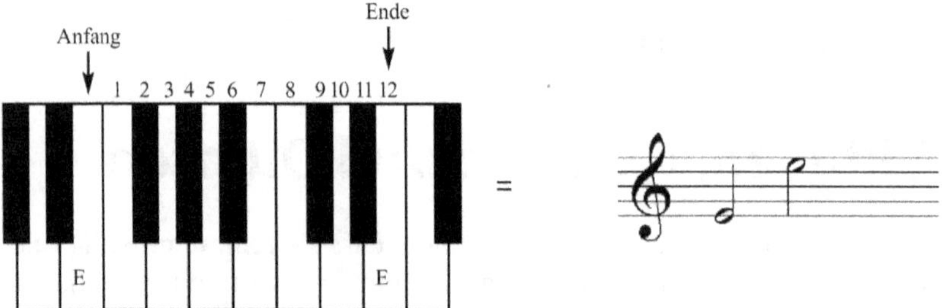

Abbildung 9.8: Zweimal der Ton E auf der Klaviatur, genau zwölf Tasten (Halbtonschritte) voneinander entfernt – eine reine Oktave

Um aus einer reinen eine übermäßige Oktave zu machen, muss das Intervall durch Erhöhung des höheren Tons oder Erniedrigung des tieferen Tons um einen Halbtonschritt vergrößert werden. In Abbildung 9.9 sehen Sie eine übermäßige Oktave, die von E bis Eis reicht. Die höhere Note wurde in diesem Fall um einen Halbton erhöht.

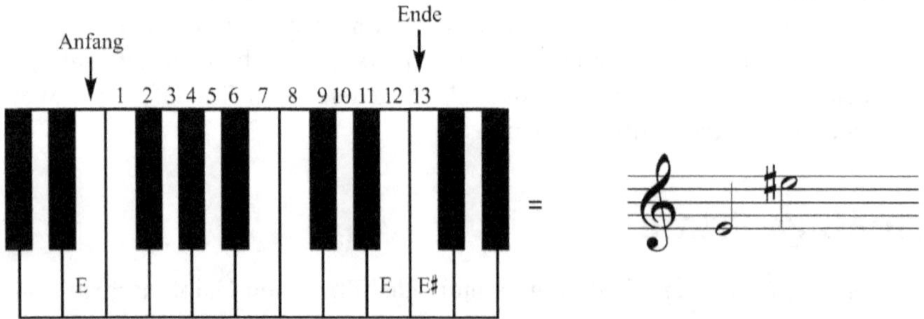

Abbildung 9.9: Die beiden Töne unter den Pfeilen bilden eine übermäßige Oktave.

Man kann aus einer reinen Oktave auch eine verminderte Oktave machen – in diesem Fall muss das Intervall um einen Halbtonschritt *verkleinert* werden. In Abbildung 9.10 haben wir es erneut mit den beiden E's zu tun – doch der höhere Ton ist diesmal auf der schwarzen

Taste links vom E, sodass es nur noch elf Halbtonschritte von hier nach dort sind. Ebenso gut hätte man aber auch den tieferen Ton um einen Halbton erhöhen können.

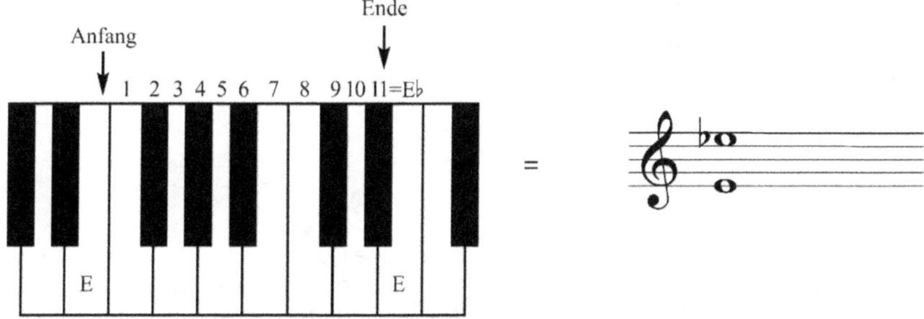

Abbildung 9.10: Bei den beiden Tönen unter den Pfeilen handelt es sich um eine verminderte Oktave.

Die Quarte

Von einer *Quarte* spricht man, wenn der Abstand zwischen zwei Noten aus insgesamt vier Linien und Zwischenräumen besteht (hierbei müssen auch die Linien und Zwischenräume, auf denen die Noten liegen, mitgezählt werden). Zwischen einer weißen Klaviertaste und der über-übernächsten Taste liegt immer eine reine Quarte mit fünf Halbtonschritten zwischen den beiden Tönen – wobei es eine Ausnahme gibt, nämlich die Quarte zwischen F und H. Die besteht aus *sechs* Halbtönen (und wird dadurch zur *übermäßigen Quarte*). Wenn Sie die Notenpaare in Abbildung 9.11 auf dem Keyboard oder Klavier spielen und miteinander vergleichen, verstehen Sie, was gemeint ist.

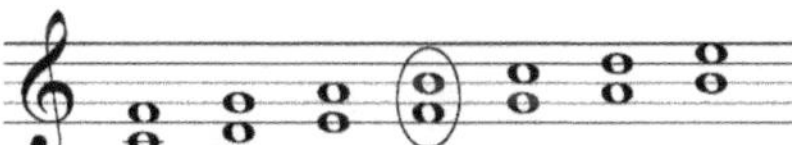

Abbildung 9.11: So sehen reine Quarten im Notensystem aus – die einzige Ausnahme bildet die (übermäßige) Quarte zwischen den Noten F und H.

Abbildung 9.12 zeigt Ihnen die verschiedenen Quarten auf der Klaviatur. Beachten Sie, dass die übermäßige Quarte von F nach H im Gegensatz zu den anderen aus sechs statt aus fünf Halbtonschritten besteht:

Die übermäßige Quarte bezeichnet man in der Musikfachsprache auch als *Tritonus* (tri = drei, tonus = Ton). Da sie einen Halbtonschritt mehr umfasst als eine reine Quarte, kann man aus dem Intervall zwischen F und H eine reine Quarte machen, indem man entweder den tieferen Ton (F) um einen Halbton erhöht oder den höheren Ton (H) um einen Halbton erniedrigt.

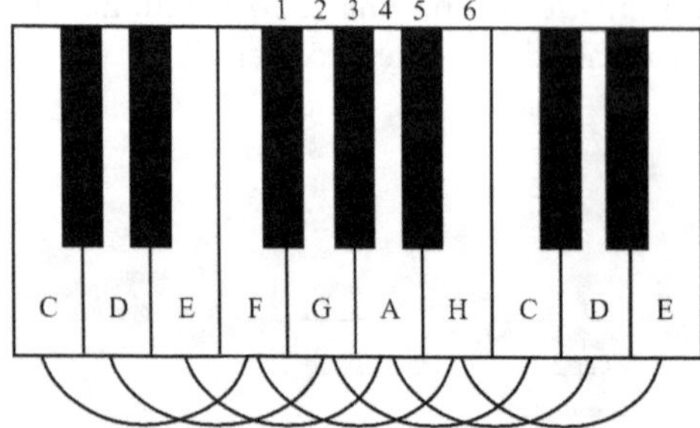

Abbildung 9.12: Auf dem Klavier oder Keyboard umfasst eine reine Quarte stets vier weiße Tasten, was fünf Halbtönen entspricht. Auch das Intervall von F nach H umfasst vier weiße Tasten – doch in diesem Fall enthält es sechs Halbtonschritte, und man spricht von einer übermäßigen Quarte.

Eine reine Quarte bleibt natürlich eine reine Quarte, wenn man *beide* Töne erhöht oder erniedrigt. Zwischen D und G ist der Abstand genau so groß wie zwischen Dis und Gis oder zwischen Des und Ges. Sehen Sie sich dazu die Abbildungen 9.13 und 9.14 an. Nur wenn *eine* der beiden Noten verändert wird und die andere nicht, ändert sich die Qualität des Intervalls.

Abbildung 9.13: Hier haben wir dreimal eine reine Quarte, da im zweiten und dritten Beispiel jeweils beide Noten erhöht beziehungsweise erniedrigt werden. Die Intervalle bleiben also gleich.

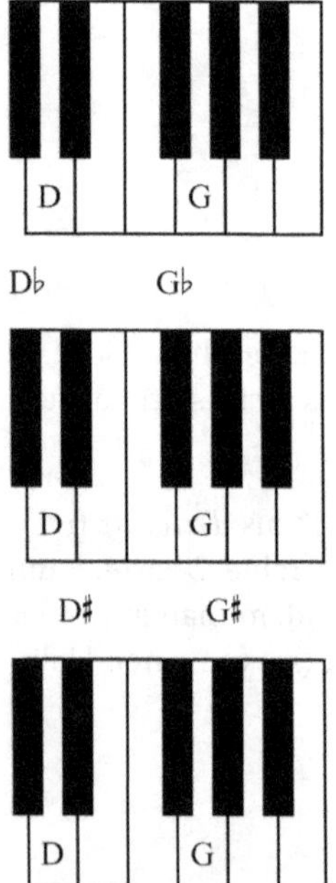

Abbildung 9.14: Hier die drei Beispiele aus Abbildung 9.13 auf der Klaviatur dargestellt.

Die Quinte

Von einer *Quinte* spricht man, wenn der Abstand zwischen zwei Noten fünf Linien und Zwischenräume umfasst (siehe Abbildung 9.15). Quinten sind im Notensystem leicht zu erkennen, da die beteiligten Noten immer genau zwei Linien oder zwei Zwischenräume voneinander entfernt liegen.

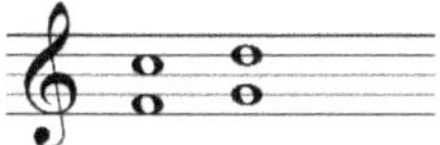

Abbildung 9.15: Eine reine Quinte umfasst fünf Linien und Zwischenräume.

Eine *reine* Quinte besteht aus sieben Halbtonschritten. Aber Sie haben es vielleicht schon erraten: Es gibt auf den weißen Tasten des Klaviers wieder eine Ausnahme, und auch diesmal betrifft es die Töne H und F. Die verminderte Quinte von H nach F umfasst nämlich nur sechs Halbtonschritte – dadurch klingt sie genauso wie eine übermäßige Quarte. Egal, ob man sich von F nach H oder von H nach F bewegt – es sind in jedem Fall sechs Halbtöne (die Hälfte einer Oktave).

Wenn man aus dem Intervall zwischen H und F eine reine Quinte machen will, muss man einen weiteren Halbtonschritt hinzufügen – entweder, indem man aus dem H ein B macht oder aus dem F ein Fis. Und da in diesem Fall der höhere und der tiefere Ton im Vergleich zur Quarte zwischen F und H genau vertauscht sind, *vergrößert* sich dadurch das Intervall.

Ansonsten gilt für die reine Quinte natürlich das gleiche wie für die reine Quarte: Werden beide Töne erhöht oder erniedrigt, ändert das an der Qualität des Intervalls überhaupt nichts – wenn jedoch nur eine der beiden Noten ein Versetzungszeichen bekommt, auf alle Fälle.

Wie man Sekunden, Terzen, Sexten und Septimen erkennt

Sekunden, Terzen, Sexten und *Septimen* können *groß, klein, übermäßig* oder *vermindert* sein (siehe auch den Abschnitt »Und jetzt zur Qualität … wir achten auf die Halbtonschritte« auf Seite 116).

Bei einem großen Intervall ist es so: Nimmt man ihm einen Halbton weg, wird daraus ein *kleines* Intervall, fügt man ihm einen Halbton hinzu, wird daraus ein *übermäßiges* Intervall. Und bei einem kleinen Intervall ist es ganz ähnlich: Fügt man ihm einen Halbton hinzu, wird es zum *großen* Intervall, nimmt man ihm einen Halbton weg, wird es zum *verminderten* Intervall. All dies natürlich unter der Voraussetzung, dass immer beide Stammtöne gleich bleiben und sich lediglich ein Versetzungszeichen (und damit die Qualität des Intervalls ändert).

Alles klar? Aber keine Angst – in den nächsten Abschnitten dieses Kapitels erklären wir Ihnen alles, was Sie über Intervalle wissen müssen, auf einfache und verständliche Art.

Tabelle 9.1 bietet außerdem eine Übersicht über sämtliche Intervalle, von der Prime bis zur Oktave. Beachten Sie dabei: Um welches Intervall es sich handelt, hängt stets von der Quantität ab – also, wie viele Linien und Zwischenräume die beiden Töne voneinander trennen.

Halbtonschritte zwischen den Tönen	Name des Intervalls
0	reine Prime/verminderte Sekunde
1	übermäßige Prime/kleine Sekunde
2	große Sekunde/verminderte Terz
3	übermäßige Sekunde/kleine Terz
4	große Terz/verminderte Quarte
5	übermäßige Terz/reine Quarte
6	übermäßige Quarte/verminderte Quinte
7	reine Quinte/verminderte Sexte
8	übermäßige Quinte/kleine Sexte
9	große Sexte/verminderte Septime
10	übermäßige Sexte/kleine Septime
11	große Septime/verminderte Oktave
12	übermäßige Septime/reine Oktave
13	übermäßige Oktave

Tabelle 9.1: Sämtliche Intervalle von der Prime bis zur Oktave

Die Sekunde

Bei zwei Noten, deren Abstand eine Linie und einen Zwischenraum umfasst, handelt es sich um eine *Sekunde* (siehe Abbildung 9.16). Sekunden erkennt man auf den ersten Blick: Es sind immer zwei Noten, die »aneinanderkleben«, wobei die eine auf einer Linie sitzt, die andere einen Zwischenraum einnimmt. In einer harmonischen Sekunde können die beiden Töne deshalb nicht genau übereinander stehen, weshalb sie leicht seitlich versetzt angeordnet werden.

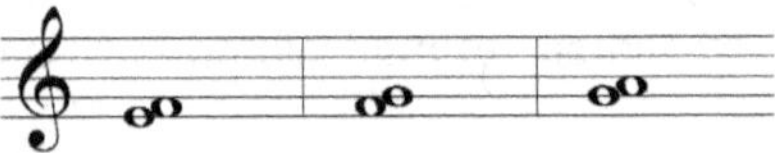

Abbildung 9.16: Drei Beispiele für Sekunden

Wenn Sekunden nur einen Halbtonschritt (also eine Klaviertaste oder einen Gitarrenbund) voneinander entfernt sind, spricht man von einer *kleinen Sekunde*. Sind es zwei Halbtonschritte, also ein Ganztonschritt (das heißt, man muss eine Klaviertaste oder einen Gitarrenbund überspringen), spricht man von einer *großen Sekunde*.

Ein Beispiel: Das Intervall zwischen E und F ist eine kleine Sekunde, da die beiden Töne nur einen Halbtonschritt auseinanderliegen (Abbildung 9.17).

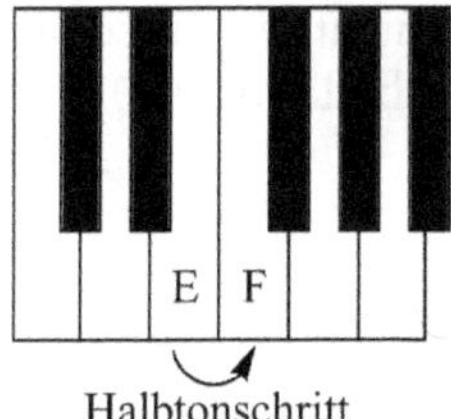

Abbildung 9.17: Das Intervall zwischen E und F umfasst nur einen Halbtonschritt, ist also eine kleine Sekunde.

Das Intervall zwischen F und G hingegen ist eine große Sekunde, da sich zwischen den beiden Tönen zwei Halbtonschritte (also ein Ganztonschritt) befinden (siehe Abbildung 9.18).

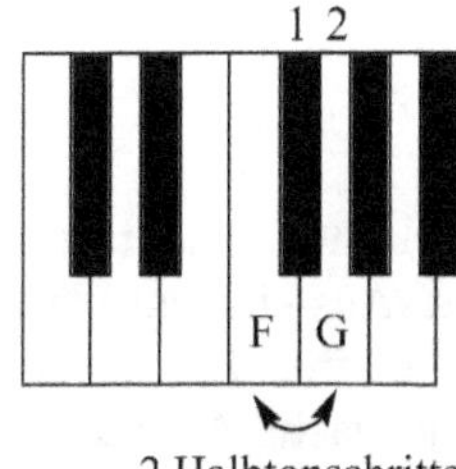

Abbildung 9.18: Das Intervall zwischen F und G ist eine große Sekunde, da es aus zwei Halbtonschritten besteht.

Man kann aus einer großen eine kleine Sekunde machen, indem man sie um einen Halbtonschritt verkleinert – dazu erhöht man entweder den tieferen Ton oder erniedrigt den höheren Ton. In beiden Fällen »schrumpft« der Abstand zwischen den beiden Tönen auf einen Halbton (entspricht *einer* Klaviertaste oder *einem* Gitarrenbund), wie man in Abbildung 9.19 sehen kann.

Abbildung 9.19: Ganz links eine große Sekunde, die durch die Versetzungszeichen in den danebenstehenden Beispielen zur kleinen Sekunde wird.

Aus einer kleinen kann man eine große Sekunde machen, indem man das Intervall um einen Halbtonschritt vergrößert. In diesem Fall macht man es umgekehrt: Man erhöht entweder den höheren oder erniedrigt den tieferen Ton. Die beiden Töne liegen dann nicht mehr einen, sondern zwei Gitarrenbünde oder Klaviertasten voneinander entfernt.

Und wie gesagt, man muss dabei auf dem Klavier natürlich die schwarzen Tasten mitzählen. Der Abstand von einer weißen Taste zur nächsten entspricht meistens einem Ganztonschritt – mit zwei Ausnahmen, nämlich von E nach F und von H nach C – das sind Halbtonschritte, denn zwischen diesen Tönen befinden sich keine schwarzen Tasten.

Wenn ich beide Töne einer Sekunde erhöhe oder erniedrige, ändert das nichts am Intervall, es bleibt in jedem Fall gleich. Aus diesem Grund sind alle Sekunden in Abbildung 9.20 große Sekunden.

Abbildung 9.20: Große Sekunden

Abbildung 9.21 hingegen zeigt ausschließlich kleine Sekunden:

Abbildung 9.21: Kleine Sekunden

Eine übermäßige Sekunde ist um einen Halbton größer als eine große Sekunde. Anders gesagt: Die beiden Noten sind drei Halbtonschritte voneinander entfernt. Aus einer großen lässt sich eine übermäßige Sekunde machen, indem man entweder den höheren Ton um einen Halbton erhöht oder den tieferen Ton um einen Halbton erniedrigt (siehe Abbildungen 9.22 und 9.23).

Abbildung 9.22: So wird aus einer großen Sekunde (ganz links) eine übermäßige Sekunde.

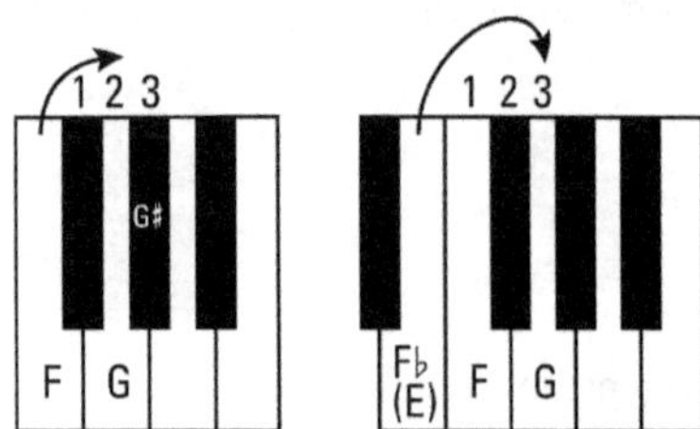

Abbildung 9.23: Und so funktioniert das Ganze auf dem Klavier: Anstatt von F nach G geht es jetzt von F nach Gis oder von Fes nach G.

Eine verminderte Sekunde ist um einen Halbton kleiner als eine kleine Sekunde – das aber heißt, es gibt überhaupt keinen Abstand zwischen den Tönen – beide Klänge sind identisch. Eine verminderte Sekunde ist das *enharmonische* Gegenstück zu einer reinen Prime. Man spielt die gleichen Töne, sie werden nur anders notiert. Dies gilt natürlich nur für die heute gebräuchlichen temperiert gestimmten Instrumente, in der reinen Stimmung ist dies nicht so. Das betrifft aber im Großen und Ganzen auch nur die Freunde der »alten Musik«, was diesen wahrlich stundenlangen Gesprächsstoff für lange Abende darüber verschafft, welcher Akkord im vorliegenden Stück denn nun zu temperiert und welcher perfekt rein wäre.

Die Terz

Von einer *Terz* spricht man, wenn der Abstand zwischen zwei Noten drei Linien und Zwischenräume umfasst (siehe Abbildung 9.24).

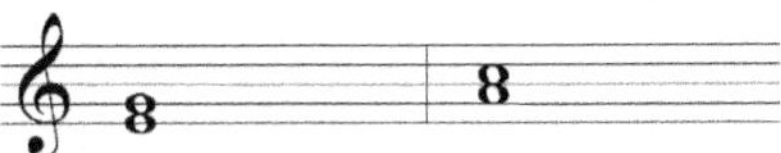

Abbildung 9.24: Terzen liegen immer auf benachbarten Linien oder in benachbarten Zwischenräumen.

Umfasst eine Terz vier Halbtonschritte, so nennt man sie eine *große Terz*. Große Terzen finden wir auf den weißen Klaviertasten zwischen C und E, zwischen F und A sowie zwischen G und H. Besteht sie dagegen nur aus drei Halbtonschritten, so ist es eine *kleine Terz*. Kleine Terzen finden wir zwischen D und F, zwischen E und G, zwischen A und C, sowie zwischen H und D.

In Abbildung 9.25 finden Sie alle große und kleinen Terzen, die man auf den weißen Klaviertasten spielen kann, in einem Notensystem.

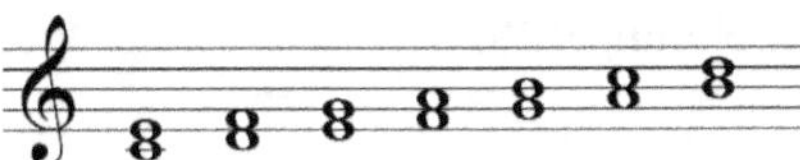

Abbildung 9.25: Große und kleine Terzen im Notensystem

Aus einer großen wird eine kleine Terz, indem man das Intervall um einen Halbtonschritt verkleinert, sodass der Abstand nur noch drei Halbtonschritte beträgt. Zu diesem Zweck muss man entweder den höheren Ton um einen Halbton erniedrigen oder den tieferen Ton um einen Halbton erhöhen (Abbildung 9.26).

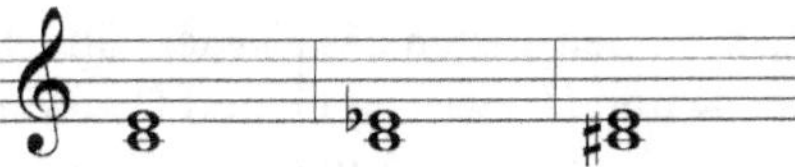

Abbildung 9.26: So wird aus einer großen Terz (ganz links) eine kleine Terz.

Eine kleine wird zu einer großen Terz, indem man das Intervall um einen Halbtonschritt vergrößert. Und Sie können sich bestimmt schon denken, wie man das macht: Man erhöht entweder den höheren oder erniedrigt den tieferen Ton um einen Halbton (siehe Abbildung 9.27).

Abbildung 9.27: So wird aus einer kleinen Terz (ganz links) eine große Terz.

Und natürlich ist es auch bei der Terz nicht anders als bei der Sekunde, der Quarte oder der Quinte – wenn man beide Noten mit dem gleichen Versetzungszeichen versieht, ändert sich an der Qualität des Intervalls nichts. Wird jedoch nur ein Ton erhöht oder erniedrigt, so wird das Intervall entweder größer oder kleiner.

Eine übermäßige Terz ist um einen Halbton größer als eine große Terz – beide Töne sind dann fünf Halbtonschritte voneinander entfernt. Man erhöht also bei der großen Terz entweder den höheren Ton oder erniedrigt den tieferen. In Abbildung 9.28 sehen Sie ein paar Beispiele für übermäßige Terzen. Die übermäßige Terz ist auch das enharmonische Gegenstück zur reinen Quarte (in Klammern) – das Intervall klingt genauso, wird aber anders notiert.

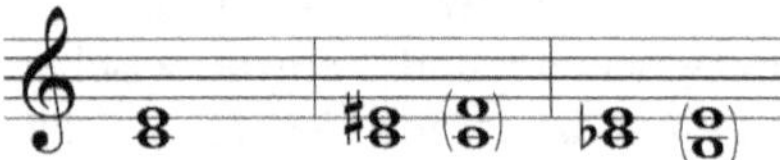

Abbildung 9.28: So wird aus einer großen Terz (ganz links) eine übermäßige Terz.

Eine verminderte Terz umfasst einen Halbton weniger als eine kleine Terz. Man erhöht also entweder den tieferen Ton oder erniedrigt den höheren Ton der kleinen Terz um einen Halbton und gelangt somit zu einem Intervall, das nur aus zwei Halbtonschritten besteht – und damit so klingt wie eine große Sekunde (Abbildung 9.29).

Abbildung 9.29: So wird aus einer kleinen Terz (ganz links) eine verminderte Terz.

Sexten und Septimen

Wenn der Abstand zwischen zwei Noten sechs Linien und Zwischenräume umfasst (siehe Abbildung 9.30), spricht man von einer *Sexte*. Auf den weißen Tasten des Klaviers findet man sowohl große Sexten (zwischen C und A, zwischen D und H, zwischen F und D sowie zwischen G und E) als auch kleine Sexten (zwischen E und C, zwischen A und F sowie zwischen H und G).

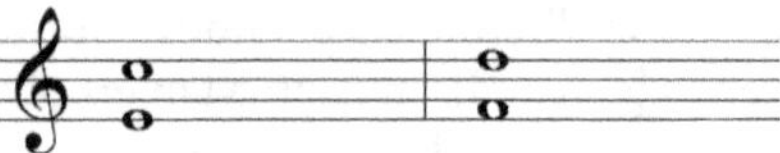

Abbildung 9.30: Eine kleine und eine große Sexte

Wenn der Abstand zwischen zwei Noten aus sieben Linien und Zwischenräumen besteht, haben wir es mit einer *Septime* zu tun. Bei Septimen ist es so, dass entweder beide Noten auf einer Linie oder beide Noten in einem Zwischenraum stehen. Dazwischen liegen drei Linien oder drei Zwischenräume. Auf den weißen Tasten findet man wieder sowohl kleine als auch große Septimen (siehe Abbildung 9.31). Und selbstverständlich kann man sowohl aus

Sexten als auch aus Septimen verminderte oder übermäßige Intervalle machen, indem man sie durch Verwendung von Versetzungszeichen verkleinert oder vergrößert.

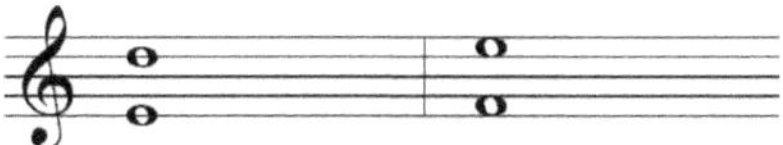

Abbildung 9.31: Eine kleine und eine große Septime

Wie man Intervalle aufbaut

Wenn Sie beim Komponieren eines Songs selbst ein Intervall aufbauen wollen, müssen Sie zunächst einmal die *Quantität* dieses Intervalls festlegen – das heißt, ob es eine Terz, eine Quarte, eine Septime und so weiter sein soll. Danach richtet sich, welche Stammtöne Sie aufschreiben. Anschließend legen Sie die *Qualität* des Intervalls fest. Da geht es dann darum, ob Sie sich zum Beispiel eine kleine oder große Terz, eine reine oder übermäßige Quarte und so weiter wünschen.

Die Quantität bestimmen

Die Quantität eines Intervalls festzulegen, ist eigentlich kinderleicht. Wenn Sie zum Beispiel eine Prime haben wollen, suchen Sie sich eine Note aus. Dann schreiben Sie die gleiche Note noch einmal und fertig.

Oder soll es eine Oktave sein? Dann müssen die beiden Noten im Liniensystem genau im Abstand von acht Linien und Zwischenräumen stehen (wenn man die Position beider Noten mitzählt, wohlgemerkt) – das Ergebnis ist ein Intervall, das zwei gleichnamige Töne im Abstand von einer Oktave enthält (siehe Abbildung 9.32).

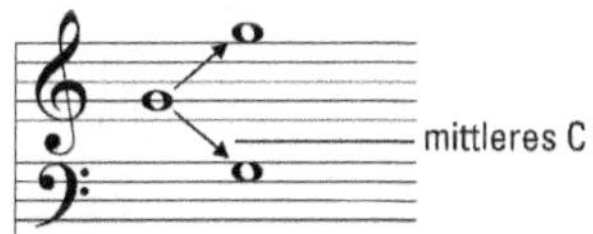

Abbildung 9.32: Die obere und untere Oktave der Note G im Violin- und Bassschlüssel. Das Bindeglied zwischen beiden Schlüsseln ist das mittlere oder eingestrichene C.

Aber vielleicht wollen Sie ja auch lieber eine Quarte schreiben. Dann müssen die beiden Noten vier Linien und Zwischenräume auseinander stehen. Und wie wär's mit einer Quinte? In diesem benötigen Sie einen Abstand von fünf Linien und Zwischenräumen. Wenn Sie die niedrigere Note als Ausgangspunkt wählen und dann nach oben zählen, muss die höhere Note genau an fünfter Stelle kommen.

Die Qualität bestimmen

Der zweite Schritt besteht darin, die Qualität des gewünschten Intervalls festzulegen. Nehmen wir ein Beispiel: Ihr Ausgangston ist As. Und über diesem Ton wollen Sie jetzt eine reine Quinte aufbauen. Erst einmal müssen Sie natürlich zählen, um die *Quantität* für dieses Intervall zu bestimmen:Der Zielton muss, von unten nach oben gezählt, in einem Abstand von fünf Linien und Zwischenräumen über dem Ausgangston stehen. Sie landen also bei E. Sehen Sie sich dazu am besten Abbildung 9.33 an.

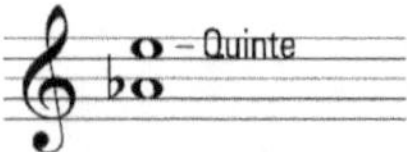

Abbildung 9.33: Um eine reine Quinte über dem Ton As zu bilden, müssen Sie zunächst einmal aufwärts zählen.

Nun haben Sie den richtigen Stammton gefunden – damit aber eine *reine* Quinte daraus wird, muss er noch erniedrigt werden. Vielleicht erinnern Sie sich, was wir bereits gesagt haben: Um ein reines Intervall zu erhalten, brauchen beide Noten das gleiche Versetzungszeichen (Ausnahme: H und F). Nachdem vor dem A ♭ein steht, müssen wir nun also auch das E mit diesem Erniedrigungszeichen versehen, machen es also zu einem Es (siehe Abbildung 9.34).

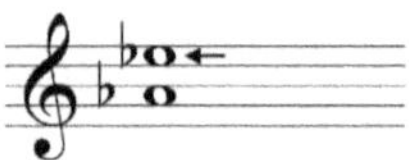

Abbildung 9.34: Um eine reine Quinte zu erhalten, müssen beide Töne um den gleichen Beitrag erhöht oder (wie hier) erniedrigt werden.

Und was, wenn Sie ein ganz normales A haben und darunter keine reine, sondern eine übermäßige Quinte haben wollen? Dann müssen Sie zunächst fünf Linien und Zwischenräume abwärts zählen. Sie gelangen auf diese Weise zum D (siehe Abbildung 9.35).

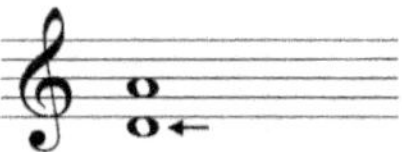

Abbildung 9.35: Eine Quinte unter dem Ausgangston A

Um nun eine übermäßige Quinte zu erhalten, müssen Sie den tieferen Ton verändern. Und Sie erinnern sich: Eine Quinte ist dann übermäßig, wenn sie einen Halbtonschritt mehr umfasst als eine reine Quinte (anstelle von sieben Halbtonschritten müssen es also acht sein). Also verwandelt man das D in ein Des, dann geht die Rechnung auf (siehe Abbildung 9.36).

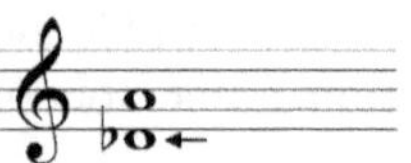

Abbildung 9.36: Durch das Erniedrigungszeichen vor dem D wird dieses Intervall zu einer übermäßigen Quinte.

Ein weiteres Beispiel: Um eine verminderte Quinte über dem Ton A zu erhalten, müssen wir aufwärts zählen, genau fünf Linien und Zwischenräume weit. Auf diese Weise gelangen wir zum E.

Von A zu E – das wäre eine reine Quinte, wir wollen aber eine verminderte haben, die statt sieben Halbtonschritten nur sechs enthält. Also müssen wir jetzt einen Halbton »loswerden« – das geschieht, indem wir aus dem höheren Ton, also dem E, ein Es machen (siehe Abbildung 9.37).

Abbildung 9.37: Durch das Erniedrigungszeichen wird das Intervall A-E von einer reinen zu einer verminderten Quinte.

Nicht vergessen: Eine verminderte Quinte klingt genauso wie eine übermäßige Quarte – beide Intervalle bestehen aus sechs Halbtonschritten.

Große und reine Intervalle in der C-Dur-Tonleiter

Eine *Tonleiter* ist im Grunde nichts anderes als eine ganz spezielle Folge von Intervallen, die mit dem Grundton der Skala beginnt. Wenn Sie also mit Tonleitern und Akkorden arbeiten wollen, müssen Sie sich ein wenig mit Intervallen auskennen. (In Kapitel 7 erfahren Sie alles über Dur- und Molltonleitern.)

In Tabelle 9.2 nehmen wir die C-Dur-Tonleiter als Beispiel, um die Beziehung des ersten Tons (des Grundtons) zu allen anderen Tönen der Tonleiter aufzuzeigen:

Stufe	Intervall zum Grundton	Name des Tons
erste Stufe (Grundton)	reine Prime	C
zweite Stufe	große Sekunde	D
dritte Stufe	große Terz	E
vierte Stufe	reine Quarte	F
fünfte Stufe	reine Quinte	G
sechste Stufe	große Sexte	A
siebte Stufe	große Septime	H
achte Stufe	reine Oktave	C

Tabelle 9.2: Die Intervalle in der C-Dur-Tonleiter, bezogen auf den Grundton

Haben Sie das Prinzip verstanden? Sämtliche Angaben beziehen sich auf das Verhältnis der betreffenden Note zum Grundton – zeigen also, welches Intervall zwischen beiden besteht. Beispiel: Zwischen dem C (Grundton) und dem F (vierte Stufe) ist es eine reine Quarte, zwischen dem C (Grundton) und dem A (sechste Stufe) eine große Sexte.

In Abbildung 9.38 sehen Sie sämtliche Intervalle aus dieser Tabelle in Notenschrift dargestellt. Zwischen den einzelnen Taktstrichen befinden sich jeweils der Grundton (C) und einer der anderen Töne der C-Dur-Tonleiter.

Abbildung 9.38: Die Intervalle innerhalb der C-Dur-Tonleiter

Diese Intervalle sind auch für jede andere Durtonleiter gültig (nicht aber für Molltonleitern). Merkregel: In Bezug auf den Grundton gibt es nur große und reine Intervalle. Wenn man das weiß, kann man Intervalle (hinsichtlich ihrer Qualität) viel leichter bestimmen. Wenn die tiefere Note der Grundton einer Durtonleiter ist, so ist das Intervall zwischen ihr und der höheren Note entweder ein großes Intervall (bei Sekunden, Terzen, Sexten und Septimen) oder ein reines Intervall (bei Quarten, Quinten und Oktaven).

In Track 62 können Sie sich sämtliche Intervalle der C-Dur-Tonleiter auch anhören.

Und nun zum Dessert: Komplementärintervalle

Um zu verstehen, was Komplementärintervalle sind, sehen Sie sich am besten Abbildung 9.39 an. Sie zeigt sieben Notenbeispiele (durch Taktstriche voneinander getrennt), und wenn Sie genau hinsehen, wird Ihnen auffallen, dass der jeweils höchste und tiefste Ton stets der gleiche ist, allerdings im Abstand einer Oktave. Es handelt sich in unseren Beispielen um das C.

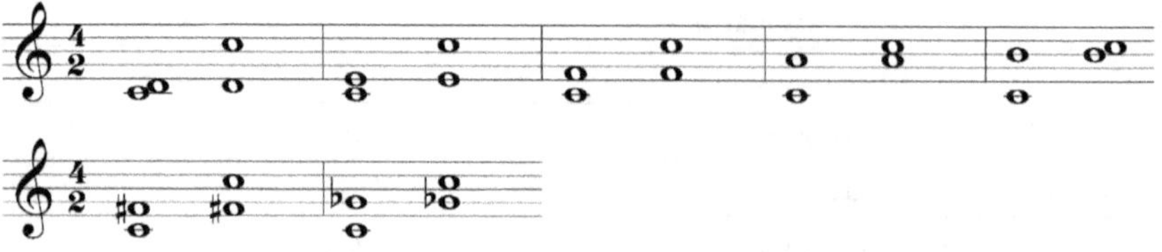

Abbildung 9.39: Komplementärintervalle

Ferner werden Sie sehen, dass mit diesen hohen und tiefen Cs zwei Intervalle gebildet werden,und zwar mit jeweils ein und demselben Ton. Im ersten Beispiel ist dies das D. Wenn wir nun berechnen, welche Intervalle dadurch dieses D sowohl zum tieferen als auch zum höheren C bildet, so kommen wir auf eine große Sekunde und eine kleine Septime.

Dies können wir nun auch mit den anderen Beispielen wiederholen. Das E (Beispiel 2) liegt eine große Terz über dem tiefen C, aber eine kleine Sexte über dem hohen C; das F (Beispiel 3) bildet eine reine Quarte und eine reine Quinte, und so weiter. Im letzten Beispiel haben wir es mit einer verminderten Quinte zwischen C und Ges beziehungsweise mit einer übermäßigen Quarte zwischen Ges und C zu tun.

Solche Intervallpaare bezeichnet man in der Musiktheorie als Komplementärintervalle. Und es sind stets die gleichen Intervallpaare, die sich komplementär zueinander verhalten, nämlich:

- Prime und Oktave (1 + 8 = 8)
- Sekunde und Septime (2 + 7 = 8)
- Terz und Sexte (3 + 6 = 8)
- Quarte und Quinte (4 + 5 = 8)

Das funktioniert sowohl aufwärts wie auch abwärts. Aber ist Ihnen aufgefallen, dass die Addition der Zahlenwerte, welchen die Intervalle entsprechen, arithmetisch nicht korrekt ist? Das liegt daran, dass die mittlere Note, welche die beiden Intervalle trennt, zweimal gezählt werden muss. So ergeben beispielsweise eine Sekunde (2) und eine Septime (7) natürlich keine None (9), sondern eine Oktave (8). Darauf müssen Sie also bei der Addition von Intervallen Rücksicht nehmen.

Ist das eine Intervall rein, so muss das Komplementärintervall ebenfalls rein sein. Ist das eine Intervall groß, so muss das Komplementärintervall klein sein – und umgekehrt. Und haben wir es – wie im letzten Beispiel aus unserer Abbildung – mit einem verminderten Intervall zu tun, so muss das komplementäre Gegenstück übermäßig sein.

Durch die Kenntnis der Komplementärintervalle prägen Sie sich automatisch ein, welche Intervalle groß sind, welche klein, welche rein und welche übermäßig oder vermindert.

IN DIESEM KAPITEL

Erfahren Sie alles über große, kleine, übermäßige und verminderte Dreiklänge

Lernen Sie die verschiedenen Arten von Septakkorden kennen

Präsentieren wir Ihnen Dreiklänge und Septakkorde im Überblick

Werden Sie vertraut gemacht mit den Umkehrungen und den verschiedenen Lagen von Dreiklängen und Septakkorden

Kapitel 10
Wie Akkorde aufgebaut sind

Ein *Akkord* – was ist das eigentlich? Wenn Sie drei oder mehr Töne gleichzeitig spielen, ist das ein Akkord. Wenn Sie sie nacheinander spielen – in Form eines sogenannten *Arpeggios* – ist das ein gebrochener Akkord. Und wenn Sie versehentlich mit dem Ellbogen auf Ihre Klaviatur kommen, sodass drei oder mehr Töne gleichzeitig erklingen, ist das (technisch gesehen) auch ein Akkord – selbst wenn es noch so fies und unmusikalisch klingt.

Sowohl dem Laien als auch dem erfahrenen Bühnenmusiker kommt der Aufbau eines Akkordes oft wie Magie vor. Er hat etwas unsagbar Schönes an sich, etwas ganz Erstaunliches, dieser Zusammenklang von Tönen, die sich gegenseitig erst so richtig zur Geltung bringen. Viele wissen einen sauber gespielten Akkord gar nicht zu schätzen, bis sie zum ersten Mal erfahren, wie es sich anhört, wenn man Töne zusammen spielt, die gar nicht zueinander passen – das können Sie sich so vorstellen, wie wenn Ihnen die Kaffeetasse auf die Klaviatur fällt und dadurch den schönsten Akkord verhunzt.

In der westlichen Musik bestehen Akkorde im Allgemeinen aus mehreren *übereinander geschichteten Terzen* – das bedeutet, jeder Ton bildet zum benachbarten höheren oder tieferen Ton jeweils das Intervall einer Terz. (Wenn Sie mehr über Intervalle wissen wollen, lesen Sie Kapitel 9.) In Abbildung 10.1 sehen Sie zwei verschiedene Stapel von Tönen, die sehr gut zum Ausdruck bringen, was damit gemeint ist.

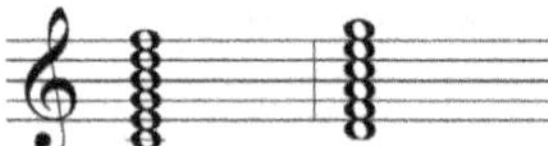

Abbildung 10.1: Zwei Terzenschichtungen – einmal mit Linien- und einmal mit Zwischenraumnoten. Der Abstand zwischen den einzelnen Noten jedes »Notenstapels« beträgt jeweils eine Terz.

Wenn der Abstand zwischen Akkordtönen jeweils einer Terz entspricht, so sind es im Notensystem entweder lauter Linien- oder lauter Zwischenraumnoten, die sich – wie man in Abbildung 10.1 sieht – unmittelbar berühren, als würden sie »aneinanderkleben«.

Wie aus drei verschiedenen Tönen ein Dreiklang wird

Dreiklänge bestehen aus drei Tönen unterschiedlicher Höhe, die jedoch zur gleichen Tonleiter gehören. Bei vielen Akkorden handelt es sich um Dreiklänge. Die gängigsten Dreiklänge, mit denen Sie wahrscheinlich arbeiten werden, sind:

- ✔ Durdreiklänge
- ✔ Molldreiklänge
- ✔ übermäßige Dreiklänge
- ✔ verminderte Dreiklänge

In den folgenden Abschnitten lernen Sie mehr über diese Dreiklänge, aber zunächst einmal wollen wir Ihnen genau erklären, was ein Dreiklang eigentlich ist und aus welchen Komponenten er besteht:

Grundton, Terz und Quinte

Ein Dreiklang – der Name sagt es ja schon – ist ein Klang aus drei Tönen. Diese Töne sind unterschiedlich hoch – der Dreiklang setzt sich, vorausgesetzt, er befindet sich in seiner sogenannten Grundstellung, aus Terzen zusammen. Die tiefste Note eines Dreiklangs bezeichnet man als *Grundton*. Nach diesem Grundton ist auch stets der jeweilige Akkord benannt (siehe Abbildung 10.2). Den Begriff Grundton kennen Sie schon von den Tonleitern (siehe Kapitel 7); es handelt sich um die erste Stufe einer Tonleiter.

Abbildung 10.2: Zweimal der Ton C im Liniensystem – beide können zum Grundton eines C-Dur-Akkords werden.

Hören Sie sich Track 63 an – das ist der Ton C, über dem nun ein Akkord aufgebaut werden soll.

Die zweite Note eines Dreiklangs ist die *Terz* über dem Grundton, also die dritte Stufe einer Tonleiter, die mit dem Grundton beginnt. In Abbildung 10.3 sehen Sie den Grundton und die Terz eines C-Dur-Akkords:

Abbildung 10.3: Der Grundton und die große Terz eines C-Dur-Akkords in verschiedenen Lagen

Spielen Sie Track 64 ab – dort hören Sie den Grundton und die große Terz eines C-Dur-Akkords.

Die Terz eines Akkords ist besonders wichtig, denn ihre Qualität bestimmt, ob es sich um einen Dur- oder einen Mollakkord handelt (mehr zur Qualität von Intervallen in Kapitel 9).

Die dritte Note eines Dreiklangs ist die *Quinte* über dem Grundton. So wie der Grundton die erste Stufe einer Tonleiter darstellt, so ist die Quinte die fünfte Stufe derselben Skala (siehe Abbildung 10.4).

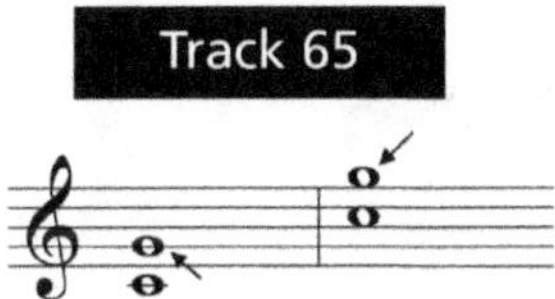

Abbildung 10.4: Grundton und Quinte eines C-Dur-Akkords in zwei verschiedenen Lagen

In Track 65 hören Sie den Grundton und die Quinte eines C-Dur-Akkords.

Grundton, Terz und Quinte (also die erste, dritte und fünfte Stufe einer Tonleiter) zusammen ergeben einen Dreiklang (siehe Abbildung 10.5).

Abbildung 10.5: C-Dur-Dreiklänge, in zwei verschiedenen Lagen

In Track 66 hören Sie einen kompletten C-Dur-Dreiklang.

In den folgenden Abschnitten erhalten Sie eine Anleitung, wie man die verschiedensten Arten von Dreiklängen aufbaut – den Durdreiklang, den Molldreiklang, den übermäßigen und den verminderten Dreiklang. Die Tabellen 10.1 und 10.2 bieten eine Übersicht über die »Rezepte«, nach denen solche Dreiklänge erschaffen werden können.

Wie der Dreiklang heißt …	… und wie man ihn aus Terzen aufbaut (von unten nach oben)
Durdreiklang	Grundton + große Terz über dem Grundton + Quinte über dem Grundton
Molldreiklang	Grundton + kleine Terz über dem Grundton + Quinte über dem Grundton
übermäßiger Dreiklang	Grundton + große Terz über dem Grundton + übermäßige Quinte über dem Grundton
verminderter Dreiklang	Grundton + kleine Terz über dem Grundton + verminderte Quinte über dem Grundton

Tabelle 10.1: Wie man Dreiklänge durch das Aufeinanderschichten von Terzen aufbaut.

Der Dreiklang …	… und seine Stufen in der passenden Tonleiter
Durdreiklang	1, 3, 5 (in der Durtonleiter)
Molldreiklang	1, 3, 5 (in der Molltonleiter)
übermäßiger Dreiklang	1, 3, ♯5 (in der Durtonleiter)
verminderter Dreiklang	1, 3, ♭5 (in der Molltonleiter)

Tabelle 10.2: Die Dreiklänge und ihre Stufen in der jeweils passenden Tonleiter

Durdreiklänge

Da sie sich aus Intervallen zusammensetzen, werden Dreiklänge von der *Qualität* dieser Intervalle bestimmt (falls Sie nicht mehr wissen, was Quantität und Qualität bedeuten, lesen Sie bitte in Kapitel 9 nach). Die Quantität der Intervalle bleibt immer die gleiche: Grundton, Terz und Quinte. Der feine Unterschied entsteht erst durch die Intervallqualität – und zwar der Terz, der dritten Stufe.

Ein Durdreiklang besteht aus einem Grundton, einer *großen* Terz und einer reinen Quinte (stets im Abstand zum Grundton gerechnet). Wenn man einen Durdreiklang aufbauen will, gibt es zwei verschiedene Methoden:

Man kann entweder Halbtonstufen zählen …

Beim Aufbau eines Durakkords muss man sich dabei an folgende Regel halten:

Grundton + 4 Halbtöne + 3 Halbtöne

In Abbildung 10.6 sehen Sie einen C-Dur-Akkord, wie man ihn auf dem Klavier oder Keyboard spielen muss. Auch bei Akkorden mit anderen Grundtönenbleiben die Intervalle zwischen den einzelnen Tönen erhalten. Sie benötigen aber andere Tasten. Achten Sie auf die jeweiligen Halbtonabstände zwischen Grundton, Terz und Quinte.

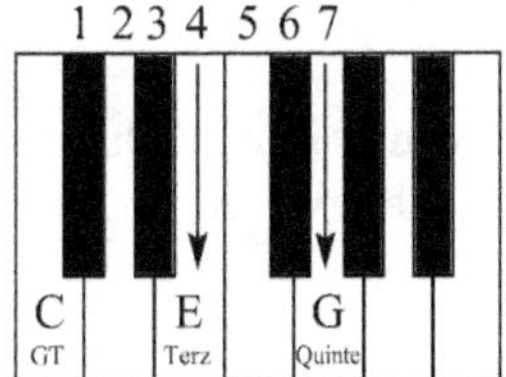

Abbildung 10.6: Ein C-Dur-Dreiklang auf dem Klavier oder Keyboard

... oder sich nach den Intervallen richten

Die zweite Methode, einen Durakkord zu erschaffen, besteht darin, einfach die erste, dritte und fünfte Note einer Durtonleiter herauszugreifen.

Ein Beispiel: Wenn Sie in der Tonart F-Dur einen F-Dur-Akkord notieren wollen, müssen Sie als Erstes wissen, welche Vorzeichen Sie brauchen (alles über Vorzeichen in Kapitel 8). Bei F-Dur ist das nur ein einziges, nämlich das Erniedrigungszeichen, das aus dem H ein B macht (siehe Abbildung 10.7).

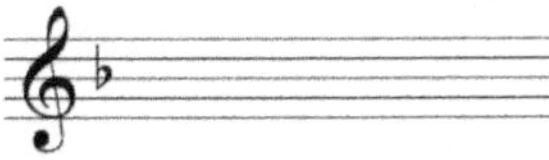

Abbildung 10.7: F-Dur hat nur ein einziges Vorzeichen.

Danach bringen Sie drei Noten zu Papier,schreiben also zuerst den Grundton (F), dann darüber die dritte Stufe der Tonleiter (A) und schließlich die fünfte Stufe (C) (Abbildung 10.8).

Abbildung 10.8: Die drei Töne, aus denen der F-Dur-Dreiklang besteht

Jetzt können Sie einwenden: Ich habe nun ein Vorzeichen notiert, nämlich das B, das im Akkord allerdings gar nicht vorgekommen ist. Das liegt daran, dass die betreffende Tonleiterstufe nicht im Akkord enthalten war. Anders sieht es im folgenden Beispiel aus: Sie wollen einen As-Dur-Akkord aufbauen. Diesmal sind es vier Erniedrigungszeichen, die Sie als Erstes aufs Notenblatt übertragen müssen. Danach folgen wieder die drei Noten des entsprechenden Dreiklangs: in diesem Fall As, C und Es (Abbildung 10.9). Und in diesem Fall sind sowohl der Grundton (As) als auch die Quinte (Es) von der Tonartvorzeichnung betroffen.

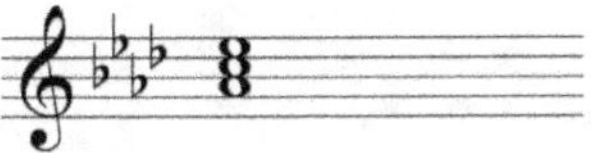

Abbildung 10.9: Der As-Dur-Dreiklang

Molldreiklänge

Ein Molldreiklang besteht aus dem Grundton, der *kleinen* Terz und der reinen Quinte über dem Grundton. Wie schon bei den Durdreiklängen gibt es auch hier zwei Methoden des Aufbaus:

Man kann entweder Halbtonstufen zählen ...

Sie erinnern sich? Beim Aufbau des Durdreiklangs hatten wir eine Art Faustregel. Natürlich gibt es eine solche Regel auch für die Molldreiklänge. Sie lautet:

Grundton + 3 Halbtonschritte + 4 Halbtonschritte

Abbildung 10.10 zeigt einen c-Moll-Akkord auf der Klavitatur, in Abbildung 10.11 sehen wir die entsprechenden Noten im Liniensystem. Achten Sie in Abbildung 10.10 auf die Anzahl der Halbtöne zwischen Grundton, Terz und Quinte.

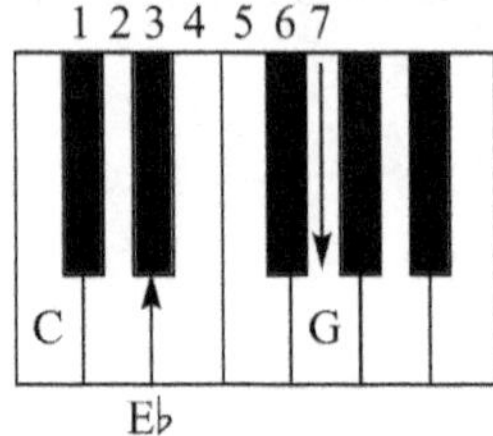

Abbildung 10.10: c-Moll auf dem Klavier oder Keyboard

Abbildung 10.11: Der c-Moll-Dreiklang im Notensystem

... oder sich nach den Intervallen richten

Die zweite Möglichkeit, einen Molldreiklang zu erschaffen, besteht darin, dass man einfach die erste, dritte und fünfte Stufe einer Molltonleiter nimmt – dadurch ist die Terz über dem Grundton (also die dritte Stufe) automatisch einen Halbton tiefer als beim Durdreiklang.

Wieder ein Beispiel: Sie wollen einen f-Moll-Akkord bauen. Dann verwenden Sie also aus der f-Moll-Tonleiter den Grundton (F), die dritte Stufe (As) und die fünfte Stufe (C). Fertig! (Siehe Abbildung 10.12)

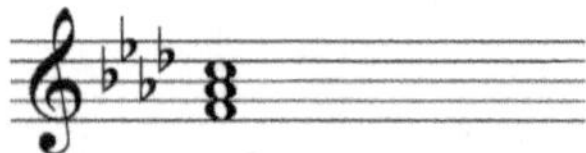

Abbildung 10.12: Der f-Moll-Dreiklang unterscheidet sich vom F-Dur-Dreiklang durch seine Terz (As statt A)

Bei einem as-Moll-Dreiklang gilt dasselbe: Die Töne richten sich nach dem Grundton (As) sowie der dritten und fünften Stufe (Ces und Es) aus der as-Moll-Tonleiter (siehe Abbildung 10.13):

Abbildung 10.13: Der as-Moll-Dreiklang im Notensystem

Übermäßige Dreiklänge

Übermäßige Dreiklänge bestehen aus einer großen Terz und einer übermäßigen Quinte über dem Grundton – die Quinte ist also im Vergleich zum Durdreiklang um einen Halbton erhöht, was zu einer leichten Dissonanz führt (also zu einem Klang, der nicht mehr ganz so harmonisch wirkt).

Ein übermäßiger Dreiklang besteht aus drei Tönen, zwischen denen jeweils vier Halbtonschritte liegen (also zwei große Terzen).

Nehmen wir als Beispiel einen übermäßigen Dreiklang über C (man kürzt ihn für gewöhnlich mit C^{aug}, $C^{5\#}$ oder C^{+} ab). Auch hier können wir wieder entweder die Halbtonschritte zählen …

… oder einfach die erste, dritte und fünfte Stufe der C-Dur-Tonleiter heranziehen, wobei die fünfte Stufe um einen Halbton erhöht wird (also Gis statt G). Die erste und dritte Note verändern sich im Vergleich zum Durdreiklang nicht.

Die Stufen des übermäßigen Dreiklangs in der Durtonleiter = 1 + 3 + # 5

Abbildung 10.14 zeigt den übermäßigen Dreiklang über C auf der Klaviatur, Abbildung 10.15 im Notensystem:

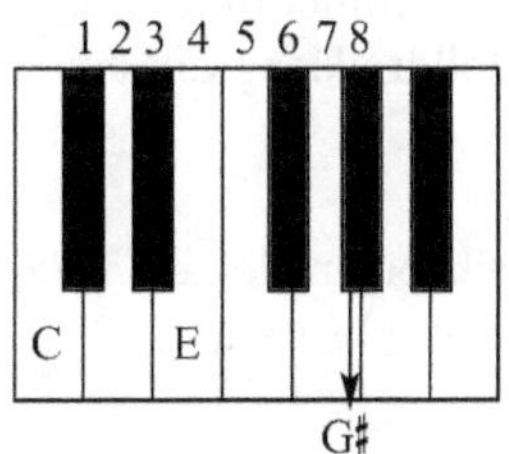

Abbildung 10.14: Der übermäßige Dreiklang über C auf der Klaviatur …

Abbildung 10.15: … und im Notensystem

Achtung! Beim übermäßigen Dreiklang ist zwar die Quinte um einen Halbton erhöht, das bedeutet aber nicht, dass sie unbedingt ein Erhöhungszeichen haben muss! Wenn zum Beispiel eine Tonleiter verwendet wird, in der die betreffende Note bereits auf Grund eines Generalvorzeichens erniedrigt ist, muss vor der Note natürlich kein Kreuz, sondern ein Auflösungszeichen stehen.

Gehen wir einfach mal ein paar Übungsbeispiele durch: Sie wollen einen übermäßigen Dreiklang über F zu Papier bringen. Dann vermerken Sie hinter dem Notenschlüssel erst einmal die für F-Dur notwendigen Vorzeichen, danach wählen Sie die Note F als Grundton und ergänzen sie durch die dritte und fünfte Stufe der F-Dur-Tonleiter, wobei Sie die fünfte Stufe (in diesem Fall das C) mit einem Erhöhungszeichen versehen (Abbildung 10.16).

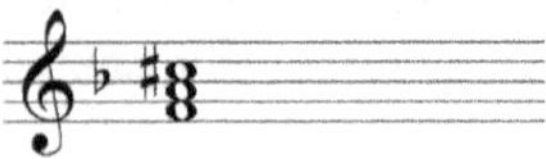

Abbildung 10.16: Der übermäßige Dreiklang über F

Oder wollen Sie einen übermäßigen Dreiklang über As notieren? Da geht es genauso: Erst die Versetzungszeichen (in diesem Fall sind es vier B, siehe Abbildung 10.17), dann die drei Stufen – aber diesmal Vorsicht! Hier muss die fünfte Stufe ein Auflösungszeichen bekommen, da sie ja bereits von der Vorzeichnung her erniedrigt war. Durch das Auflösungszeichen wird das wieder aufgehoben, der Ton Es wird somit um einen Halbton erhöht zu E.

Abbildung 10.17: Der übermäßige Dreiklang über As

Verminderte Dreiklänge

Verminderte Dreiklänge bestehen aus einer kleinen Terz und einer verminderten Quinte über dem Grundton – die Quinte ist also im Vergleich zu einem Molldreiklang um einen Halbton erniedrigt.

Es handelt sich also um drei Töne im Abstand von jeweils einer kleinen Terz, oder, anders formuliert, im Abstand von jeweils drei Halbtonschritten.

Wenn Sie also einen verminderten Dreiklang über C (Abbildung 10.18 und 10.19) konstruieren wollen (man schreibt ihn auf dem Notenblatt C^{dim} oder C^{b5}), können Sie zum Beispiel die Halbtöne zwischen den einzelnen Intervallen auszählen. Das geht so:

Grundton + 3 Halbtonschritte + 3 Halbtonschritte

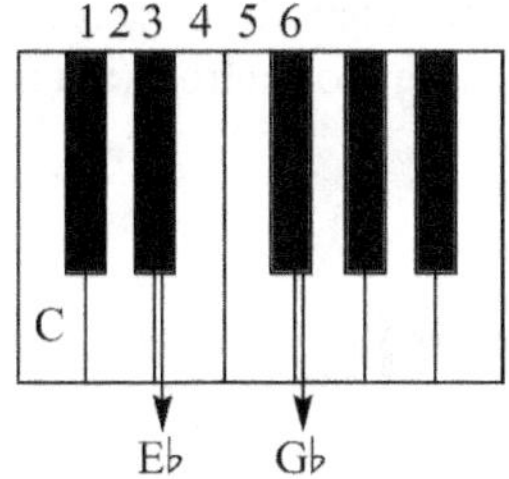

Abbildung 10.18: Der verminderte C-Dreiklang auf den Klaviertasten …

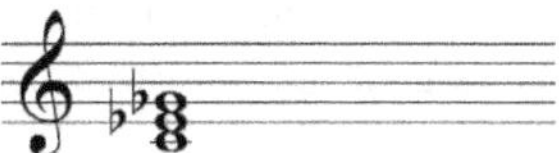

Abbildung 10.19: … und im Notensystem

Sie können aber auch so vorgehen, dass Sie mit einem c-Moll-Akkord beginnen und dessen Quinte, also die fünfte Stufe der c-Moll-Tonleiter, erniedrigen. Dann lautet die Formel, die Sie sich merken müssen:

Die Stufen des verminderten Dreiklangs in der Molltonleiter = 1 + 3 + ♭5

Die erste und dritte Stufe bleiben also genauso wie im c-Moll-Dreiklang, die fünfte Stufe wird jedoch um einen Halbton erniedrigt (G wird zu Ges).

Auch hier bedeutet es nicht zwangsläufig, dass die fünfte Stufe ein Erniedrigungszeichen bekommen muss. Sollte sie laut Vorzeichen bereits ein Erhöhungszeichen tragen, so wird dieses durch ein Auflösungszeichen rückgängig gemacht.

Üben wir das Ganze wieder am F und am As.

Für den verminderten Dreiklang über F also erst die Vorzeichnung von f-Moll hinter den Notenschlüssel schreiben, dann den Grundton und die Terz des Akkords aus der f-Moll-Tonleiter übernehmen (F und As) sowie die erniedrigte Quinte mit einem Erniedrigungszeichen versehen (Ces)(Abbildung 10.20).

Abbildung 10.20: Der verminderte Dreiklang über F

Wenn der Grundton ein As sein soll, gehen wir ganz genauso vor – das Ergebnis sieht dann so aus:

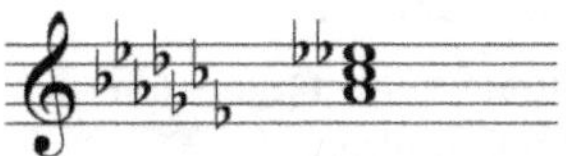

Abbildung 10.21: Der verminderte Dreiklang über As

Beachten Sie, dass die fünfte Stufe in as-Moll bereits ein Ton mit Erniedrigungszeichen ist – dadurch wird die einfache Erniedrigung dieses Tons zu einer doppelten (auch Doppel-♭genannt), aus Es wird Eses.

Der nächste Schritt: Die Septakkorde

Nicht jeder Akkord ist ein Dreiklang, er kann zum Beispiel auch ein Vierklang sein (also aus vier Tönen bestehen).

Wenn wir zu einem Dreiklang eine weitere Terz über dessen Quinte hinzufügen, so gelangen wir zu einem Septakkord. Der Name kommt daher, weil diese neu hinzugefügte Terz zum Grundton des Akkords eine Septime bildet.

Von diesen Septakkorden gibt es mehrere Arten. Die sechs häufigsten sind:

- ✔ der große Septakkord
- ✔ der Mollseptakkord
- ✔ der Dominantseptakkord
- ✔ der halbverminderte Septakkord
- ✔ der verminderte Septakkord
- ✔ der Mollseptakkord mit großer Septime

Wie Septakkorde aufgebaut sind, versteht man am leichtesten, wenn man sie sich als Dreiklänge vorstellt, auf deren Terzenschichtung oben noch eine weitere Terz draufgesetzt wird. So leuchtet einem auch sehr schnell ein, dass es im Grunde nur Varianten der besprochenen vier Dreiklänge sind. Die Namen – auch wenn sie sich zunächst einmal schwierig anhören – helfen uns weiter, indem sie verraten, wie sich die hinzugefügte Septime zum ursprünglichen Dreiklang verhält.

In den folgenden Abschnitten werden wir uns an den verschiedensten Septakkorden versuchen: den großen, den Mollseptakkorden, den Dominantseptakkorden und allen anderen oben aufgeführten. Den Aufbau der einzelnen Septakkorde können Sie den folgenden beiden Tabellen entnehmen. Die erste richtet sich wieder nach unserer Abzählmethode, die zweite zeigt uns, wie wir vom jeweiligen Durakkord zu einem bestimmten Septakkord gelangen:

Name des Septakkords	Aufbau
großer Septakkord	Grundton + große Terz über dem Grundton + reine Quinte über dem Grundton + große Septime über dem Grundton
Mollseptakkord	Grundton + kleine Terz über dem Grundton + reine Quinte über dem Grundton + kleine Septime über dem Grundton
Dominantseptakkord	Grundton + große Terz über dem Grundton + reine Quinte über dem Grundton + kleine Septime über dem Grundton

Name des Septakkords	Aufbau
halbverminderter Septakkord	Grundton + kleine Terz über dem Grundton + verminderte Quinte über dem Grundton + kleine Septime über dem Grundton
verminderter Septakkord	Grundton + kleine Terz über dem Grundton + verminderte Quinte über dem Grundton + verminderte Septime über dem Grundton
Mollseptakkord mit großer Septime	Grundton + kleine Terz über dem Grundton + reine Quinte über dem Grundton + große Septime über dem Grundton

Tabelle 10.3: Wie man Septakkorde durch das Aufeinanderschichten von Terzen aufbaut

Name des Septakkords	Aufbau aus den Stufen der passenden Tonleiter
großer Septakkord	1, 3, 5, 7 (in der Durtonleiter)
Moll-Septakkord	1, 3, 5, 7 (in der Molltonleiter)
Dominantseptakkord	1, 3, 5, ♭7 (in der Durtonleiter)
halbverminderter Septakkord	1, 3, ♭5, 7 (in der Molltonleiter)
verminderter Septakkord	1,3, ♭5, ♭7 (in der Molltonleiter)
Mollseptakkord mit großer Septime	1, 3, 5, #7 (in der Molltonleiter)

Tabelle 10.4: Die Septakkorde und ihre Stufen in der jeweils passenden Tonleiter

Große Septakkorde

Ein großer Septakkord besteht aus einem Durdreiklang, zu dem das Intervall einer großen Septime über dem Grundton hinzukommt.

In Abbildung 10.22 sehen Sie: Man beginnt (hier am Beispiel von C-Dur) erst einmal mit einem Durdreiklang und notiert ihn im Notensystem:

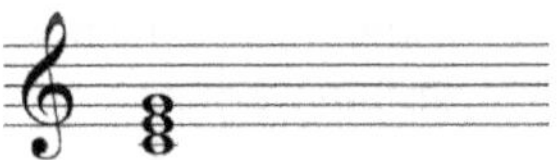

Abbildung 10.22: C-Dur-Dreiklang

Dann fügt man als obersten Ton eine große Septime über dem Grundton (beziehungsweise eine große Terz über der Quinte) hinzu, also den Ton H:

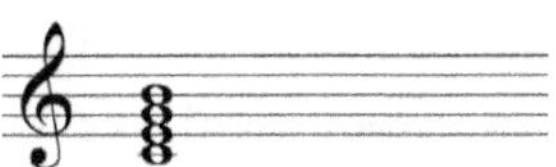

Abbildung 10.23: Der große C-Dur-Septakkord (C^{maj7})

Es gilt also die Formel:

C^{maj7} = C-Dur-Dreiklang + große Septime

Alternativ können Sie auch so vorgehen: Sie nehmen aus der C-Dur-Tonleiter einfach die erste, dritte, fünfte und siebte Stufe – aus diesen Tönen besteht der große C-Dur-Septakkord.

Mollseptakkorde

Ein Mollseptakkord besteht aus einem Molldreiklang, zu dem das Intervall einer kleinen Septime über dem Grundton hinzukommt. Zum Aufbau eines solchen Akkordes notiert man zunächst einmal (in den Abbildungen 10.24 und 10.25 am Beispiel c-Moll) einen Mollakkord:

Abbildung 10.24: c-Moll-Dreiklang

Dann fügt man als obersten Ton eine kleine Septime des Grundtons über dem Grundton (beziehungsweise eine kleine Terz über der Quinte) hinzu, also den Ton B:

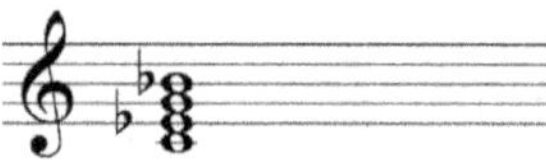

Abbildung 10.25: Der c-Moll-Septakkord (Cm^7)

Die Formel lautet diesmal: c-Moll-Septakkord = c-Moll-Dreiklang + kleine Septime

Falls Sie lieber die Tonleiterstufenmethode anwenden wollen, wählen Sie die erste, dritte, fünfte und siebte Stufe der c-Moll-Tonleiter und erhalten so ebenfalls den c-Moll-Septakkord.

Dominantseptakkorde

Ein Dominantseptakkord besteht aus einem Durdreiklang, zu dem eine kleine Septime über dem Grundton (bzw. eine kleine Terz über der Quinte) hinzukommt, also der Ton B:

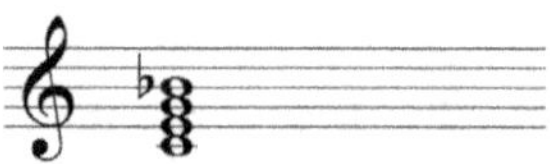

Abbildung 10.26: Der Dominantseptakkord über C (C^7)

Die Formel lautet dann:

C^7 = C-Dur-Dreiklang + kleine Septime

Der Dominantseptakkord ist der einzige Septakkord, in dessen Bezeichnung die Beziehung zwischen dem Dreiklang und der Septime nicht wirklich deutlich wird. Man muss sich einfach merken, dass er auf einem Durdreiklang basiert. Vor allem sollte man ihn nie mit dem großen Septakkord verwechseln, dessen

Abkürzung Grundton + maj7 lautet, während der Dominantseptakkord mit dem betreffenden Grundton und der Ziffer 7 abgekürzt wird. Beispiel: G^{maj7} und G^{7}.

Wenn man einen Dominantseptakkord mithilfe der Tonleiterstufen aufbauen will, wählt man die erste, dritte, fünfte und erniedrigte siebte Stufe der C-Dur-Tonleiter.

Halbverminderte Septakkorde

Ein halbverminderter Septakkord ist ein verminderter Dreiklang, dem die kleine Septime über seinem Grundton hinzugefügt wurde. Wenn Sie ein wenig Englisch können, sollten Sie sich unbedingt auch die Bezeichnung »minor 7 flat 5« einprägen – denn sie verrät Ihnen alles, was Sie über den Aufbau dieses Akkords wissen müssen.

»Minor« steht für Moll beziehungsweise für das, was wir in Bezug auf Intervalle als »klein« bezeichnen. »minor 7« sagt uns also: Bei der Septime handelt es sich um eine kleine Septime über dem Grundton (siehe Abbildung 10.27).

Abbildung 10.27: Der Grundton C und die kleine Septime darüber

Das englische Wort »flat« hingegen bedeutet »erniedrigt«. »flat 5« bezieht sich also auf den verminderten Dreiklang, der mit einem Mollakkord die kleine Terz gemeinsam hat, bei dem aber zusätzlich auch noch die Quinte erniedrigt ist (Abbildung 10.28).

Abbildung 10.28: Der verminderte Dreiklang über C

Wenn wir beides nun zusammenfügen, also den verminderten Dreiklang über C um eine kleine Septime über C ergänzen, dann erhalten wir den halbverminderten Septakkord (Abbildung 10.29):

Abbildung 10.29: Der halbverminderte Septakkord über C (Cm^{7b5})

Die Formel für den halbverminderten Septakkord lautet: Cm^{7b5} = verminderter Dreiklang über C + kleine Septime. Wenn Sie einen solchen Akkord mit Hilfe der Tonleiterstufenmethode aufbauen wollen, müssen Sie die erste, die dritte, die erniedrigte fünfte und die siebte Stufe der c-Moll-Tonleiter wählen.

Verminderte Septakkorde

Der verminderte Septakkord besteht aus drei übereinander geschichteten kleinen Terzen, was ihn einzigartig macht. Kein anderer Septakkord ist in sich symmetrisch aufgebaut. Vom halbverminderten Septakkord unterscheidet er sich nur in einem Ton: Während dieser eine kleine Septime enthält, so enthält der verminderte Septakkord eine verminderte Septime. Sie sehen den Akkord in Abbildung 10.30. Die Formel dafür lautet:

C^{dim7} = verminderter Dreiklang über C + verminderte Septime

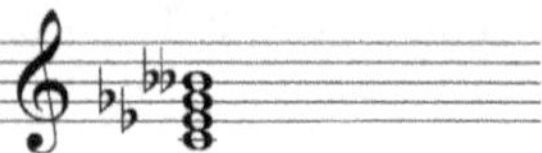

Abbildung 10.30: Verminderter C-Septakkord (C^{dim7})

Das Kürzel für einen verminderten Septakkord ist C^{dim7}, wobei »dim« die Abkürzung für das englische Wort »diminished« (vermindert) ist.

Beachten Sie, dass die Septime eine doppelte Erniedrigung benötigt, damit aus ihr eine verminderte Septime wird – in diesem Fall also ein Doppel-b vor der Note H. Prinzipiell kann man folgendes sagen: Jeder Septakkord über C verwendet zunächst einmal die Stammtöne C, E, G und H (von denen dann je nach Art des Septakkords eine oder mehrere erniedrigt werden).

Mithilfe der Tonleiterstufenmethode bauen wir diesen verminderten Septakkord auf, indem wir die erste, die dritte, die erniedrigte fünfte und die erniedrigte siebte Stufe der c-Moll-Tonleiter wählen.

Mollseptakkorde mit großer Septime

Bei diesem Akkord spricht der Name Bände und verrät uns: Der Akkord besteht genau aus einem Mollakkord und einer hinzugefügten großen Septime über dem Grundton.

Um also einen Mollseptakkord mit großer Septime aufzubauen, beginnen wir zunächst mit einem Mollakkord (Abbildung 10.31):

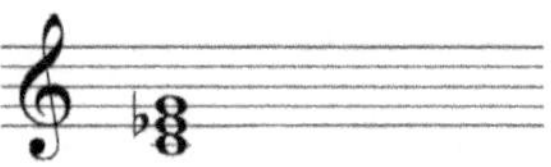

Abbildung 10.31: c-Moll-Dreiklang

Danach fügen wir die große Septime (in diesem Fall ein H, Abbildung 10.32) hinzu:

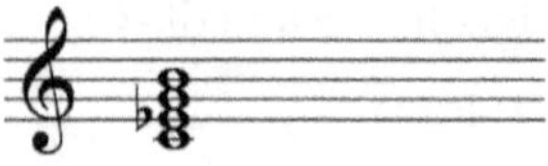

Abbildung 10.32: c-Moll-Septakkord mit großer Septime (Cm^{maj7})

Die Formel lautet:

Cm^{maj7} = c-Moll-Akkord + große Septime

Gar nicht so schwer, oder?

Folgen wir der Tonleiterstufenmethode, so müssen wir die erste, die dritte, die fünfte und die erhöhte siebte Stufe der c-Moll-Tonleiter wählen.

Alle Dreiklänge und Septakkorde auf einen Blick

In diesem Abschnitt (in den Abbildungen 10.33 bis 10.47) finden Sie eine Übersicht über alle Arten von Dreiklängen und Septakkorden, von denen bisher die Rede war, und zwar in der Reihenfolge ihres Erscheinens und für jede Tonart.

A

Spielen Sie Track 67, um sich die verschiedenen Dreiklänge und Septakkorde der Tonarten mit dem Grundton A anzuhören: A-Dur (A), a-Moll (Am), A^{aug}, A^{dim}, A^{maj7}, Am^7, A^7, $Am^{7\flat5}$, A^{dim7}, Am^{maj7} (Am^{7+}).

Track 67

Abbildung 10.33: Die Dreiklänge und Septakkorde für A

As

Spielen Sie Track 68, um sich die verschiedenen Dreiklänge und Septakkorde der Tonarten mit dem Grundton As anzuhören: As-Dur (A♭), as-Moll (A♭m), $A\flat^{aug}$, $A\flat^{dim}$, $A\flat^{maj7}$, $A\flat m^7$, $A\flat^7$, $A\flat m^{7\flat5}$, $A\flat^{dim7}$, $A\flat m^{maj7}$ ($A\flat m^{7+}$).

Track 68

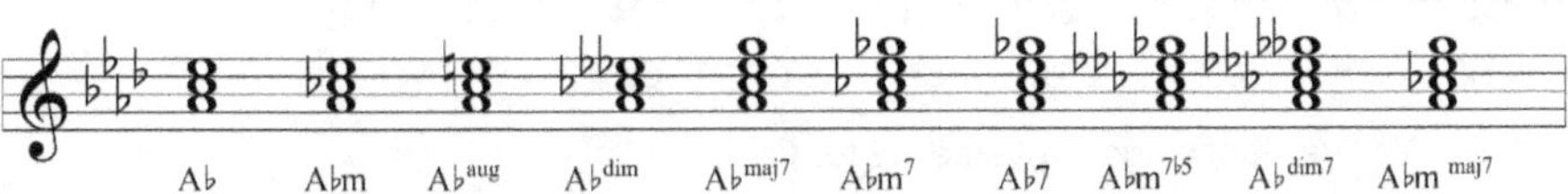

Abbildung 10.34: Die Dreiklänge und Septakkorde für As

H

Spielen Sie Track 69, um sich die verschiedenen Dreiklänge und Septakkorde der Tonarten mit dem Grundton H anzuhören: H-Dur (H), h-Moll (Hm), H^{aug}, H^{dim}, H$^{\text{maj7}}$, Hm^{7}, H^{7}, Hm$^{7\flat5}$, H$^{\text{dim7}}$, Hm$^{\text{maj7}}$ (Hm^{7+}).

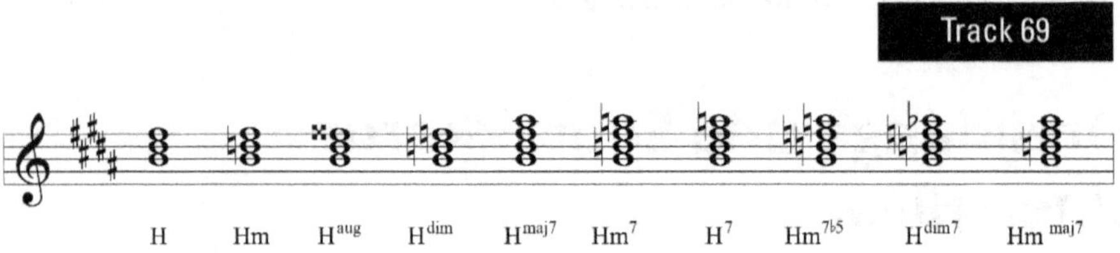

Abbildung 10.35: Die Dreiklänge und Septakkorde für H

B

Spielen Sie Track 70, um sich die verschiedenen Dreiklänge und Septakkorde der Tonarten mit dem Grundton B anzuhören: B-Dur (B), b-Moll (Bm), B^{aug}, B^{dim}, B$^{\text{maj7}}$, Bm^{7}, B^{7}, Bm$^{7\flat5}$, B$^{\text{dim7}}$, Bm$^{\text{maj7}}$ (Bm^{7+}).

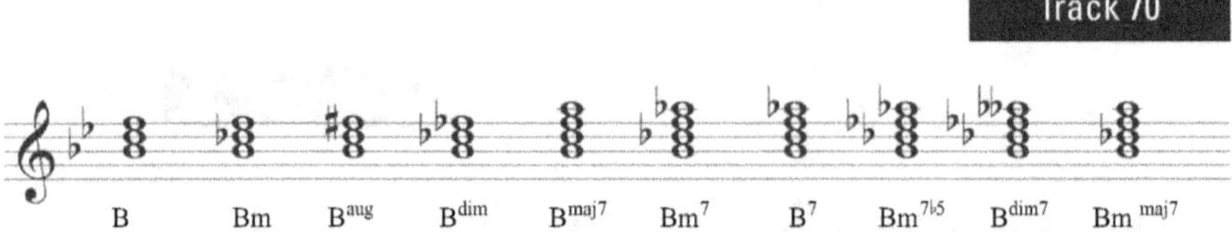

Abbildung 10.36: Die Dreiklänge und Septakkorde für B

C

Spielen Sie Track 71, um sich die verschiedenen Dreiklänge und Septakkorde der Tonarten mit dem Grundton C anzuhören: C-Dur (C), c-Moll (Cm), C^{aug}, C^{dim}, C$^{\text{maj7}}$, Cm^{7}, C^{7}, Cm$^{7\flat5}$, C$^{\text{dim7}}$, Cm$^{\text{maj7}}$ (Cm^{7+}).

Track 71

C Cm C^{aug} C^{dim} C$^{\text{maj7}}$ C$^{\text{m7}}$ C^{7} Cm$^{7\flat5}$ C$^{\text{dim7}}$ Cm$^{\text{maj7}}$

Abbildung 10.37: Die Dreiklänge und Septakkorde für C

Ces

Spielen Sie Track 72, um sich die verschiedenen Dreiklänge und Septakkorde der Tonarten mit dem Grundton Ces anzuhören: C♭-Dur (C♭), c♭-Moll (C♭m), C♭^{aug}, C♭^{dim}, C♭^{maj7}, C♭m^{7}, C♭^{7}, C♭m^{7b5}, C♭^{dim7}, C♭m^{maj7} (C♭m^{7+}).

Track 72

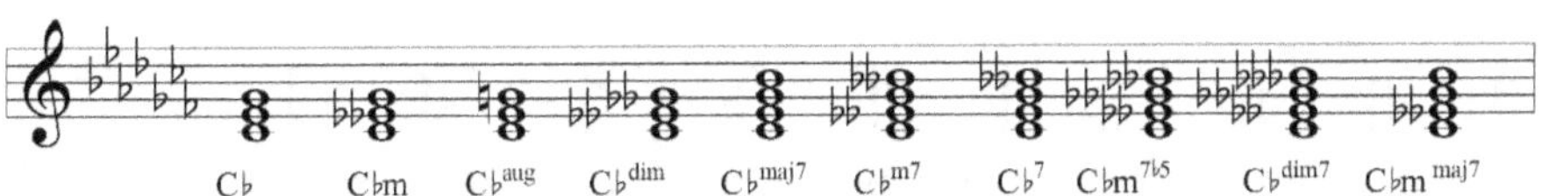

Abbildung 10.38: Die Dreiklänge und Septakkorde für Ces

Beachten Sie: Ces ist das enharmonische Äquivalent zu H. Die Akkorde hier klingen also genauso wie die H-Akkorde. Wir führen sie nur der Vollständigkeit halber gesondert auf.

Cis

Spielen Sie Track 73, um sich die verschiedenen Dreiklänge und Septakkorde der Tonarten mit dem Grundton Cis anzuhören: C♯-Dur (C♯), c♯-Moll (C♯m), C♯^{aug}, C♯^{dim}, C♯^{maj7}, C♯m^{7}, C♯^{7},C♯m$^{7♭5}$, C♯^{dim7}, C♯m ^{maj7} (C♯m^{7+}).

Track 73

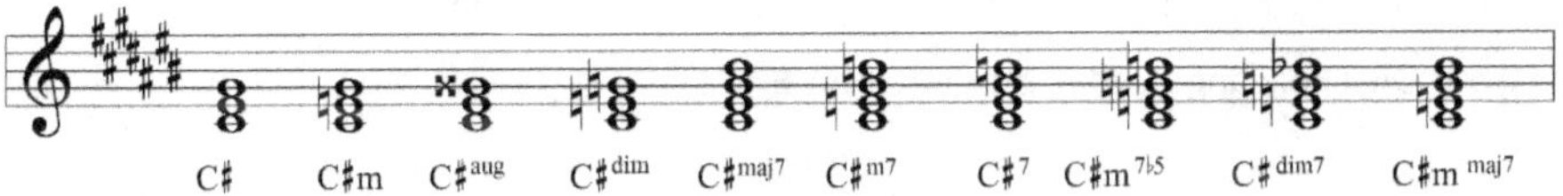

Abbildung 10.39: Die Dreiklänge und Septakkorde für Cis

D

Spielen Sie Track 74, um sich die verschiedenen Dreiklänge und Septakkorde der Tonarten mit dem Grundton D anzuhören: D-Dur (D), d-Moll (Dm), D^{aug}, D^{dim}, D^{maj7}, Dm^{7}, D^{7}, Dm$^{7♭5}$, D^{dim7}, Dm^{maj7} (Dm^{7+}).

Track 74

Abbildung 10.40: Die Dreiklänge und Septakkorde für D

Des

Spielen Sie Track 75, um sich die verschiedenen Dreiklänge und Septakkorde der Tonarten mit dem Grundton Des anzuhören: Des-Dur (D♭), des-Moll (Dbm), D♭^{aug}, D♭^{dim}, D♭^{maj7}, D♭m^{7}, D♭^{7}, D♭m$^{7\flat5}$, D♭^{dim7}, D♭m^{maj7} (D♭m^{7+}).

Track 75

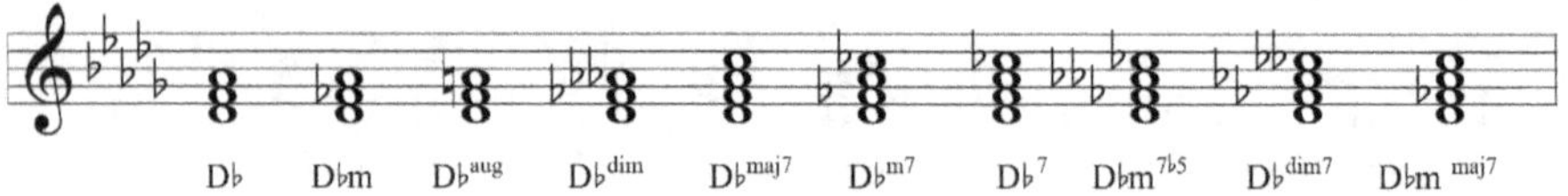

Abbildung 10.41: Die Dreiklänge und Septakkorde für Des

E

Spielen Sie Track 76, um sich die verschiedenen Dreiklänge und Septakkorde der Tonarten mit dem Grundton E anzuhören: E-Dur (E), e-Moll (Em), E^{aug}, E^{dim}, E^{maj7}, Em^{7}, E^{7}, Em$^{7\flat5}$, E^{dim7}, Em^{maj7} (Em^{7+}).

Track 76

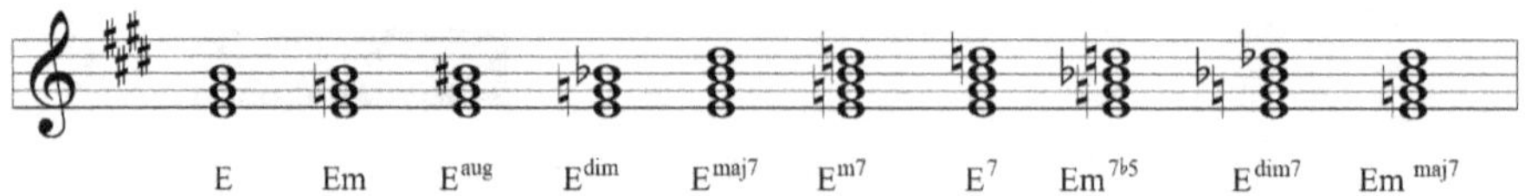

Abbildung 10.42: Die Dreiklänge und Septakkorde für E

Es

Spielen Sie Track 77, um sich die verschiedenen Dreiklänge und Septakkorde der Tonarten mit dem Grundton Es anzuhören: Es-Dur (E♭), es-Moll (E♭m), E♭^{aug}, E♭^{dim}, E♭^{maj7}, E♭m^{7}, E♭^{7}, E♭m$^{7\flat5}$, E♭^{dim7}, E♭m^{maj7} (E♭m^{7+}).

Track 77

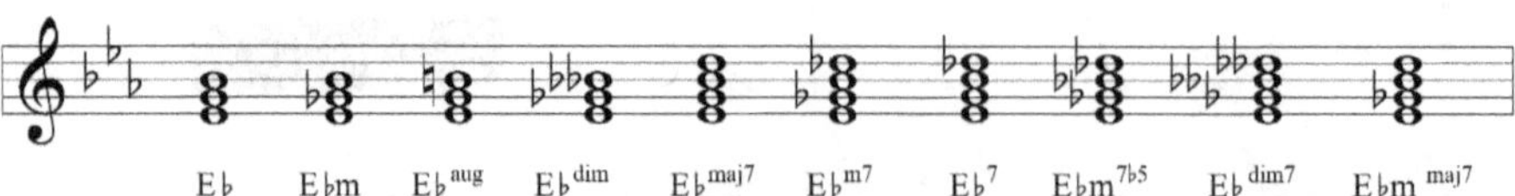

Abbildung 10.43: Die Dreiklänge und Septakkorde für Es

F

Spielen Sie Track 78, um sich die verschiedenen Dreiklänge und Septakkorde der Tonarten mit dem Grundton F anzuhören: F-Dur (F), f-Moll (Fm), F^{aug}, F^{dim}, F^{maj7}, Fm^{7}, F^{7}, $Fm^{7\flat5}$, F^{dim7}, Fm^{maj7} (Fm^{7+}).

Track 78

F Fm F^{aug} F^{dim} F^{maj7} F^{m7} F^{7} $Fm^{7\flat5}$ F^{dim7} Fm^{maj7}

Abbildung 10.44: Die Dreiklänge und Septakkorde für F

Fis

Spielen Sie Track 79, um sich die verschiedenen Dreiklänge und Septakkorde der Tonarten mit dem Grundton Fis anzuhören: Fis-Dur (F♯), fis-Moll (F♯m), F♯^{aug}, F♯^{dim}, F♯^{maj7}, F♯m^{7}, F♯^{7}, F♯m$^{7\flat5}$, F♯^{dim7}, F♯m^{maj7} (F♯m^{7+}).

Track 79

F♯ F♯m F♯^{aug} F♯^{dim} F♯^{maj7} F♯^{m7} F♯^{7} F♯m$^{7\flat5}$ F♯^{dim7} F♯m^{maj7}

Abbildung 10.45: Die Dreiklänge und Septakkorde für Fis

G

Spielen Sie Track 80, um sich die verschiedenen Dreiklänge und Septakkorde der Tonarten mit dem Grundton G anzuhören: G-Dur (G), g-Moll (Gm), G^{aug}, G^{dim}, G^{maj7}, Gm^{7}, G^{7}, $Gm^{7\flat5}$, G^{dim7}, Gm^{maj7} (Gm^{7+}).

Track 80

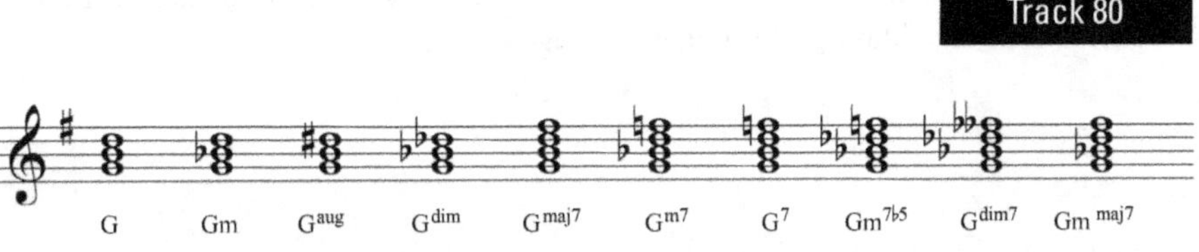

Abbildung 10.46: Die Dreiklänge und Septakkorde für G

Ges

Spielen Sie Track 81, um sich die verschiedenen Dreiklänge und Septakkorde der Tonarten mit dem Grundton Ges anzuhören: G♭-Dur (G♭), g♭-Moll (G♭m), $G\flat^{aug}$, $G\flat^{dim}$, $G\flat^{maj7}$, $G\flat m^{7}$, $G\flat^{7}$, $G\flat m^{7\flat 5}$, $G\flat^{dim7}$, $G\flat m^{maj7}$ ($G\flat m^{7+}$).

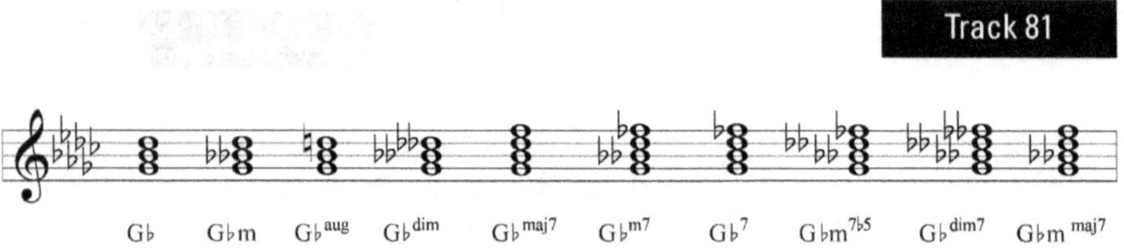

Abbildung 10.47: Die Dreiklänge und Septakkorde für Ges

Enge Lagen, weite Lagen, Umkehrung: Was man mit Akkorden alles machen kann

Sehen wir uns doch einmal sämtliche Dreiklänge und Septakkorde, die wir bisher kennen gelernt haben, auf dem Notenblatt an: Die einzelnen Noten sind immer in Terzen übereinander geschichtet, haben also den gleichen Linienabstand zueinander. Das *muss* aber nicht so sein. Es gibt auch Varianten dieser Akkorde, bei denen die Töne unterschiedliche Abstände zueinander haben, also nicht nur in Terzen angeordnet sind – und zwar immer dann, wenn sie entweder eine *weite Lage* einnehmen oder wenn eine *Akkordumkehrung* vorliegt.

Enge und weite Lagen

Manchmal sind die Töne eines Dreiklangs über zwei oder noch mehr Oktaven verteilt. Wie soll das nun gehen, werden Sie jetzt fragen. Ganz einfach: Die Terz und die Quinte eines Dreiklangs müssen beispielsweise nicht unbedingt direkt über dem Grundton liegen, sie können zur Abwechslung auch in einer höheren Lage stehen, also etwa um eine Oktave nach oben versetzt werden. Dadurch vergrößern sich die zwischen den Akkordtönen liegenden Intervalle. Die Töne bleiben in einem solchen Fall die gleichen (zum Beispiel bei einem C-Dur-Dreiklang: C, E und G) – nur mit dem Unterschied, dass eine oder zwei von ihnen sich in einer höheren Lage befinden. Bis jetzt war es immer so, dass alle Akkordtöne sich innerhalb ein- und derselben Oktave befanden. In diesem Fall spricht man von einer *engen Lage*. Beim C-Dur-Dreiklang sieht eine enge Lage so aus:

Abbildung 10.48: Der C-Dur-Dreiklang in der engen Lage

Wenn wir uns nun aber Abbildung 10.49 ansehen, finden wir zwar ebenfalls einen C-Dur-Dreiklang vor, diesmal aber in einer *weiten Lage*. Das bedeutet:Die Akkordtöne sind nicht mehr in Terzen geschichtet, sondern in größeren Intervallen angeordnet – der Abstand zwischen höchstem und tiefstem Ton ist größer als eine Oktave.

Abbildung 10.49: Der C-Dur-Dreiklang in einer weiten Lage

Die Töne selbst bleiben die gleichen: Es sind C, E und G. Nur mit dem Unterschied, dass das E diesmal seinen Platz zwischen Grundton und Quinte verlassen hat und um eine Oktave nach oben gewandert ist. Dennoch befinden sich beide Lagen noch in der sogenannten *Grundstellung*, da der Grundton C nach wie vor den tiefsten Ton des Dreiklangs darstellt.

Woran man eine Akkordumkehrung erkennt

Ist der tiefste Ton eines Akkords *nicht* der Grundton, dann spricht man von einer *Akkordumkehrung*. Davon gibt es drei mögliche Arten:

- **Erste Umkehrung**: Wenn der tiefste Ton eines Dreiklangs oder Septakkords dessen Terz ist, handelt es sich um die *erste Umkehrung*. In Abbildung 10.50 sehen wir einen C-Dur-Dreiklang in der ersten Umkehrung, und zwar sowohl in der engen Lage (im Raum einer Oktave) als auch in der weiten Lage (auf zwei Oktaven verteilt). Der tiefste Ton des Akkords ist nun E.
- **Zweite Umkehrung**: Von der *zweiten Umkehrung* spricht man, wenn der tiefste Ton eines Akkords dessen Quinte ist. Abbildung 10.51 zeigt den C-Dur-Dreiklang in der zweiten Umkehrung. Der tiefste Ton ist das G.
- **Dritte Umkehrung:** Diese lässt sich nur bei Vierklängen, also Septakkorden, herstellen. Die *dritte Umkehrung* liegt vor, wenn der tiefste Ton eines Akkords dessen Septime ist. Als Beispiel sehen wir in Abbildung 10.52 einen C^{maj7}-Septakkord in enger und weiter Lage. Der tiefste Ton ist das H.

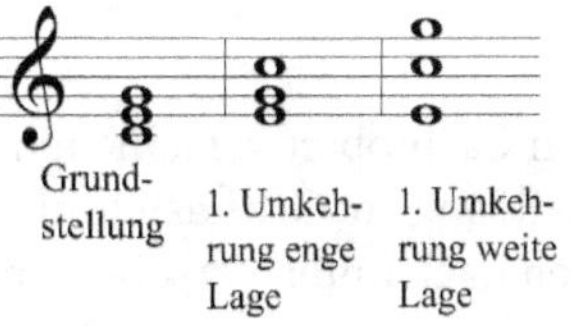

Abbildung 10.50: C-Dur-Dreiklang in der ersten Umkehrung, sowohl in enger als auch weiter Lage

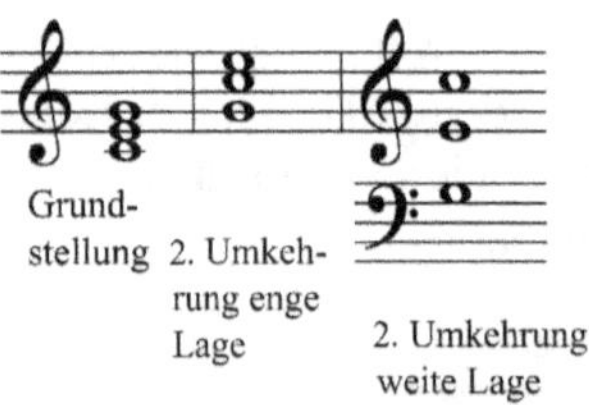

Abbildung 10.51: C-Dur-Dreiklang in der zweiten Umkehrung, sowohl in enger als auch weiter Lage

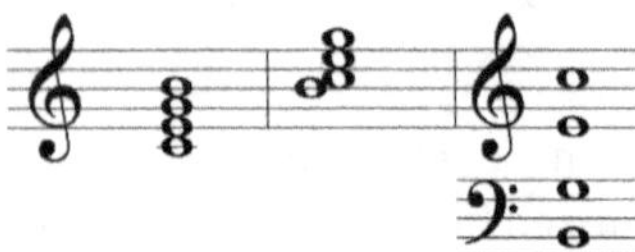

Abbildung 10.52: Ein C^{maj7}-Akkord in der dritten Umkehrung, sowohl in enger als auch weiter Lage

Woran erkennt man nun eine Akkordumkehrung? Ganz einfach: Die Noten sind nicht nur in Terzen übereinandergeschichtet, sondern es finden sich zwischen ihnen auch Quarten (bei Dreiklangsumkehrungen in enger Lage), Sekunden (bei Septakkordumkehrungen in enger Lage) oder gar Quinten und Sexten (bei Umkehrungen in weiter Lage). Um herauszufinden, um welchen Akkord es sich handelt, müssen Sie ihn wieder in Terzen umschichten – und das geht nur auf eine einzige Art, sodass Sie nicht »raten« müssen, welche Reihenfolge die Noten haben müssen. Sie brauchen dazu nur etwas Geduld.

In Abbildung 10.53 zum Beispiel sehen Sie drei verschiedene Akkordumkehrungen:

Abbildung 10.53: Drei Akkordumkehrungen

Wenn Sie nun versuchen, die Töne oktavenweise auf- oder abwärts zu verschieben, sodass wieder »Notenstapel« aus lauter Terzen entstehen, erhalten Sie (von links nach rechts) einen Fis-Dur-Dreiklang, einen verminderten Septakkord über G sowie einen D-Dur-Dreiklang (Abbildung 10.54).

Das heißt: Wenn Sie im linken Beispiel das Cis um zwei Oktaven nach oben verschieben, landet es auf der zweiten oberen Hilfslinie; es entsteht ein Dreiklang in Grundstellung. Stattdessen können Sie auch die Töne Fis und Ais um zwei Oktaven nach unten verschieben und erhalten dann den gleichen Dreiklang in Grundstellung, nur in einem tieferen Register.

So gelangen wir wieder zu unserem »Notenstapel« in Terzenschichtung und können am Grundton, der nun als tiefster Ton des Akkords zu sehen ist (Fis), die Tonart des Akkords ablesen.

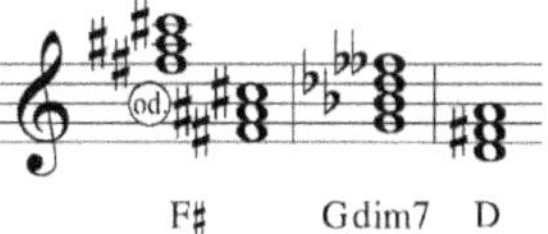

Abbildung 10.54: Wie aus einer Akkordumkehrung wieder eine Reihe von aufeinanderfolgenden Terzen wird

Gleichzeitig wissen Sie auch, um welche Umkehrung es sich handelte: Im ersten Beispiel (Fis-Dur-Dreiklang) war es die zweite Umkehrung, da der tiefste Ton des Akkords die Quinte (Cis) war. Auch im zweiten Beispiel (verminderter Septakkord) hatten wir es mit der zweiten Umkehrung zu tun, denn als tiefster Ton fand sich wiederum die Quinte (in diesem Fall eine verminderte Quinte über dem Grundton: Des). Im Beispiels rechts jedoch handelte es sich um einen D-Dur-Dreiklang in erster Umkehrung, denn diesmal war es die Terz (Fis), die als tiefster Ton erklang.

Doppelt Spaß haben!

Wir haben nun eine Menge über den Aufbau von Akkorden erfahren und auch einige Besonderheiten kennengelernt, aber es gibt noch weitere Raffinessen: Man kann auch Akkorde mit *Verdopplung* eines Tones konstruieren. Das heißt einfach nur, dass einer der Töne des Akkords (Grundton, Terz, Quinte oder sogar Septime) mehrfach in Erscheinung tritt. Ein C-Dur-Dreiklang bleibt auch dann ein C-Dur-Dreiklang, wenn das C darin zweimal vorkommt – Hauptsache, es sind auch ein E und ein G vorhanden. Aber auch dann, wenn es die Töne E oder G sind, die mehrfach vorkommen, bleibt es ein C-Dur-Akkord. Am häufigsten jedoch ist es der Grundton, der verdoppelt wird.

IN DIESEM KAPITEL

Lernen Sie alles über Akkordfortschreitungen in Dur- und Molltonleitern

Werden Sie ein Gespür für Akkordfolgen und deren Notation entwickeln

Erfahren Sie, wie man mit Septakkorden sein Spiel verbessert

Erklären wir Ihnen, was Fakebooks und Tabulaturen sind

Machen wir Sie kurz mit dem Begriff Modulation vertraut

Lernen Sie, wie aus Akkordfolgen Kadenzen werden

Kapitel 11
Akkordfolgen und Kadenzen

Sie haben es längst kapiert: Musik entsteht nicht, indem man willkürlich Töne hintereinandersetzt, ebenso wenig wie ein Roman entsteht, indem man Steine aus einem Scrabble-Beutel fischt und wahllos nebeneinanderlegt. Es gibt feste Regeln, nach denen ein Song oder ein Stück aufgebaut sein muss. Einige davon kennen Sie schon, und in diesem Kapitel lernen Sie ein paar weitere kennen.

Wenn Sie die Musik der westlichen Welt untersuchen, dann wird Ihnen auffallen, dass bestimmte Abfolgen von Akkorden häufig wiederkehren. Natürlich kann theoretisch auf jeden Akkord jeder beliebige andere folgen, trotzdem kommen gewisse Akkordfolgen weitaus öfter vor als andere. Es handelt sich bei diesen Akkordfolgen offensichtlich um intuitiv gewählte Klangmuster, die den Ohren sowohl des Zuhörers als auch des Komponisten angenehm sind und unabhängig von der jeweiligen Musikrichtung existieren.

Musiktheoretiker haben sich mit diesen Mustern beschäftigt und daraus eine Reihe von Regeln abgeleitet, nach denen Akkordfolgen aufgebaut werden. Wenn man selbst Songs komponieren will, sind diese Regeln, über die wir in diesem Kapitel ausführlich sprechen werden, äußerst hilfreich.

Zur Wiederholung und Vertiefung: Tonleitern und Akkorde in Dur und Moll

Die Tonartvorzeichnung verrät uns, welche Töne wir in einem Stück verwenden dürfen. Wenn wir zum Beispiel einen Song in C-Dur haben, so wissen wir, dass darin folgende Noten vorkommen können: C, D, E, F, G, A und H (möglich sind auch gelegentliche Erhöhungs- oder Erniedrigungszeichen). Ist die Tonart des Stückes hingegen A-Dur, dann sind die Noten, denen wir begegnen werden: A, H, Cis, D, E, Fis und Gis (auch hier gelegentlich mit weiteren Versetzungszeichen). Und auch die meisten Akkorde in einem Stück dieser Tonart bestehen aus einer Kombination von drei oder mehr Noten dieser Tonleiter.

Akkorde, die ausschließlicheine Auswahl der sieben Noten einer Dur- oder Molltonleiter verwenden, nennt man *diatonische Akkorde*. Akkorde, die auch Töne enthalten, die nicht zu der jeweiligen Tonleiter zählen, nennt man alterierte Akkorde.

Bei den Molltonarten ist es etwas kniffliger, weil es drei verschiedene Molltonleitern gibt: Die natürliche, die melodische und die harmonische, und sie enthalten zusammen nicht nur sieben, sondern neun Töne (falls Sie nicht mehr wissen, wie melodische und harmonische Molltonleitern aussehen, schlagen Sie in Kapitel 7 nach).

Wenn Musikschüler die Molltonleitern durchnehmen, werden sie ihnen natürlich einzeln vorgestellt – so entsteht oft der falsche Eindruck, man müsse beim Komponieren eines Songs an ein und derselben Skalenvariante festhalten. Das stimmt aber nicht (auch wenn sich darüber alle ärgern werden, die sich immer gern an einfache, aber feste Regeln halten).

Merken Sie es sich am besten so: Das entscheidende Merkmal einer Molltonleiter ist die kleine Terz, also die dritte Stufe über dem Grundton. Im weiteren Verlauf kann die Tonleiter auf der sechsten oder siebten Stufe variieren.

Wann die sechste oder siebte Stufe erhöht wird, hängt von dem Stück ab, das man spielt. Man entscheidet sich einfach für die Variante, die besser »passt«. Es gibt viele Stücke, in denen beide Varianten der Molltonleiter vorkommen. Dass die Molltonleiter aus potenziell neun verschiedenen Tönen besteht, sehen wir auch in Abbildung 11.1:

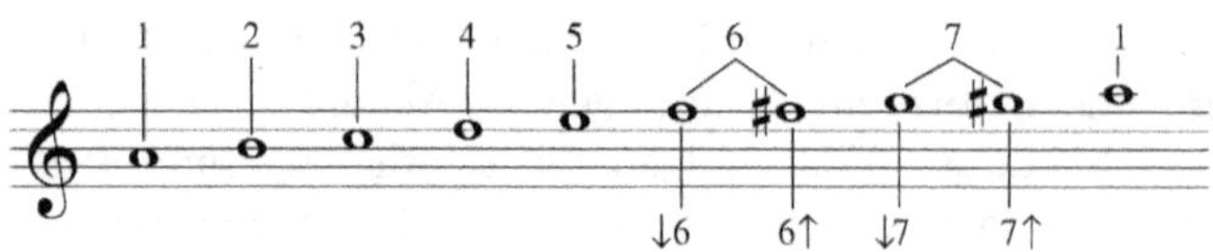

Abbildung 11.1: Die a-Moll-Tonleiter inklusive der alterierten Stufen aus der harmonischen und melodischen Mollskala

Beachten Sie die kleinen Pfeile unterhalb des Notensystems. Sie zeigen Ihnen, wo die sechste oder siebte Tonleiterstufe entweder erhöht werden (Pfeil nach oben) oder unverändert bleiben (Pfeil nach unten).

Wie man Akkordfolgen aufspürt und dem Kind einen Namen gibt

Wenn bestimmte Verbindungen von Drei- und Vierklängen immer wieder auftauchen, spricht man von einer *Akkordfolge.* Die meisten Musikstücke in der westlichen Welt beinhalten solche Akkordfolgen (mehr über Dreiklänge in Kapitel 10).

Wenn man die Harmonik eines Musikstücks, also die Akkorde und Akkordfolgen, die es enthält, analysiert, werden die auf den sieben Tonleiterstufen aufgebauten Akkorde mit römischen Ziffern benannt. Dabei stehen große römische Ziffern (I, II, III, IV …) für Durakkorde, und kleine römische Buchstaben (i, ii, iii, iv …) für Mollakkorde. Dann gibt es noch zwei Zeichen, die uns verraten, ob ein Dreiklang vermindert (°) oder übermäßig (+) ist (siehe Tabelle 11.1).

Akkordtypus	Römische Ziffer	Beispiel
Dur	Großbuchstabe	V
Moll	Kleinbuchstabe	ii
vermindert	Kleinbuchstabe mit °	vii°
übermäßig	Großbuchstabe mit +	III+

Tabelle 11.1: Die gängigsten Akkordtypen und ihre Bezeichnung mit römischen Ziffern

Benennung und Bezifferung der Akkorde

Dass jeder Akkord nach seinem Grundton benannt wird, wissen wir ja. Außerdem können Akkorde jedoch durch die Nennung ihrer *Stufe* oder *Funktion*, die sie in der Tonleiter einnehmen, bezeichnet werden. Anders ausgedrückt: Der Name eines Akkordes (C-Dur, a-Moll …) verrät uns seinen Grundton, während seine Stufe oder Funktion uns sagt, welche Rolle dieser Akkord in der gerade geltenden Tonleiter spielt.

Nehmen wir als Beispiel die C-Dur-Tonleiter.

Wenn Sie Dreiklänge aufbauen, die der C-Dur-Tonleiter entstammen, wird jedem Dreiklang oder Septakkord, der über einem Grundton errichtet wird, die entsprechende römische Ziffer zugewiesen (Abbildung 11.2).

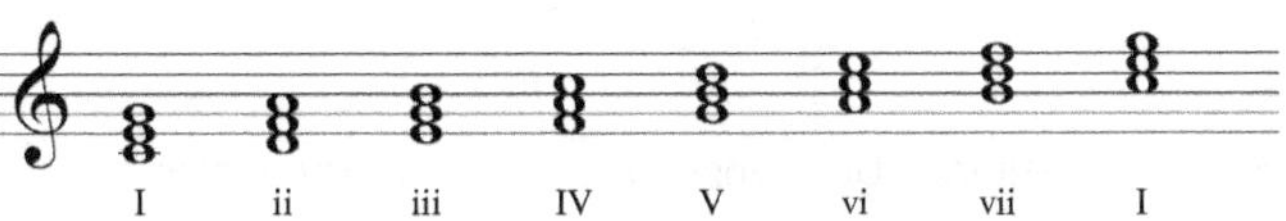

Abbildung 11.2: Die Dreiklänge auf den Stufen der C-Dur-Tonleiter

Stufen und Funktionen in Durtonarten

Hier nun eine Übersicht über die Akkordfortschreitungen (also die Akkorde, die sich aufeinander beziehen) für die C-Dur-Tonleiter:

Stufe und Funktion	Grundton
I Tonika	C
ii Subdominantparallele	D
iii Mediante oder Dominantparallele	E
IV Subdominante	F
V Dominante	G
vi Tonikaparallele	A
vii°	H
(I) Tonika	C

Da es sich beim Dreiklang der siebten Stufe um einen verminderten Dreiklang handelt, steht hinter seiner römischen Ziffer das Symbol °.

In Abbildung 11.3 treffen wir unterhalb der Notenlinien wieder auf die Stufenziffern, über den jeweiligen Dreiklängen jedoch stehen die Akkordsymbole, die wir als Gitarristen oder Pianisten in der Regel verwenden, beziehungsweise deren Abkürzungen. Ein einzelner Großbuchstabe (wie zum Beispiel C) steht immer für einen Durdreiklang; steht jedoch ein kleines m dahinter (wie zum Beispiel bei Em), so handelt es sich um einen Molldreiklang.

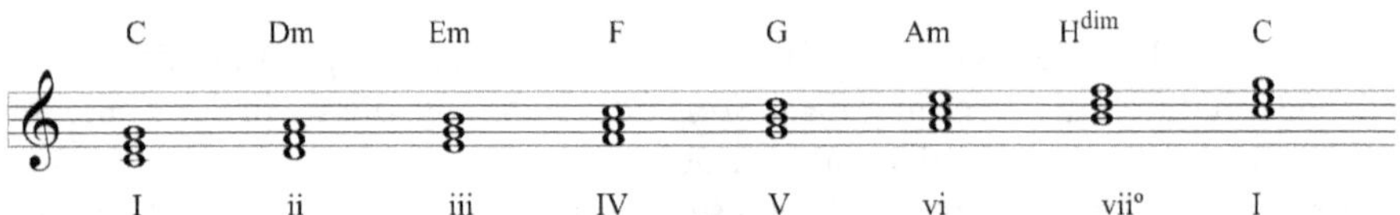

Abbildung 11.3: Die in der Tonart C-Dur enthaltenen Dreiklänge mit ihren Akkordsymbolen

In Abbildung 11.4 sehen wir die gleiche Übersicht für die Tonart Es-Dur. Auch hier wird jeder der Tonleitertöne zum Grundton des nach ihm benannten Akkords:

E♭ Fm Gm A♭ B Cm Ddim E♭
I ii iii IV V vi vii° I

Abbildung 11.4: Die in der Tonart Es-Dur enthaltenen Dreiklänge mit ihren Akkordsymbolen

Beachten Sie, dass die Anordnung der Dur- und Mollakkorde der sieben Stufen in C-Dur und Es-Dur exakt die gleiche ist – und das gilt nicht nur für diese beiden, sondern für *alle* Dur-Tonarten. Wenn Sie also bei einem Stück in Dur von einem Akkord der zweiten Stufe sprechen (ii), wird jeder Musiker sofort wissen, dass es ein Mollakkord ist.

In Tabelle 11.2 finden wir die gängigsten Akkordfortschreitungen für Durakkorde. Jeder der Dreiklänge ist dort, wo er aufgeführt ist, auch als Septakkord (also mit einer zusätzlichen Septime über dem Grundton) zulässig. (Mehr über Septakkorde können Sie in dem später folgenden Abschnitt »Wie aus einem Dreiklang ein Septakkord wird« nachlesen.)

Akkorde auf den Stufen einer Durtonleiter können auch Mollakkorde sein.

Stufe in der Durtonleiter	... führt hin zu den Akkorden auf den Stufen ...
I	Kann überall auftauchen und überall hinführen
ii	I, V oder vii°
iii	I, IV oder vi
IV	I, ii, V oder vii°
V	I oder vi
vi	I, ii, iii, IV oder V
vii°	I

Tabelle 11.2: Die gängigsten Akkordfolgen in Dur

Stufen und Funktionen bei Molltonarten

Bei Molltonarten ist der Aufbau von Dreiklängen leider komplizierter als bei den Durtonarten. Die sechste und siebte Stufe der Tonleiter sind hier variabel – je nachdem, ob man auf die natürliche, harmonische oder melodische Molltonleiter zurückgreift. Deshalb gibt es in Molltonleitern mehr Möglichkeiten, Akkorde über der sechsten und siebten Stufe zu errichten, als in Durtonleitern (und auch andere Akkorde, welche die sechste oder siebte Tonleiterstufe enthalten, sind variabel). Nehmen wir zum Beispiel die Tonart c-Moll. Die Akkorde, die innerhalb dieser Tonart möglich sind, sehen Sie in Abbildung 11.5.

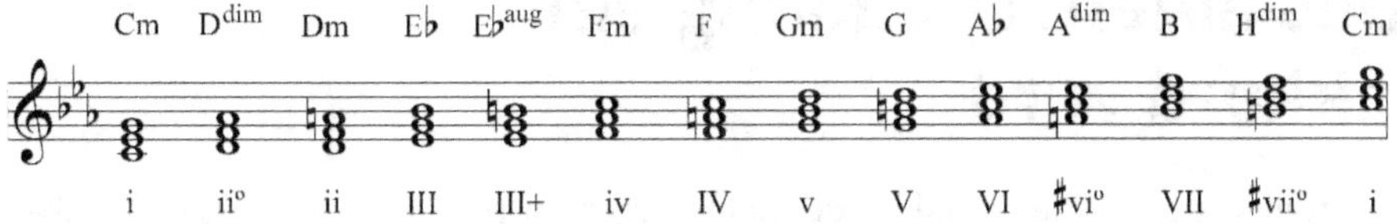

Abbildung 11.5: Sämtliche Dreiklänge, die innerhalb der Tonart c-Moll möglich sind

Obwohl jeder dieser 14 Akkorde möglich ist, gibt es acht gängige Akkorde, die von Musikern und Komponisten bevorzugt verwendet werden. Diese sehen Sie in Abbildung 11.6.

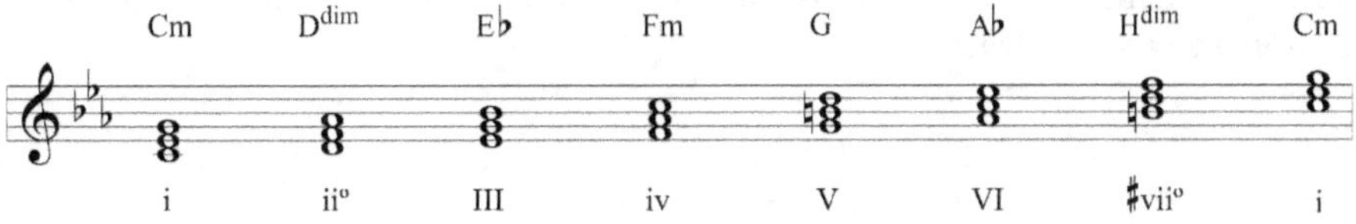

Abbildung 11.6: Die am häufigsten vorkommenden Dreiklänge in c-Moll

Beachten Sie, dass in Abbildung 11.6 die Dreiklänge über der zweiten und siebten Stufe vermindert sind, was sich dem Gebrauch der harmonischen und melodischen Tonleiter verdankt. Aus dem gleichen Grund finden Sie auf der fünften Stufe einen Durdreiklang – die Dominante steht stets in Dur.

Vielleicht ist es hilfreich zu wissen, dass – wenn die siebte Stufe erhöht ist – die Akkorde der fünften (V) und siebten (vii°) Stufe der Dur- und Molltonleitern mit dem gleichen Grundton (etwa C-Dur und c-Moll) identisch sind.

In Tabelle 11.3 finden Sie die gängigsten Akkordfolgen für Mollakkorde. Sämtliche Dreiklänge können natürlich wiederum durch die Septime über ihrem Grundton ergänzt und somit zum Septakkord werden; an ihrer Zuordnung ändert das nichts. Die in Klammern stehenden Akkorde sind diejenigen, die seltener vorkommen; trotzdem sind es Akkorde, die in dieser Fortschreitung »funktionieren« würden.

Akkorde auf den Stufen einer Molltonleiter können auch Durakkorde sein.

Stufe in der Molltonleiter	… führt hin zu den Akkorden auf den Stufen …
i	Kann überall auftauchen und überall hinführen
ii° (ii)	i, V (v) oder vii° (VII)
III (III+)	i, iv (IV), VI (♯vi°) oder vii° (VI)
iv (IV)	i, V (v) oder vii° (VII)
V (v)	I oder VI (♯vi°)
VI (♯vi°)	i, III (III+), iv (IV), V (v) oder vii° (VII)
vii° (VII)	i

Tabelle 11.3: Die gängigsten Akkordfolgen in Moll

Wie aus einem Dreiklang ein Septakkord wird

Natürlich dürfen wir auch die Septakkorde nicht vergessen (falls Sie Ihr Wissen darüber auffrischen wollen, lesen Sie einfach noch einmal Kapitel 10). Wenn Sie einem herkömmlichen Dreiklang die Septime über seinem Grundton hinzufügen, kommt es zu einer Kombination der Akkordsymbole des Dreiklangs und der Septime.

Wenn Sie es mit Akkordfortschreitungen zu tun haben, in denen Septakkorde enthalten sind, werden Sie auf Symbole wie das in Abbildung 11.7 stoßen. Dieses Symbol steht für einen *halbverminderten Septakkord.*

Abbildung 11.7: Dieses Symbol verrät Ihnen, dass Sie es mit einem halbverminderten Septakkord zu tun haben.

In Tabelle 11.4 finden Sie die römischen Ziffern, die von Komponisten verwendet werden, um Septakkorde zu kennzeichnen.

Typ des Septakkords	Römische Ziffer	Beispiel
großer Septakkord	Großbuchstabe + maj7	I^{maj7}
Dominantseptakkord	Großbuchstabe + 7	V^7
Mollseptakkord	Kleinbuchstabe + 7	iii^7
halbverminderter Septakkord	Kleinbuchstabe + ø7	$iiø^7$
verminderter Septakkord	Kleinbuchstabe + °	vii°

Tabelle 11.4: Bezeichnungen und Symbole der Septakkorde

Beachten Sie, dass maj7 bei den Akkorden der Stufe I und IV vor allem in der Popmusik gebräuchlich ist. Klassische Musiker bevorzugen hier in der Regel einen Dreiklang ohne Septime. In Abbildung 11.8 finden Sie die Septakkorde auf den Stufen der Tonart C-Dur:

C^{maj7} Dm^7 Em^7 F^{maj7} G^7 Am^7 $Hm^{7(\flat 5)}$ C^{maj7}

I^{maj7} ii^7 iii^7 IV^{maj7} V^7 vi^7 $vii^{ø7}$ I^{maj7}

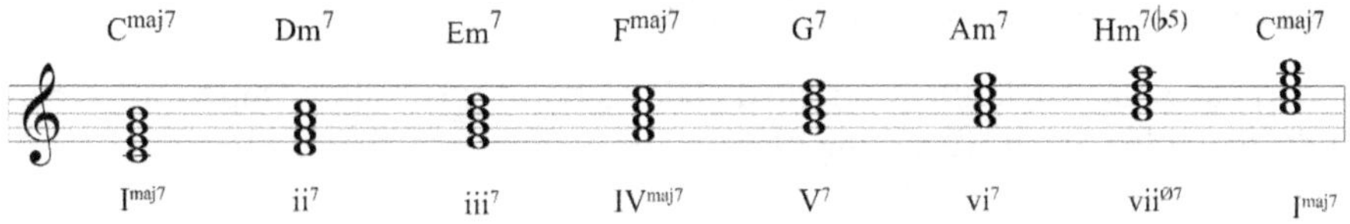

Abbildung 11.8: Die Septakkorde auf den Stufen der Tonart C-Dur

Kombiniert man die natürliche, die harmonische und die melodische Molltonleiter, so kommt man bei jeder Molltonart auf 14 Septakkorde. In Abbildung 11.9 zeigen wir Ihnen die gängigsten davon:

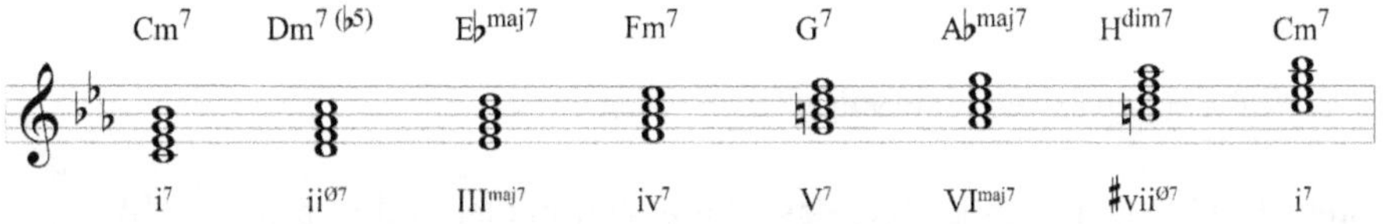

Cm^7 $Dm^{7(\flat 5)}$ $E\flat^{maj7}$ Fm^7 G^7 $A\flat^{maj7}$ H^{dim7} Cm^7

i^7 $ii^{ø7}$ III^{maj7} iv^7 V^7 VI^{maj7} $\sharp vii^{ø7}$ i^7

Abbildung 11.9: Die Septakkorde auf den Stufen der Tonart c-Moll

In Tabelle 11.5 finden Sie alle Symbole für Dur- und Molldreiklänge sowie Septakkorde auf einen Blick.

Durdreiklänge	Molldreiklänge	Seltenere Akkorde auf der Basis von Molltonleitern	Septakkorde auf der Basis von Durtonleitern	Septakkorde auf der Basis von Molltonleitern
I	i		I^{maj7}	i^7
ii	ii°	ii	ii^7	$ii^{ø7}$
iii	III	III^+	iii^7	III^{maj7}
IV	iv	IV	IV^{maj7}	iv^7
V	V	V	V^7	V^7
vi	VI	♯vi°	vi^7	VI^{maj7}
vii°	♯vii°	VII	$vii^{ø7}$	♯vii^{o7}

Tabelle 11.5: Dur- und Molldreiklänge und Septakkorde samt ihren Stufen

Akkordfolgen – praktisch angewandt!

In diesem Abschnitt zeigen wir Ihnen ein paar Musikbeispiele, anhand derer Sie gängige Akkordfortschreitungen praktisch anwenden können. (Wenn Sie diese Regeln erst noch mal durchgehen wollen, lesen Sie den Abschnitt »Wie man Akkordfolgen aufspürt und dem Kind einen Namen gibt«.) Und beachten Sie: Wenn wir von *Akkorden* sprechen, meinen wir damit nicht nur die Töne eines Dreiklangs (bzw. eventuell eines Septakkords), sondern auch die Stufe dieses Akkords in der jeweiligen Tonleiter.

Sehen wir uns einmal das englische Kinderlied »London Bridge is Falling Down« an. Einen Ausschnitt davon finden Sie in Abbildung 11.10:

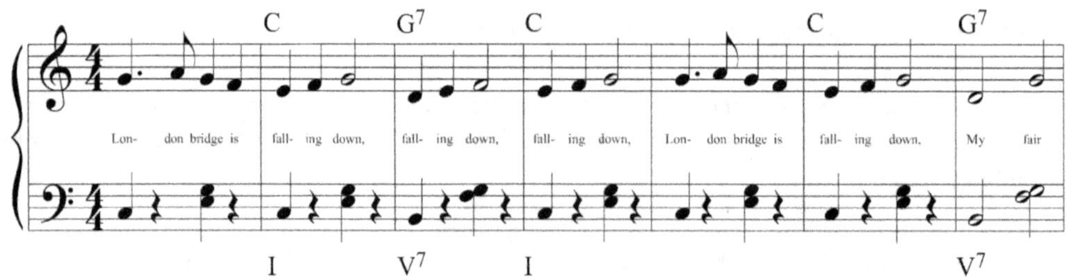

Abbildung 11.10: Die ersten sieben Takte von »London Bridge«

Das Lied steht in C-Dur. Beachten Sie, dass die ersten beiden Takte fast nur Töne des C-Dur-Akkords (C, E und G) verwenden. Das Lied beginnt also mit der ersten Stufe (I). Im dritten Takt steht ein G^7-Akkord (G, H, D und F), also die fünfte Stufe (V). Im vierten Takt kehren wir dann zurück zum C-Dur-Akkord (I), während im siebten Takt der G^7-Akkord (V) wieder aufgegriffen wird.

Gemäß der gängigen Akkordfortschreitung aus Tabelle 11.2 müsste der nächste Akkord im achten Takt der ersten oder sechsten Stufe (I oder vi) entsprechen. Abbildung 11.11 verrät uns, was als Nächstes passiert:

Abbildung 11.11: Wie Sie sehen können, kehrt der Song zu Akkord I zurück.

In Abbildung 11.12 sehen wir ein sogenanntes Leadsheet für den altbekannten englischen Folksong »Scarborough Fair« (was ein Leadsheet ist, wird im nächsten Abschnitt erklärt). Die hier verwendeten Akkorde der Molltonleiter sind nicht ganz so gebräuchlich: Es sind die Akkorde mit den Stufenbezeichnungen III, IV und VII. Dennoch hält sich der Song streng an die erwähnten Akkordfolgen: Die erste Stufe (i) führt zur siebten Stufe (VII), die III führt zur IV, und eine weitere III führt zur VII. Der Akkord der ersten Stufe kann überall in einem Musikstück auftauchen – was auch in diesem Song der Fall ist.

Abbildung 11.12: Leadsheet für den Song »Scarborough Fair«

Wie immer in der Musik (und auch in jeder anderen Kunstform) liegt es natürlich an Ihnen, inwieweit Sie sich an die Regeln halten oder etwas ganz Eigenes ausprobieren wollen. Trotzdem: Die Tabellen 11.2 und 11.3 sind Wegweiser, mit deren Hilfe Sie ein Gespür dafür entwickeln können, welche Akkorde zueinander passen und welche nicht. Hören Sie sich spaßeshalber mal die folgenden Akkordfortschreitungen an (oder versuchen Sie, sie zu spielen). Sie werden merken, dass es mit ein wenig Übung und Einfühlungsvermögen nicht lange dauern wird, bis es Ihnen gelingt, einen eigenen Song zu komponieren.

Spielen Sie Track 82, um die Akkordfolge I-V-I in G-Dur zu hören: es erklingen die Akkorde G-D-G (zu lesen als Akkordsymbole, also: G-Dur, D-Dur, G-Dur).

Spielen Sie Track 83, um die Akkordfolge I-ii-V-I-iii-V-vii°-I in C-Dur zu hören: C-Dm-G-C-Em-G-H^{dim}-C.

Spielen Sie Track 84, um die Akkordfolge i-iv-V-VI-iv-vii°-i in f-Moll zu hören: Fm-Bm-C-Des-Bm-E^{dim}-Fm).

Spielen Sie Track 85, um die Akkordfolge i-III-VI-III-VII-i-v^7-i in a-Moll zu hören: Am-C-F-C-G-Am-Em^7-Am.

Der lockere Umgang mit Akkorden: Fakebooks und Tabulaturen

Falls Sie jemals ein *Fakebook* in der Hand hatten (es gibt Tausende und Abertausende davon), dann sind Ihnen auch sogenannte Leadsheets begegnet. *Leadsheets* enthalten ein Mindestmaß an Informationen für den Musiker, um einen Song gut und richtig spielen zu können. Ein Leadsheet enthält lediglich die Melodie und die dazugehörigen Akkordsymbole – die genaue Ausgestaltung der Begleitung ist nicht festgelegt, wodurch dem Musiker Freiheiten (zum Beispiel zum Improvisieren) gewährt werden. In Abbildung 11.13 sehen Sie ein kleines Beispiel dafür.

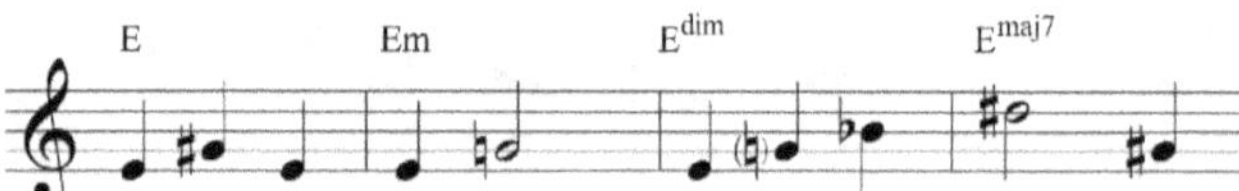

Abbildung 11.13: Beispiel für ein Leadsheet

Fakebooks eignen sich hervorragend dazu, das Notenlesen und das Spielen nach Akkordsymbolen zu üben. Manche Fakebooks enthalten anstelle der Akkordsymbole sogar nur *Tabulaturen (Tabs)*. Auch Sie haben in diesem Buch schon einige Tabs gesehen – und zwar immer dort, wo der Fingersatz für einen bestimmten Gitarrengriff schematisch dargestellt wurde. In Abbildung 11.14 zum Beispiel sehen Sie einen Gitarren-Tab für den E-Dur-Akkord:

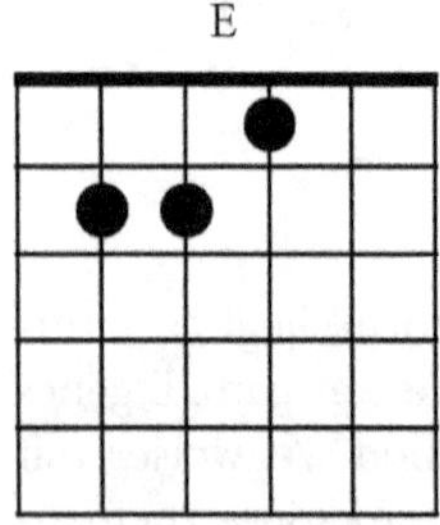

Abbildung 11.14: Tabulatur (Tab) für den E-Dur-Akkord auf der Gitarre

Sie verstehen das System? Die sechs senkrechten Linien stehen für die sechs Saiten der Gitarre (ganz links ist die tiefe, ganz rechts die hohe E-Saite). Die waagerechten Linien stehen für die Bundstäbchen. Bei E-Dur müssen Sie also im ersten Bund die G-Saite, im zweiten Bund die A- und D-Saite greifen. In Leadsheets finden Sie häufig nicht nur diese Tabulaturen, sondern auch den Namen des dazugehörigen Akkordes. Das erleichtert das Spielen von Begleitungen ungemein, da man sofort sehen kann, welche Akkorde als Nächste an die Reihe kommen.

Der Weg in eine andere Tonart (Modulation)

Manchmal kommt es vor, dass ein Musikstück vorübergehend oder permanent in eine andere Tonart wechselt. Das nennt man *Modulation.* Zu Modulationen kommt es sehr häufig in der klassischen Musik: Lange Sätze in einer Symphonie oder einem Konzert wechseln fast immer für eine gewisse Zeitspanne die Tonart – wobei es sich meist um eine verwandte Tonart handelt, wie die entsprechende Dur- oder Mollparallele. Das bedeutet nicht unbedingt, dass die Tonartvorzeichnung wechseln muss, aber die den Akkorden zugeordneten Funktionen und römischen Ziffern ändern sich grundlegend und führen zu völlig anderen Akkordverbindungen, als wenn die Tonart gleich bleibt.

Wenn Sie in einem Musikstück plötzlich auf Akkordfolgen stoßen, mit denen Sie in dieser Tonart nicht gerechnet hätten, liegt mit großer Wahrscheinlichkeit eine Modulation vor. Sie können diese auch daran erkennen, dass plötzlich Versetzungszeichen gehäuft auftauchen oder mitten im Stück eine neue Tonartvorzeichnung notiert wird.

Eine beliebte Möglichkeit, in der modernen Popmusik zu modulieren, besteht darin, den Grundton einfach um einen Ganzton- oder Halbtonschritt zu erhöhen – also zum Beispiel von F zu G (man spricht hier von einer »Rückung« oder einer »Truck Driver Modulation«, also Lkw-Fahrer-Modulation, weil es sich so anhört, als hätte man einen Gang höher geschaltet).

Von der Akkordfolge zur musikalischen Kadenz

Eine *Kadenz* markiert eine Stelle in einem Musikstück, an der man das Gefühl hat, dass die Musik für einen Moment zur Ruhe kommt – ein Teil des Stücks geht zu Ende. Es kann sich um einen spürbaren und deutlichen Schlusspunkt handeln, wie zum Beispiel am Ende eines Stücks oder wenigstens eines bestimmten Satzes oder Teils; es kann aber auch ein Einschnitt oder eine Pause sein, die das Ende einer musikalischen Sinneinheit markiert.

Natürlich kann ein Musikstück auch plötzlich und unvermutet enden – wenn dieser Schlusspunkt für den Hörer jedoch keinen »Sinn ergibt«, wird er unbefriedigt bleiben. Wenn man einen Song auf einem unerwarteten Ton oder zu einem unerwarteten Zeitpunkt beendet, ist das in etwa so, als würde man ein Gespräch mitten im Satz abbrechen, und die meisten Hörer fühlen sich gar nicht wohl dabei, wenn ein Lied nicht auf angemessene Weise zu Ende gebracht wird.

Auf angemessene Weise enden – was bedeutet das? Nun, es gibt in der Musik bestimmte Hinweise darauf, dass ein Stück sich seinem Ende nähert – und zwar durch ganz bestimmte Akkordfolgen, die sogenannten *Kadenzen*. Der Hörer ist dann darauf vorbereitet und findet den eintretenden Schluss nachvollziehbar.

Natürlich sind Sie in keiner Weise dazu *verpflichtet*, sich beim Komponieren eines Musikstücks an bestimmte Regeln zu halten; es kann Ihnen auch herzlich egal sein, wie wohl sich Ihr Publikum beim Anhören Ihrer Musik fühlt. Dann müssen Sie aber auch damit leben, dass Sie nach einer Aufführung eventuell von einer wütenden, aufgebrachten Menge nach Hause gejagt werden. Wir haben Sie auf jeden Fall gewarnt!

Kadenzen, auch Schlusswendungen genannt, lassen sich näher beschreiben, indem man beobachtet, welche Akkorde einen Schluss oder einen Einschnitt in der Musik vorbereiten. Fast alle Musik endet auf der ersten Stufe der Tonleiter, in der sie komponiert ist. Vor der ersten Stufe steht meist eine fünfte (V) oder auch eine vierte Stufe (IV), so dass due gängigsten Kadenzen die Akkordfolgen V-I oder IV-I verwenden. Ein Song kann aus zwei oder aus hundert Akkorden bestehen, er kann ein paar Sekunden lang sein oder eine Dreiviertelstunde lang dauern – das harmonische Ziel bleibt stets das gleiche: Ein Akkord der IV oder V, auf den schließlich die I folgt.

Es ist eine ununterbrochene Folge von Spannung und Auflösung dieser Spannung, die sich durch die Musik zieht, wobei der Akkord der ersten Stufe einen Ruhepunkt darstellt (man spricht auch von einer Auflösung) und die davor und dazwischen liegenden Akkorde Spannungselemente darstellen.

Ein großer Teil der westlichen Musikgeschichte ist geprägt von den Akkordfolgen I-V-I oder I-IV-I. Von der Barockmusik bis hin zum Rock 'n' Roll, diese einfache Formel hat sich nie geändert. Das Erstaunliche ist: Sie kommt in so gut wie allen Songs und Musikstücken vor, und trotzdem klingen alle total unterschiedlich. Das liegt daran, dass die Akkorde sich in jeder Tonart sich auf unglaublich vielfältige Weise anordnen und variieren lassen.

In der westlichen Kunstmusik trifft man hauptsächlich auf vier verschiedene Arten von Kadenzen:

- ✔ die authentische Kadenz
- ✔ die plagale Kadenz
- ✔ den Trugschluss
- ✔ den Halbschluss

Diese vier Kadenzen wollen wir uns in den folgenden Abschnitten genauer ansehen.

Authentische Kadenz

Authentische Kadenzen sind die stärksten Kadenzen, denn bei ihnen tritt das Grundprinzip am deutlichsten hervor. Eine authentische Kadenz besteht aus (oder endet mit) einem Akkord der fünften Stufe (V) und einem der ersten Stufe (I/i). Danach ist das Stück entweder zu Ende, oder die erste Stufe ist Ausgangspunkt für die folgende Passage.

Hören Sie sich Track 86 an. Sie hören dort ein Beispiel für eine authentische Kadenz.

Bei den authentischen Kadenzen unterscheidet man zwei Arten:

- ✔ den vollkommenen Ganzschluss
- ✔ den unvollkommenen Ganzschluss

Worin besteht der Unterschied?

Der vollkommene Ganzschluss

Bei einem *vollkommenen Ganzschluss* befinden sich die beiden Akkorde, aus denen die Kadenz besteht, in der Grundstellung – das heißt, der tiefste Ton des Akkords ist auch gleichzeitig der Grundton (Näheres dazu in Kapitel 13).

Die stärkste Form dieser Kadenz liegt dann vor, wenn im zweiten Akkord (also der ersten Stufe der Tonart) sowohl der tiefste *als auch* der höchste Ton dem Grundton entspricht. Das verleiht dem Stück einen sehr wirkungsvollen Abschluss.

Sehen Sie sich Abbildung 11.15 an: Der oberste Ton des Zielakkords ist der gleiche wie der unterste – somit wird der Grundton sowohl zum höchsten als auch zum tiefsten Ton des Akkordes:

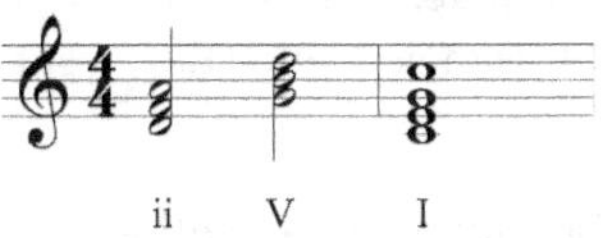

Abbildung 11.15: Ein vollkommener Ganzschluss in C-Dur mit vorgeschalteter zweiter Stufe (ii)

Hören Sie sich Track 87 an. Dort lernen Sie einen vollkommenen Ganzschluss kennen.

Der unvollkommene Ganzschluss

Wenn bei einer V-I-Akkordfolge eine Akkordumkehrung vorliegt – das heißt, wenn der Grundton nicht der tiefste Ton entweder der fünften oder der ersten Stufe ist – spricht man von einem *unvollkommenen Ganzschluss.*

Den Unterschied zwischen den beiden Formen der authentischen Kadenz sehen Sie in Abbildung 10.16. Der vollkommene Ganzschluss besteht aus zwei Dreiklängen in Grundstellung, während beim unvollkommenen Ganzschluss eine Akkordumkehrung der fünften Stufe vorliegt. Beachten Sie auch, dass hier in jedem Akkord ein Ton verdoppelt wird; dies verleiht dem Beispiel mehr Klangfülle.

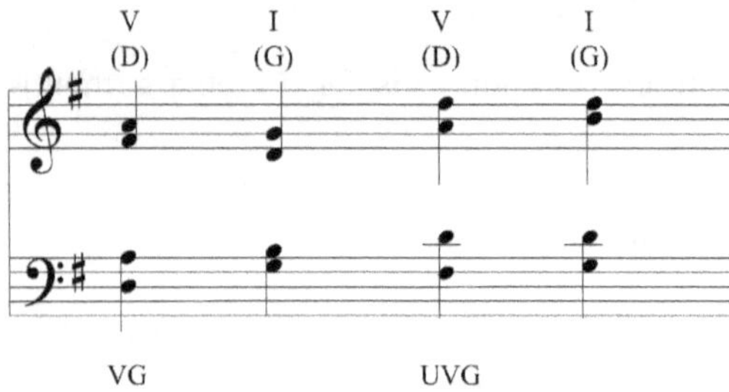

Abbildung 11.16: Der Unterschied zwischen vollkommenem (VG) und unvollkommenem Ganzschluss (UVG)

Hören Sie sich Track 88 an, um den Unterschied zwischen einem vollkommenen und einem unvollkommenen Ganzschluss auch mit dem Ohr zu erfassen.

Plagale Kadenz

Das Charakteristikum einer *plagalen Kadenz* ist der Akkord der vierten Stufe in der jeweiligen Tonart (IV/iv), wobei es zur Kadenz kommt, wenn dieser Akkord zu einer ersten Stufe (I/i) überleitet. Dabei gibt es folgende Formen von plagalen Kadenzen: IV-I, iv-i, iv-I und IV-i, also verschiedene Kombinationen von Dur- und Molldreiklängen.

Diese Struktur hat ihren Ursprung in der Kirchenmusik der Renaissance, vor allem der Vokalmusik, und wird daher oft auch als *Kirchenschluss* bezeichnet. Falls Sie ein wenig vertraut sind mit geistlicher Musik, dann haben Sie die plagale Kadenz auf jeden Fall schon einmal gehört. Diese Kadenz findet am Schluss eines geistlichen Vokalwerks meist dann statt, wenn die Sänger das Wort »A-men« intonieren.

Der Song »Amazing Grace« (die Noten dazu sehen Sie in Abbildung 11.17) enthält ein Musterbeispiel für eine plagale Kadenz: die erste Stufe wird erreicht, indem ein G-Dur-Dreiklang auf einen C-Dur-Dreiklang folgt.

In Track 89 hören Sie ein Beispiel für eine plagale Kadenz.

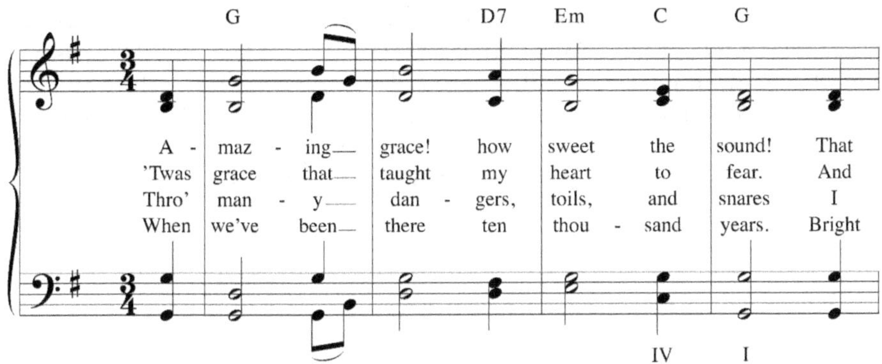

Abbildung 11.17: Plagale Kadenz in »Amazing Grace«

Plagale Kadenzen werden in der Regel innerhalb eines Stücks eingesetzt, um einen Abschnitt oder einen Teil zu beenden; am Ende eines Stücks kommen sie weniger häufig vor, da sie weniger bestimmt und weniger nachdrücklich klingen als authentische Kadenzen.

Hier zwei weitere Beispiele für plagale Kadenzen in C-Dur:

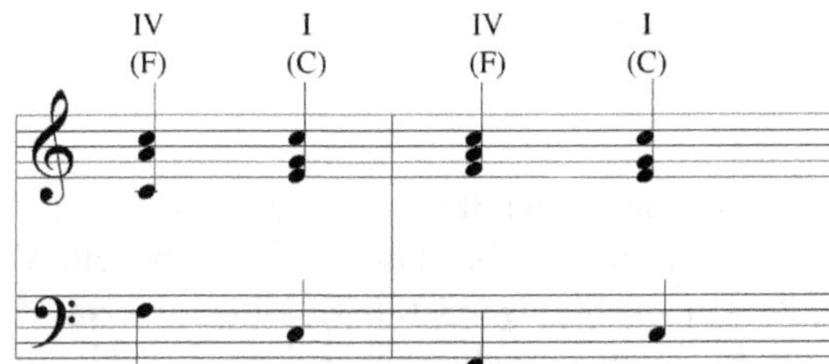

Abbildung 11.18: Zwei weitere Beispiele für plagale Kadenzen

Diese beiden Beispiele finden Sie in Track 90.

Trugschlüsse

Von einem *Trugschluss* (auch *Täuschungskadenz* genannt) spricht man, wenn auf einem Akkord der fünften Stufe (V/v), ebenso wie bei der authentischen Kadenz, ein Höchstmaß an Spannung erreicht wird, die sich dann aber nicht in der Tonika (I/i) auflöst, sondern ein anderer Akkord erklingt. Daher der Name »Trugschluss«: Man meint, es müsse der Akkord der ersten Stufe (I) folgen, doch dann kommt es ganz anders. Trugschlüsse gehören zu den schwächsten Kadenzen, da sie ein Gefühl von Unvollständigkeit erzeugen, und verlangen unbedingt eine Fortführung zu einer stabileren Kadenz.

Die verbreitetste Form des Trugschlusses besteht darin, dass auf den Akkord der fünften Stufe (V/v) unerwartet eine sechste Stufe (VI/vi) folgt und zwar in Dur ein Molldreiklang (V-vi) und in Moll ein Durdreiklang (V-VI). (siehe Abbildung 11.19). Die sechste Stufe ist der verbreitetste Zielakkord bei dieser Art von Kadenz, da sie mit dem Akkord der ersten Stufe (I) zwei Noten gemeinsam hat: Die »Irreführung« des Hörers wird vor allem durch die Bassstimme erzeugt, die unerwartet eine Sekunde aufsteigt, anstatt zur ersten Stufe zu springen.

Abbildung 11.19: Beispiel für einen Trugschluss in C-Dur (statt der Tonika erklingt die sechste Stufe a-Moll)

In Track 91 hören Sie ein Beispiel für einen Trugschluss.

Der Halbschluss

Bei einem Halbschluss endet die Kadenz gewissermaßen bereits vor der Auflösung, also mitten in der Spannungsphase, beim Akkord der fünften Stufe. Man spielt also bis zur V und hält dann inne, was zu einem Gefühl der Unvollständigkeit führt (daher der Name *Halbschluss* – man hat den Eindruck, dass die Musik weitergehen muss; kein Stück kann mit einem Halbschluss enden).

Die häufigste Form des Halbschlusses liegt vor, wenn vor der fünften Stufe eine erste Stufe in zweiter Umkehrung ertönt (wenn also die Quinte des Akkords in der tiefsten Stimme liegt; vergleiche Kapitel 10). Dann erklingen zwei Akkorde mit dem gleichen Basston, man spricht auch von einem Halbschluss mit Vorhalt. Der erste Takt in der Abbildung ist für die Wiedergabe auf dem Klavier, der zweite für die Wiedergabe durch vier Gesangsstimmen gedacht.

Abbildung 11.20: Halbschlüsse klingen irgendwie unvollendet.

In Track 92 hören Sie ein Beispiel für einen Halbschluss.

Teil III

Form, Tempo, Dynamik und noch viel mehr als Weg zum musikalischen Ausdruck

IN DIESEM TEIL ...

- Lesen und verwenden Sie dynamische Markierungen.
- Verstehen Sie Tempowechsel.
- Machen Sie sich mit dem Klang und der Akustik von Instrumenten vertraut.

IN DIESEM KAPITEL

Wiederholen wir alles zu den Themen Rhythmus, Melodie und Harmonie

Lernen wir, musikalische Phrasen und Perioden zu verstehen

Untersuchen wir die einzelnen Bestandteile eines Songs im Detail

Kapitel 12
Die Grundbausteine der Musik: Rhythmus, Melodie, Harmonie und Form

Wenn wir über die musikalische *Form* sprechen – was meinen wir dann eigentlich?

Wir meinen damit den Bauplan, dem ein Stück in einem speziellen Musikstil folgt und den man beim Komponieren beachten muss. Wenn Sie zum Beispiel eine Sonate schreiben wollen, müssen Sie sich an einen gewissen Aufbau halten, der für diese Form typisch ist. Merkmale wie die Gestaltung des Themas, die Taktart und Tonart sind dabei völlig Ihnen selbst überlassen – doch wie sich das alles zusammenfügt (Beginn, Mittelteil und Ende), das unterliegt den speziellen Gesetzen der Sonatenform.

Das Beherrschen der musikalischen Formen ist eine Voraussetzung zum Komponieren. Es bedeutet jedoch nicht, dass man nur nach einem Muster vorgehen muss. Die eigentliche Herausforderung besteht darin, eine einzigartige Komposition zu schaffen, die sich von anderen Stücken der gleichen Form unterscheidet.

Die Begriffe Form und Genre werden häufig durcheinandergebracht, doch es sind zwei verschiedene Dinge. *Genre* – dies bezeichnet einen musikalischen Stil und hat damit zu tun, wie Musik klingt, unabhängig von der Struktur – also zum Beispiel Jazz, Pop, Country oder Klassik. Die klassische Musik und auch die Popularmusikstile verfügen über eine große Zahl spezieller Formen und Strukturen, von denen Sie gleich einige kennenlernen werden.

In diesem Kapitel wollen wir genau erklären, was gemeint ist, wenn wir von »musikalischen Formen« sprechen, und uns außerdem einige der gängigsten Formtypen, denen Sie begegnen werden, einmal genauer ansehen.

Es ist der Rhythmus, bei dem ich mit muss!

Wenn wir über Formen und Genres sprechen, müssen wir zuallererst über den Rhythmus sprechen – er ist die Grundlage jeglicher Musik. Man kann ein Stück komponieren, das keine Melodielinie oder keine akkordische Begleitung aufweist – aber ein Stück ohne Rhythmus zu schreiben, ist unmöglich, es sei denn, es bestünde nur aus einer einzigen, langgezogenen Note ohne Variationen in der Tonhöhe.

Der Rhythmus zweier verschiedener musikalischer Genres ist oft ein völlig anderer – wie zum Beispiel beim Alternative Rock im Vergleich zum Punkrock. Nehmen Sie etwa einen Song von Son Volt oder Wilco und erhöhen Sie das Tempo – und schon könnte es auch ein Titel von den Ramones oder den Sex Pistols sein. Am Rhythmus ist zu erkennen, ob es sich etwa um einen Tango oder Walzer handelt – so *ausschlaggebend* ist der Rhythmus für ein Genre.

Der Rhythmus ist die Kraft, die aus Tönen überhaupt erst Musik macht, und das in mehrfacher Hinsicht. In Teil I dieses Buches haben wir festgestellt, dass jeder Song seinen ganz eigenen Pulsschlag hat – und durch diesen entsteht Rhythmus. Der Pulsschlag ist es, in dem sich Ihre Füße oder Ihr Kopf bewegen, wenn Sie einem Song lauschen. Der Rhythmus (mehr darüber in Kapitel 4) hilft Ihnen dabei, Noten in überschaubaren Gruppen anzuordnen, mit einer Taktvorzeichnung sowie der Anweisung, welche Zählzeiten stärker und welche schwächer betont werden.

Der eigentliche Rhythmus, den Sie bei einem Song hören, ist häufig der *vordergründige Rhythmus.* Wenn manche Leute sagen, ihnen gefällt der Beat eines Songs, dann meinen sie damit diesen vordergründigen Rhythmus, der durch das Schlagzeug bestimmt wird. Manchmal entspricht dieser Rhythmus dem Grundschlag eines Songs (der von der Taktvorzeichnung bestimmt wird, welcher das gesamte Musikstück folgt), vor allem in der Popmusik, wo die Drums und Bässe meist dem Grundschlag folgen. Manchmal jedoch stimmen der vordergründige Rhythmus und der Grundschlag eines Musikstücks nicht überein, weil eine *Synkope* vorliegt (das heißt, es werden die sogenannten »Offbeats« betont).

Das *Tempo* kommt ins Spiel, wenn es um die Geschwindigkeit des Grundschlags eines Musikstücks geht. Ist es ein rascher, lebhafter Rhythmus oder eher ein getragener und langsamer? Die Geschwindigkeit, in der ein Song gespielt wird, bestimmt das gesamte Feeling, das er beim Publikum hinterlässt. Ein fröhlicher und beschwingter Song wird nur höchst selten in einem langsamen, ruhigen Tempo dargeboten, und ein Stück, das von Traurigkeit nur so trieft, ebenso selten im Tempo von Rimsky-Korsakows »Hummelflug« (mehr zum Thema Tempo in Kapitel 15).

Wie Melodie entsteht

Wenn man von einem Song sagt, man kriege ihn »nicht mehr aus dem Kopf«, dann meint man damit meistens seine Melodie. Die Melodie wird meist zuerst komponiert und ist die *Leitlinie* eines Songs – die Tonfolge, um die herum die Harmonien der Begleitung aufgebaut sind und die uns über die emotionale Stimmung, die dem Stück zu Grunde liegt, ebenso viel verrät wie der Rhythmus (mehr über Harmonie in einem der folgenden Abschnitte).

Wie kommt es nun, dass gerade die Melodie einem Song so viel Ausdruck verleiht? Weil melodische Linien den Hörer noch unmittelbarer erreichen als andere Aspekte der Musik. Melodien können beschrieben werden durch ihre Bewegungsrichtung: Entweder steigen die Tonfolgen auf oder sie steigen ab. Man spricht in diesem Zusammenhang von der melodischen *Kontur* eines Musikstücks.

Der Begriff »Kontur« steht also für die Richtungsänderung im Verlauf der Tonhöhen einer Melodie. Davon gibt es vier gängige Formen:

- ✔ den Bogen
- ✔ die Welle
- ✔ den umgekehrten Bogen
- ✔ die kreisförmige Kontur

Kontur bedeutet einfach: Die Richtungsänderungen eines Melodieverlaufs folgen einer bestimmten Form. Am besten kann man das erkennen, wenn man das betreffende Notenblatt vor sich liegen hat. Die Möglichkeiten, melodische Phrasen zu kreieren (also sich von einem Ausgangspunkt in eine bestimmte Richtung zu bewegen) sind mithilfe der vier Konturformen schier unerschöpflich.

In Abbildung 12.1 sehen Sie einen Ausschnitt aus einem Musikstück, der der *bogenförmigen* Kontur folgt. Sehen Sie sich an, wie die Melodieführung im Violinschlüssel erst an- und dann wieder absteigt, wodurch die Bogenform entsteht. Je mehr die Tonhöhen eines Stücks zunächst ansteigen, umso größer ist die Spannung, die dabei entsteht, und je tiefer sie dann wieder absteigt, umso deutlicher die Entspannung.

Abbildung 12.1: Die bogenförmige Kontur: Die Tonhöhen steigen zuerst an, dann wieder ab.

In Abbildung 12.2 hingegen sehen Sie die *wellenförmige* Kontur: Die Tonhöhen verlaufen aufwärts und abwärts, dann wieder aufwärts, dann wieder abwärts, wie bei einer Wellenbewegung:

Abbildung 12.2: Bei der wellenförmigen Kontur steigen die Tonhöhen abwechselnd auf und wieder ab.

In Abbildung 12.3 haben wir wieder eine Bogenform – diesmal allerdings in umgekehrter Richtung. Das Schema ähnelt zwar dem aus Abbildung 12.1, doch diesmal steigt die Tonfolge zunächst ab, dann wieder auf. Die Grundstimmung ist also zunächst ruhig und entspannt, gewinnt jedoch an Spannung, wenn der Bogen gegen Ende der Phrase eine Aufwärtsbewegung vollführt.

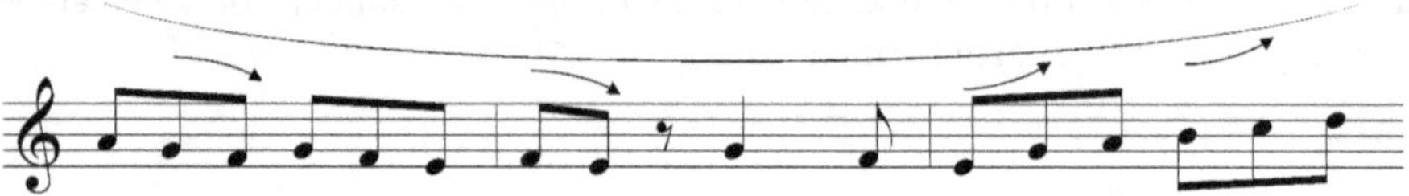

Abbildung 12.3: Die umgekehrte Bogenkontur: Diesmal sinken die Tonhöhen erst, dann steigen sie.

Abbildung 12.4 schließlich zeigt ein Beispiel für die sogenannte *kreisförmige* Kontur. Bei dieser Form steht ein zentraler Ton im Mittelpunkt – in diesem Fall das E. Die anderen Töne bewegen sich wie in Kreisbewegungen um den Zentralton herum – wobei der Tonabstand stets gering bleibt und die Tonfolge stets wieder zum Zentralton zurückführt. Man findet dieses Muster häufig in der traditionellen Folkmusik.

Abbildung 12.4: Bei der kreisförmigen Kontur steht ein bestimmter Ton im Zentrum des Geschehens, um den alle anderen Noten »kreisen«.

Die meisten Melodieführungen in einem Musikstück lassen sich einer dieser Kontur-Kategorien zuordnen. Sehen Sie sich einfach mal die Noten zu einem bestimmten Song an und versuchen Sie, selbst herauszufinden, welche Passage welchem Schema entspricht. Das ist eine gute Übung.

Ein anderes Merkmal, das mit Tonhöhen zu tun hat, ist der sogenannte *Tonumfang* eines Musikstücks. Er umfasst das Intervall zwischen dem höchsten und dem tiefsten Ton, die darin vorkommen – wobei die Intensität der Spannungsverläufe in einem Song zu diesem Tonumfang oft direkt proportional ist. Ist der Tonumfang nur gering, so kommt auch keine so intensive Spannung auf; ist er hingegen groß, so steigt auch die Spannung. Wenn Sie also einen Song mit einem großen Spannungsbogen komponieren wollen, sollten Sie auch für einen ebenso beträchtlichen Tonumfang sorgen.

Eine gute Melodie runde ab mit Harmonie

Diesen Reim sollten Sie sich einprägen. Denn die *Harmonie* ist derjenige Aspekt der Musik, in dem es um Zusammenklänge und Akkorde geht – während Melodien aus einzelnen Tönen und Intervallen bestehen. Wenn Sie eine Melodielinie haben und dazu eine Harmoniefolge komponieren wollen, tun Sie im Grunde nichts anderes, als zu den Tönen der Melodie passende Begleitstimmen und Akkorde zu finden. Um das besser zu verstehen, sehen Sie sich einmal Abbildung 12.5 an:

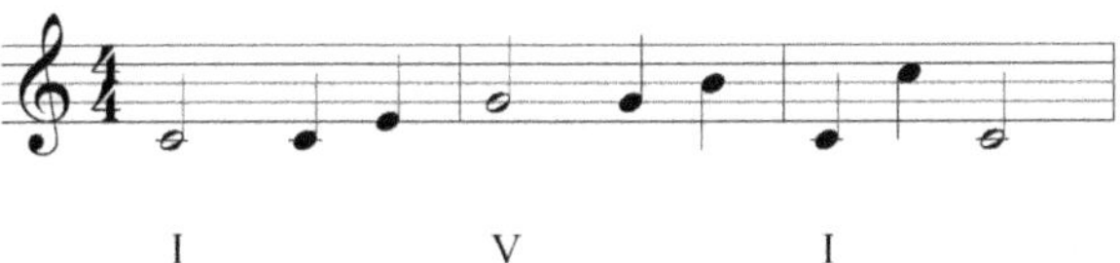

Abbildung 12.5: Eine einfache Melodielinie in der Tonart C-Dur

Unter jedem Takt finden Sie die Stufe desjenigen Akkords, der sich mit den Tönen des jeweiligen Takts erzeugen lässt. Sie können in diesem Fall eine Harmonie erschaffen, indem Sie eine Bassstimme hinzukomponieren, die zur Melodie passt, und aus den Tönen der genannten Akkorde eine Basslinie komponieren, die mit der Melodie gemeinsam gespielt werden kann (ein Beispiel sehen Sie in Abbildung 12.6).

Abbildung 12.6: Eine Bassstimme zu einer Melodielinie in der Tonart C-Dur

Um es ganz simpel auszudrücken: Harmonie ist nichts anderes als das Hinzufügen von Begleitstimmen oder *Akkorden,* die der Tonart entstammen, in der das Stück komponiert wurde (mehr über Akkorde erfahren Sie in Kapitel 10). Harmonie entsteht aus der Abfolge verschiedener Akkorde, und harmonische Verläufe werden regelmäßig durch Kadenzen gegliedert, die Spannung und Entspannung bewirken. (Alles zum Thema Kadenzen finden Sie in Kapitel 11.)

Man unterscheidet übrigens zwischen konsonanten und dissonanten Harmonien. *Konsonante* Zusammenklänge klingen gefällig und geschlossen, wie ein Akkord der ersten Stufe am Ende einer Phrase. *Dissonante* Zusammenklänge klingen schärfer und weniger gefällig. Man hat bei Dissonanzen das Gefühl, »hier stimmt etwas nicht«, hier klingt etwas falsch, hier stoßen Töne aufeinander, die nicht zusammenpassen – bis das Ganze sich in einer konsonanten Harmonie auflöst. Man kann einem Zusammenklang zu größerer Spannung verhelfen, indem man etwa einem Dreiklang eine zusätzliche Terz hinzufügt, wodurch Septakkorde, Nonenakkorde und so weiter entstehen (mehr zum Thema Intervalle in Kapitel 9). Die Septime ist eine Dissonanz zum Grundton; Septakkorde sind also dissonantere Ereignisse als Dreiklänge. Komponisten bedienen sich auch gern der Spannung zwischen Konsonanz und Dissonanz, um eine besonders bedeutsame Passage in einem Song deutlich hörbar zu machen.

Die Arbeit mit musikalischen Phrasen und Perioden

Die wichtigsten Bausteine der musikalischen Formenlehre sind Motive, Phrasen und Perioden. Ein Motiv ist die kleinste Sinneinheit in der Musik und umfasst meist nur wenige Töne. Eine *musikalische Phrase* entspricht einer Verbindung von zwei oder mehreren Motiven – so viele, wie man als Sänger oder Spieler eines Blasinstruments in einem Atemzug ausführen könnte. Die nächstgrößere Gliederungseinheit sind musikalische Perioden: Sie können aus zwei oder mehreren Phrasen bestehen, beginnen häufig mit einem Akkord der ersten Stufe, leiten dann über zu einer anderen Harmonie (V oder IV), um schließlich wieder auf I zu enden. Dazwischen lassen sich theoretisch Tausende von Akkordfolgen einbauen – aber gehen Sie trotzdem nicht zu verschwenderisch damit um, sonst könnte es sein, dass ein Großteil Ihres Publikums sich noch vor dem Ende des Stücks auf den Heimweg gemacht hat.

Musikalische Phrasen und Perioden lassen sich mit den einzelnen Sätzen vergleichen, aus denen ein Textabsatz in einem Buch besteht. Die meisten Leser lieben kurze Sätze; sie wollen sich nicht erst durch eine halbe Seite hindurchkämpfen, bevor endlich der ersehnte Schlusspunkt kommt. Und in der Musik ist es genauso: Der Hörer schätzt es nicht so sehr, wenn Sie als Musiker schier endlos durch ein Meer von Akkorden rudern, ohne scheinbar je ans Ufer zu gelangen.

Wie lang sollte eine musikalische Phrase nun im Idealfall sein? Das entscheidet natürlich jeder Komponist für sich – im Durchschnitt umfassen Phrasen etwa zwei bis vier Takte und Perioden zwischen acht und sechzehn Takten. Eine Phrase wird meistens durch eine Pause oder einen anderen musikalischen Einschnitt von der nächsten Phrase getrennt, während eine Periode im Allgemeinen mit einer Kadenz (Ganzschluss, Halbschluss oder Trugschluss) abgeschlossen wird.

Wenn ein Komponist Sie darauf hinweisen will, dass eine bestimmte Anzahl von Takten zusammen eine musikalische Phrase ergibt und eine untrennbare Einheit bildet, bedient er sich häufig des sogenannten *Phrasierungsbogens* (siehe Abbildung 12.7). Sie sehen: Der Bogen beginnt bei einem Akkord der ersten Stufe und endet bei einer weiteren I.

Abbildung 12.7: Ein Phrasierungsbogen in der Unterstimme eines Klavierstücks

Vorsicht, Phrasierungsbögen sind nicht die einzigen Bögen, die es in der Notenschrift gibt – da sind auch noch die Haltebögen und Bindebögen. Ein Phrasierungsbogen umfasst immer eine ganze Phrase, Halte- und Bindebögen nur einen kleinen Teil davon oder sogar nur zwei Töne (Haltebögen kennen Sie vermutlich bereits aus Kapitel 2, über Bindebögen werden wir in Kapitel 15 sprechen).

Eine Periode entsteht, wenn zwei oder drei musikalische Phrasen miteinander verbunden sind. In einer Periode endet die erste Phrase häufig mit einem Halbschluss (also auf dem Akkord der fünften Stufe), die letzte Phrase mit einer authentischen oder plagalen Kadenz (also mit einem Akkord der vierten oder fünften Stufe, der sich in eine erste Stufe auflöst). Alles über Kadenzen finden Sie in Kapitel 11.

Man kann eine Analogie zwischen der Gliederung von Sprache beziehungsweise Satzzeichen und Musik herstellen. Der Halbschluss entspricht einem Komma, während der Ganzschluss beziehungsweise die authentische Kadenz dem Schlusspunkt eines Satzes entspricht.

Ein Beispiel für eine musikalische Periode sehen Sie in Abbildung 12.8. Hier endet die erste Phrase in Takt 4 mit einem Halbschluss und die zweite Phrase in Takt 8 mit einem authentischen Ganzschluss.

Abbildung 12.8: Eine musikalische Periode besteht aus miteinander verbundenen Phrasen.

Vom Formteil zur großen Form

Natürlich kann man nicht nur Phrasen zu einer größeren Einheit zusammenfassen, sondern auch Perioden – so entstehen die sogenannten *Formteile* eines Musikstücks, die man daran erkennt, dass sie in sich abgeschlossen sind und auch für sich stehen können. Verschiedene Formteile ein und desselben Stücks haben häufig die gleichen harmonischen Schwerpunkte, ähnliche Melodiewendungen und Rhythmusstrukturen und können sich auch in anderen Punkten ähneln. Aber auch diese Formteile lassen sich wiederum zu einer größeren Einheit zusammenfügen – man spricht von der musikalischen *Großform.*

Die Formteile einer Komposition werden bei einer Analyse normalerweise alphabetisch bezeichnet – also mit den Buchstaben A, B, C und so weiter. Kehrt ein Formteil innerhalb eines Stücks wieder, so wird auch der betreffende Buchstabe wiederholt. Ein verbreitetes Schema in der klassischen Musik ist zum Beispiel die Abfolge ABA, die einem Anfangs- oder Hauptthema beginnt, welche in Teil B vorübergehend verschwindet, um in der Wiederholung (oder Variante) des Teils A am Ende des Stücks wieder aufzutauchen. Dieses Schema nennt man auch die *dreiteilige Liedform.*

Ein Stück mit dem Formschema AB bezeichnet man als *Kontrastform* oder auch als zweiteilige Liedform. Das heißt: Die beiden Formteile A und B können stark voneinander abweichen, und dafür gibt es natürlich zahllose Möglichkeiten. Ein weiteres häufig zu findendes Formkonzept ist das *Rondo* (eine der bekannten klassischen Musikformen). Es enthält einen Formteil, der immer wiederkehrt (dem sogenannten Refrain), im Wechsel mit anderen Formteilen, die nur ein einziges Mal zu hören sind. Folgendes Schema also: ABACADA … (und so weiter).

Auch die *kontinuierliche* Form trifft man gelegentlich an – sie enthält überhaupt keine Formteile, die sich wiederholen. Das Schema lautet in diesem Fall: ABCDE … In diesem Fall spricht man auch von einem *durchkomponierten* Musikstück.

In den folgenden Abschnitten werden wir auf einige der verbreitetsten Formen eingehen, denen Sie auf Ihrem Streifzug durch die Musik begegnen werden.

Rachel Grimes, Komponistin, über die Grenzen der Form

In der Schule neigt man dazu, Musiktheorie auf recht unflexible Art zu vermitteln. Bei den meisten Schülern bleibt der Eindruck zurück, es seien nur ganz bestimmte Akkordfolgen erlaubt, während andere völlig tabu sind. Auch die Popmusik kommt in dieser Hinsicht sehr schulmeisterlich daher. Es gibt einige feststehende Standards, die stets aufs Neue erwartet werden – wie zum Beispiel, dass es nicht erlaubt ist, nach einem Akkord der vierten oder fünften Stufe nun einen Akkord der sechsten Stufe folgen zu lassen. Es wird nur die Rückkehr zur ersten Stufe geduldet, und so kommt es, dass dieses gleiche Muster immer wieder auftaucht. Ich glaube, die größte Herausforderung für Musikschüler und Musiker besteht darin, zwar einerseits zu akzeptieren, dass es gewisse Grundlagen gibt, die bestimmen, was sich in der westlichen Musik »richtig« anhört und was nicht, dass aber andererseits Abweichungen von diesen Regeln und Mustern trotzdem erlaubt sind.

Die einteilige Liedform (A)

Die *einteilige Liedform*, ist die einfachste Struktur einer musikalischen Großform und wird häufig auch als *Strophenform* oder *Balladenform* bezeichnet. Bei der einteiligen Form wird eine Melodie stets aufs Neue wiederholt, mit eventuell verändertem Text, wie etwa in dem *Strophenlied* »Old McDonald Had a Farm«. Jede Strophe dieses Songs hat exakt die gleiche Melodie, nur die Worte ändern sich.

Die einteilige Liedform findet man meist bei Volksliedern, Weihnachtsliedern und anderen volkstümlichen Musikgattungen. Einteilige Liedformen können lang oder kurz sein, werden aber stets als A (manchmal auch AA oder sogar AAA) gekennzeichnet.

Die zweiteilige Liedform (AB)

Die *zweiteilige Liedform (binäre Form)* besteht aus zwei kontrastierenden Formteilen, die man in Analogie zur Sprache auffassen könnte wie eine Behauptung (These) und eine Gegenbehauptung (Antithese). Das Schema kann ein einfaches AB sein, wie in der Nationalhymne des Vereinigten Königreichs »God Save the Queen« oder in Tänzen wie dem Menuett, bei dem der äußere, am Schluss wiederholte Teil und der Mittelteil häufig jeweils in einer zweiteiligen Liedform gestaltet werden.

Bei der zweiteiligen Liedform, wie sie in der Barockmusik verwendet wird, kann es zu einem Wechsel der Tonart kommen, meist hin zur Oberquinte der ursprünglichen Tonart. Der Formteil A beginnt in irgendeiner Tonart und moduliert dann in die entsprechende Oberquint-Tonart, während Formteil B nun in der neuerlichen Tonart beginnt und zur Ausgangstonart zurückmoduliert. Im Allgemeinen wird jeder der beiden Formteile wiederholt.

Die dreiteilige Liedform (ABA)

Viele Songs weisen eine dreiteilige Liedform auf , auch bekannt als *dreiteilige* oder *ternäre Liedform*. Diese schlichte Form kommt durch eine (variierte) Wiederholung des ersten Formteils zustande; dazwischen findet man einen Mittelteil (B). Der Song »Twinkle, Twinkle, Little Star« zum Beispiel beginnt mit der eigentlichen Hauptmelodie, fährt dann mit einem kontrastierenden Teil fort, um danach wieder auf die Hauptmelodie zurückzukommen. Den B-Teil bezeichnet man in diesem Formkonzept als *Mittelteil*.

Und so sieht die dreiteilige Liedform in der Praxis aus:

- ✔ Der erste Formteil (A) kann entweder nur einmal gespielt oder auch sofort wiederholt werden.
- ✔ Der Mittelteil (B) ist ein kontrastierender Formteil, was bedeutet: Er unterscheidet sich deutlich von Teil A.
- ✔ Der letzte Formteil ist mit Teil A identisch oder ähnelt ihm zumindest stark (eine variierte Wiederholung kann durch den Buchstaben A‘ angedeutet werden).

Als Stilmittel der dreiteiligen Liedform werden also sowohl Kontrast als auch Wiederholung eingesetzt. Popsongs sind häufig Variationen dieses ABA-Konzepts – und zwar in der Variante mit wiederholtem erstem Formteil, AABA – während beim Blues die Gestalt AAB vorherrscht. Wenn Sie ein Beispiel für die Gestalt AABA kennenlernen wollen, hören Sie sich den Song »Somewhere Over the Rainbow« an.

Die Brückenform (ABCBA)

Ein Stück, das in der *Brückenform* (auch Spiegelrondo genannt) geschrieben ist, besitzt drei verschiedene Formteile: A, B und C. Zunächst werden die Formteile A, B und C einzeln nacheinander gespielt, dann kommt zum zweiten Mal der Formteil B, und schließlich endet das Stück, indem der Formteil A wieder aufgegriffen wird.

Bekannte Musiker packen aus: »Daran merken wir, dass ein Song fertig ist.«

Steve Reich (Komponist): Am Anfang habe ich meist nur eine verschwommene Idee davon, wie lange ich an einem Stück arbeiten muss und ob es ein langes oder kurzes Stück werden wird. Das hängt auch oft davon ab, wer das Stück bei mir in Auftrag gegeben hat. Wie lang es dann wirklich wird, also in Minuten ausgedrückt – das ergibt sich aus der musikalischen Intuition, die für mich und wahrscheinlich auch viele andere Musiker ohnehin das A und O beim Komponieren ist. Mit anderen Worten: Du überschlägst im Kopf, wie viele Sätze das Stück haben wird, du denkst kurz über die Basisharmonien nach, die du für diese Sätze benötigst, und alles andere ist wirklich nur das Ergebnis deiner Intuition und entsteht dadurch, dass du dir die Musik anhörst.

Barry Adamson (Nick Cave and the Bad Seeds): Ich sage mal, es gibt einen Punkt, an dem alle Kriterien erfüllt sind, und manchmal denkst du auch: Diesen Song kann ich nicht geschrieben haben, er ist so perfekt, aber auch so weit von mir entfernt – denn jetzt hörst du das fertige Werk und kannst dich beim besten Willen nicht daran erinnern, wie es zustande gekommen ist.

Momus (alias Nick Currie): Ich arbeite sehr schnell. Konzept, die Noten zum Text, die Akkordstruktur, die Basslinie, Percussion, das Arrangement, der Gesangsteil, die Abmischung – das entsteht bei mir alles in einem einzigen Acht-Stunden-Marathon, bei dem ich natürlich hochkonzentriert bin. Ein Tagwerk sozusagen. Fertig bin ich dann, wenn mir die Abmischung gefällt, so einfach ist das. Es ist wichtig für mich, nichts halbfertig liegen zu lassen. Ich treffe gern schnelle Entscheidungen, und dann bringe ich das Ding zu Ende. Deshalb bin ich wahrscheinlich auch so produktiv.

John Hughes III (Soundtrack-Komponist): Wie das bei mir ist? Keine Ahnung. Ich glaube, es ist für mich das größte Problem. Ich weiß, es ist auch bei anderen Musikern so, dass sie nicht wissen, wann sie mit einem Song endlich fertig sind. Und in der Regel sind es, wie ich glaube, meine besten Sachen, bei denen ich das Gefühl habe, daran gibt es nichts mehr zu tun. Wenn man immer wieder was ändert und immer wieder was Neues hinzufügt, hat man irgendwann eine tote Komposition vor sich, etwas Seelenloses. Die Sachen, die mir am besten gefallen, sind die, mit denen ich sehr schnell fertig war, und je länger ich an etwas herumtüftle … gut, vielleicht liegt es ja auch daran, dass ich es irgendwann einfach satt habe. Aber ich glaube, irgendwie hat man es im Gefühl, wann man mit etwas fertig ist.

Mika Vainio (Pan Sonic): Fertig sind wir dann, wenn wir finden, dass der Song zumutbar ist.

IN DIESEM KAPITEL

Erfahren Sie, was Musiker meinen, wenn sie vom »Kontrapunkt« sprechen

Lernen Sie, was eine Sonate von einer Sinfonie oder ein Rondo von einer Fuge unterscheidet

Werden Ihnen außerdem jede Menge anderer klassischer Formen und Gattungen erklärt

Kapitel 13
Was Sie über die klassischen Formen wissen sollten

Während der Epochen des Barock und der Wiener Klassik (vom 17. bis Mitte des 19. Jahrhunderts) bemühten sich viele Komponisten darum, neue und dynamische musikalische Formen zu erfinden. Die Weiterentwicklungen im Instrumentenbau ermöglichten es Künstlern, die Instrumentation und die Besetzung von Kompositionen auszubauen. Dem Wechselspiel zwischen Polyphonie (alle Stimmen in einem Stück sind gleichberechtigt) und Homophonie (es wird klar zwischen Melodie und Begleitung unterschieden) kam dabei besondere Bedeutung zu: Musikalische Formen und Gattungen konnten sowohl mit voneinander unabhängigen als auch mit aufeinander angewiesenen Stimmen gestaltet werden. Ein wichtiges Prinzip der Polyphonie ist der sogenannte Kontrapunkt. In diesem Kapitel erklären wir Ihnen, wie es zur Entwicklung des Kontrapunkts kam und wie er in den verschiedenen musikalischen Gattungen (Sonaten, Suiten, Sinfonien, Streichquartette et cetera) zur Anwendung kommt.

Sie werden sich jetzt fragen: Was ist denn nun der Unterschied zwischen einer musikalischen Form und einer Gattung? Diese Begriffe werden tatsächlich häufig vermischt. Unter einer Form im eigentlichen Sinne versteht man ein strukturelles Konzept, das einem Werk oder Werkteil zugrunde liegt (wie die verschiedenen Liedformen, die Rondoform oder die Sonatenhauptsatzform). Die Bezeichnung einer Gattung hingegen enthält auch Hinweise auf die Besetzung und Instrumentation, auf die Abfolge von Sätzen in mehrsätzigen Werken und auch auf den sozialen Kontext, in dem Kompositionen aufgeführt werden. Die Gattung Sinfonie bezeichnet beispielsweise ein mehrsätziges Werk für große Orchesterbesetzung, das für die Aufführung in einem Konzertsaal komponiert worden ist.

Der Kontrapunkt war der Wendepunkt

Seit dem Mittelalter, als die europäische Kunstmusik begann, sich von der Einstimmigkeit zur Mehrstimmigkeit zu entwickeln, gelangte das Prinzip des Kontrapunkts (die Kunst, zwei oder mehrere Stimmen miteinander zu kombinieren) zu immer größerer Bedeutung. Musik für Singstimmen, Saiten- und Blasinstrumente und auch für Tasteninstrumente wurde nun immer kunstvoller und komplexer ausgestaltet. Auf Instrumenten wie dem Cembalo oder dem Klavier konnte man besonders gut mehrstimmig spielen, da dort beide Hände voneinander unabhängige Melodien greifen können.

Ein spezielles Merkmal der Barockmusik ist der sogenannte Generalbass (basso continuo), eine Abkürzungsschrift für Akkorde, in welcher die passenden Harmonien durch Ziffern unter den Tönen der Bassstimme angegeben werden. Generalbass-Stimmen wurden vom Cembalo oder (in der Kirchenmusik) von der Orgel ausgeführt. Davon ausgehend entwickelte sich in der Wiener Klassik auch der Klaviersatz entscheidend weiter. Elemente des Generalbasses, der nun ausnotiert wurde, und des Kontrapunkts verschmolzen miteinander zu immer komplexeren raffinierteren Kombinationen aus Melodie und Begleitung. Nahezu jeder Komponist des Barock und der Klassik setzte sich mit dem Generalbass und dem Kontrapunkt auseinander.

In Abbildung 13.1 sehen Sie ein Beispiel für die Anwendung des Kontrapunkts. In diesem Choralsatz liegt in der Oberstimme die Hauptmelodie – es handelt sich um ein bekanntes evangelisches Kirchenlied. Die übrigen Stimmen ordnen sich der Melodie unter, gewinnen aber an einigen Stellen Unabhängigkeit durch beschleunigte Notenwerte und eigenständigen melodischen Charakter.

Abbildung 13.1: Ein Beispiel aus Johann Sebastian Bachs Choralsatz »Aus meines Herzens Grunde«

Was ist eine Sonate?

Die *Sonate* war von der Mitte des 18. Jahrhunderts bis zum Beginn des 20. Jahrhunderts eine der beliebtesten musikalischen Gattungen bei Komponisten von Instrumentalmusik. Viele betrachten diese Gattung, an der ein einzelnes Soloinstrument oder auch eine größere Besetzung beteiligt sein konnte, als die wichtigste musikalische Form der letzten Jahrhunderte.

Es gilt, zwischen der Sonate als musikalische Gattung (ein Zyklus aus drei oder mehreren Sätzen, die in genau dieser Reihenfolge gespielt werden sollen) und der sogenannten *Sonatenhauptsatzform* als maßgebliches Formmodell für den ersten Satz einer Sonate zu unterscheiden. Ein Satz, der in der Sonatenhauptsatzform komponiert ist, stützt sich im Wesentlichen auf die dreiteilige Form (dreiteilige Liedform) ABA – das heißt, er besteht aus drei voneinander abgegrenzten Formteilen: der Exposition, der Durchführung und der Reprise. (Mehr über die Liedform und weitere gängige Formen können Sie in Kapitel 12 nachlesen.) Auf der Grundlage dieses dreiteiligen Formmodells sind allerdings viele Ausnahmen und Verstöße gegen die traditionelle Reihenfolge der drei Formteile und ihrer Untergliederung möglich. Im Verlauf eines Sonatensatzes können sich etwa die Tonart und Taktart mehrmals verändern. In den folgenden Abschnitten wollen wir die einzelnen Teile einer Sonate genauer untersuchen.

Los geht's mit der Exposition

Der erste Formteil einer Sonatenhauptsatzform, auch *Exposition* genannt, stellt das Hauptthema des Satzes vor, moduliert dann in eine andere Tonart und lässt dort das sogenannte Seitenthema erklingen. Dieser erste Formteil lässt sich wiederum in zwei Bestandteile aufgliedern:

- **Hauptsatz:** Der erste Teil der Exposition stellt in der Regel das Hauptthema des Satzes vor – den wichtigsten motivischen Baustein, der das Stück gewissermaßen zusammenhält. Oft erklingt es in zwei verschiedenen, sich im Charakter unterscheidenden Varianten.

- **Seitensatz:** Dieser zweite Teil steht in einer anderen Tonart als der Hauptsatz (meist eine Quinte oder eine Terz höher) und führt das Seitenthema ein sowie in vielen Fällen noch andere neue Themen und Motive. Das Seitenthema kontrastiert im Charakter meist zum Hauptthema. Am Schluss des Seitensatzes steht in der Regel eine Kadenz und ein Wiederholungszeichen – die Exposition wird also noch einmal gespielt.

Nehmen wir zum Beispiel den ersten Satz aus Ludwig van Beethovens Klaviersonate Nr. 8 in c-Moll, Opus 13 (dieses Werk trägt den Beinamen »Pathetique«) – in ihr lassen sich die beiden Teile der Exposition gut voneinander unterscheiden. Hören Sie sich das Stück an (Achtung: Die eigentliche Exposition beginnt hier erst nach einer langsamen Einleitung!) und studieren Sie die Abbildungen 13.2 und 13.3, die jeweils einige Takte aus dem Hauptthema und Seitenthema dieses Satzes präsentieren:

Abbildung 13.2: Ausschnitt aus dem Hauptthema in der Exposition des ersten Satzes von Ludwig van Beethovens Klaviersonate Nr. 8 in c-Moll, Opus 13

Abbildung 13.3: Ausschnitt aus dem Seitenthema des ersten Satzes der Sonate in c-Moll, Opus 13 von Ludwig van Beethoven

Verarbeitung von Themen: Die Durchführung

Der zweite Formteil der Sonatenhauptsatzform nennt sich die *Durchführung*. Das Ziel dieses Teils ist es, die in der Exposition präsentierten Themen zu variieren, einzelne Takte davon abzutrennen und zu verarbeiten sowie das thematische Material in neuem Licht darzustellen. In diesem Teil werden zudem verschiedene Tonarten durchlaufen und manchmal auch neue musikalische Ideen eingebracht, die sich von den Hauptthemen sogar unterscheiden können.

Die Durchführung ist häufig der spannendste Teil eines Sonatensatzes. Häufig enthält sie eine dramatische Zuspitzung: Intervalle und Akkorde vergrößern sich und führen zu einem dynamischen Höhepunkt.

In Abbildung 13.4 sehen Sie einen Ausschnitt aus dem Durchführungsteil des ersten Satzes von Beethovens Klaviersonate Nr. 8 in c-Moll, Opus 13:

Abbildung 13.4: Ausschnitt aus der Durchführung des ersten Satzes von Beethovens Klaviersonate Nummer 8 in c-Moll, Opus 13

Bei der Reprise kehrt wieder Ruhe ein

Nach der Spannung, die typisch ist für die Durchführung einer Sonatenhauptsatzform, sehnt sich das Ohr des Hörers wieder nach Ordnung und Wiederherstellung der anfänglichen Struktur. Der dritte und letzte Formteil ist die sogenannte *Reprise*, bei der die

Komposition zu ihrer ursprünglichen Tonart zurückkehrt, das Hauptthema und Seitenthema aus der Exposition wieder aufnimmt (diesmal in der gleichen Tonart) und alles zu einem Abschluss bringt. Abbildung 13.5 zeigt einen Ausschnitt aus der Reprise von Beethovens Sonate in c-Moll.

Abbildung 13.5: Ausschnitt aus der Reprise des ersten Satzes von Beethovens Sonate Nr. 8 in c-Moll, Opus 13

Eine runde Sache: Das Rondo

Das *Rondo* verwendet, anders als eine Sonatenhauptsatzform, nicht nur einen kontrastierenden Mittelteil, der sich vom ersten Teil beziehungsweise Hauptthema unterscheidet, sondern eine ganze Reihe davon, wobei diese Teile (man bezeichnet sie als Couplets) sich ebenfalls in ihrer Tonart unterscheiden. Dazwischen taucht immer wieder das Hauptthema (hier auch Refrain genannt) wieder auf und kehrt jedesmal wieder zur ursprünglichen Tonart zurück. Das Schema lautet also: ABACA … Prinzipiell kann ein Rondo beliebig lange dauern, je nachdem, aus wie vielen solcher Mittelsätze beziehungsweise Couplets es besteht. Im A-Teil von Mozarts *Rondo alla turca,* dem dritten Satz aus seiner Klaviersonate in a-Moll, Köchel-Verzeichnis Nr. 331, werden gemäß dieser Form sechs verschiedene musikalische Ideen aneinandergefügt. Einen Ausschnitt aus dem Hauptthema des Rondos finden Sie in Abbildung 13.6.

Abbildung 13.6: Ausschnitt vom Beginn (A-Teil) des dritten Satzes »Rondo Alla Turca« aus Mozarts Klaviersonate in a-Moll, Köchelverzeichnis Nr. 331

Mit Fug und Recht beliebt: Die Fuge

Eine musikalische Form und gleichzeitig eine kontrapunktische Satztechnik, die seit der Barockzeit aus der Musik nicht mehr wegzudenken ist, ist die Fuge. Ihre ersten Meister waren die Barock-Komponisten Johann Sebastian Bach und Georg Friedrich Händel, aber auch in der folgenden Zeit wurde sie von fast allen Komponisten verwendet. Die Fuge ist eine hoch entwickelte Form des imitativen (nachahmenden) Kontrapunkts, bei dem ein zu Beginn in einer einzelnen Stimme erklingendes Thema nach und nach auch in allen weiteren Stimmen erscheint, anschließend im Wechsel durch die Stimmen wandert und dabei auch in andere Tonarten versetzt wird. Die meisten Fugen haben drei oder vier Stimmen. Eine wiederkehrende Begleitmelodie, welche häufig mit dem Thema kombiniert wird, bezeichnet man ebenfalls mit dem Begriff »Kontrapunkt«.

Sehen Sie sich dazu Abbildung 13.7 an – dort erkennen Sie, wie das Fugenthema, hier bestehend aus einer Kette von Sechzehntelnoten, bald in einer, bald in einer anderen Stimme auftaucht. Diese Fuge für Cembalo oder Klavier stammt von Johann Sebastian Bach und ist dreistimmig; die mittlere Stimme wird mal von der rechten, mal von der linken Hand des Spielers übernommen.

Abbildung 13.7: Ausschnitt aus Bachs Fuge in C-Dur BWV 952, Takt 3 bis 11

Kombinieren beim Komponieren – so entsteht eine Sinfonie

Dem Wortsinn nach stellt eine Sinfonie (griechisch für »Zusammenklang«) die harmonische Verschmelzung verschiedener Instrumente und klanglicher Ebenen dar. Spricht man von einer Sinfonie als musikalischer Gattung, so ist ein mehrsätziges Orchesterwerk gemeint, das verschiedene musikalische Formen in sich vereint und für dessen Aufführung zwanzig bis hundert Musiker gebraucht werden (Holz- und Blechblasinstrumente, Streichinstrumente und Schlagzeug).

Im Grunde ist eine Sinfonie nichts weiter als eine Sonate für Orchester. Traditionsgemäß besteht sie aus vier Sätzen:

- ✔ eine Sonatenhauptsatzform in schnellem Tempo (meist *Allegro*)
- ✔ eine zwei- oder dreiteilige Liedform in langsamerem Tempo (zum Beispiel *Andante*)
- ✔ ein Menuett oder Scherzo (ein kurzes, tänzerisches, mittelschnelles oder schnelles Stück im Dreivierteltakt)
- ✔ eine weitere Sonatenhauptsatzform oder ein Rondo (schnell)

Der Anspruch einer Sinfonie ist es, die Fantasie ihres Urhebers möglichst vielseitig und in variabler Instrumentation darzustellen. Das oben angegebene Schema ist natürlich nur als grobe Richtlinie zu betrachten, von der auch abgewichen werden kann. Viele Komponisten betrachteten ihre Sinfonien als Gipfelpunkt ihres Schaffens.

Viele Musikstücke, die den Titel Sinfonie tragen, gehören zu den berühmtesten und unverwechselbarsten Werken der klassischen Musik überhaupt. Eine Sinfonie, die so gut wie jeder kennt, ist Beethovens »Fünfte« (Opus 67), deren Eröffnung (mit dem charakteristischen Rhythmus »Ta-ta-ta-taaaa«) wohl eines der bekanntesten musikalischen Motive ist, das jemals geschaffen wurde. In Abbildung 13.8 finden Sie die dazugehörigen Noten:

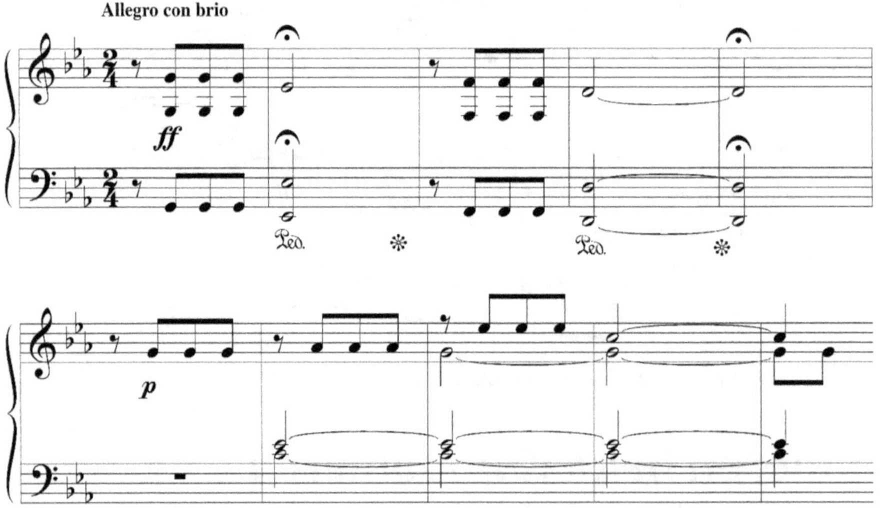

Abbildung 13.8: Der Beginn des ersten Satzes von Beethovens fünfter Sinfonie in c-Moll, Opus 67 (hier als Klavierauszug dargestellt)

Zugabe, Zugabe ...? Okay, noch ein paar klassische Formen und Gattungen

Eine Reihe weiterer musikalischer Gattungen, mit denen wir Sie im folgenden Abschnitt vertraut machen, sind ebenfalls von großer Bedeutung. Auch hier wird die musikalische Struktur von Prinzipien bestimmt, die Sie in diesem Kapitel bereits kennengelernt haben: die Abfolge von Motiven, Phrasen und Themen oder die Gliederung in zwei oder drei Formteile

Konzert (Concerto)

Ein *Konzert* ist eine (meist mehrsätzige) Komposition für ein Soloinstrument, das von einem Orchester begleitet wird. Aufgrund ihrer Virtuosität und beeindruckenden Ausstrahlung bei Konzerten wurden viele klassische Musiker zu Superstars, wie zum Beispiel der Pianist Lang Lang oder der Geiger Itzhak Perlman. Solisten ernten oft ebenso viel Ruhm wie die Komponisten, deren Stücke sie aufführen.

Duo und Duett

Jeder, der schon einmal Klavierunterricht genommen hat, hat vermutlich auch ein sogenanntes *Duo* gespielt – das ist ein Musikstück, das für zwei Personen beziehungsweise zwei Instrumente komponiert wurde. Jede Besetzung ist denkbar: Es kann ein Pianist mit einem Blas- oder Saiteninstrument zusammenspielen oder auch mit einem anderen Pianisten; es gibt Duos für zwei Geigen ebenso wie für eine Singstimme mit Klavierbegleitung. Wenn allerdings zwei Sänger oder Sängerinnen gemeinsam singen, so spricht man von einem *Duett.*

Etüde

Eine *Etüde* ist ein kurzes Musikstück meist für ein Soloinstrument, bei dem jeweils ein ganz bestimmter technischer Aspekt der Musik (wie etwa das Spiel von Tonleitern oder Akkordgriffen) im Vordergrund steht. Sie dient vor allem als Übungsstück zum Erlernen der verschiedenen Spieltechniken.

Fantasie

Fantasien sind in freier Form komponierte Stücke, bei denen der Eindruck vermittelt werden soll, sie seien zum großen Teil improvisiert. Komponisten verwenden oft keine klar erkennbare musikalische Form, wenn sie eine Fantasie schreiben, sondern lassen sich von ihrer Intuition leiten. Meist werden Fantasien für ein Soloinstrument oder ein kleines Ensemble komponiert.

IN DIESEM KAPITEL

Erfahren Sie, dass man den Blues »haben« muss, um ihn zu spielen

Lernen Sie, wie man mit Rock und Pop die Charts stürmt

Kommt aber auch der Jazz nicht zu kurz

Kapitel 14
Zurück in die Gegenwart: Hier sind Blues, Jazz und Co.

Es ist ein wenig heikel, den Begriff »Form« zu verwenden, wenn von moderner Unterhaltungsmusik die Rede ist – weil das Wort nämlich häufig falsch gebraucht wird. Merken wir uns einfach Folgendes: *Form* – das ist die Art und Weise, wie ein Musikstück aufgebaut ist, und zwar unter Einhaltung einiger Regeln, die für diesen Musikstil typisch sind (wie etwa bei den klassischen Formen, die wir in Kapitel 13 besprochen haben). Dann gibt es aber auch noch den Begriff *Genre* – und der bezeichnet den Stil als solchen, wie zum Beispiel die Instrumentierung, den Charakter, den speziellen Klang der Musik und so weiter.

Trotzdem gibt es einige verbreitete Genres (Stilrichtungen), die bereits lange genug existieren, dass sich einige spezielle Muster und Formmodelle herauskristallisiert haben, die man für den jeweiligen Stil als charakteristisch empfindet. Das wären:

- ✔ Blues
- ✔ Folk
- ✔ Pop- und Rockmusik
- ✔ Jazz

Den Blues »im Blut haben«

Der Blues war die erste echte amerikanische »Volksmusik« (wenn man von der Musik der amerikanischen Ureinwohner vor der europäischen Invasion absieht). Die typische Struktur des Blues war Vorbild für eine ganze Menge anderer Richtungen der amerikanischen Popularmusik und hinterließ weltweit ihre musikalischen Spuren. Etwa gegen Ende des 19.

und zu Beginn des 20. Jahrhunderts verschmolzen Field Hollering, Kirchenmusik und afrikanische Rhythmen zu dem, was man heute als Blues bezeichnet. Der Begriff selbst hat sich etwa um 1910 eingebürgert.

Der Blues bedient sich der dreiteiligen Form (dreiteilige Liedform mit wiederholtem A-Teil), folgt also dem Schema AABA, wobei in der jeweiligen Tonart die Akkorde der ersten, vierten und fünften Stufe zum Einsatz kommen (mehr über diese Liedform in Kapitel 12). Dies gilt insbesondere für das 32-taktige Bluesschema, das Sie im folgenden Abschnitt kennenlernen. Teil B ist der sogenannte Übergang – unter Musikern besser bekannt als *Bridge* (Brücke) – der den Hörer sozusagen auf die Rückkehr zum A-Teil vorbereitet. (Manche Menschen beklagen sich, dass die Rockmusik nur die Akkorde I, IV und V kennt – nun, diese Beschwerde muss an den Blues weitergeleitet werden.)

Der Blues wird so gut wie immer im 4/4-Takt gespielt – wobei er sich rhythmisch sowohl in Viertelschläge oder Achtelschläge aufgliedern kann. Betont werden dabei jeweils die erste und dritte Zählzeit eines Taktes.

Die verbreitetsten Varianten der Bluesform sind die 12-taktige, die 8-taktige, die 16-taktige, die 24-taktige und die 32-taktige Form. Gemeint ist damit die Anzahl der Takte, die jede Strophe eines Stücks umfasst (mehr über Takte und Takteinheiten in Kapitel 4).

Die 12-taktige Bluesform

Der Name sagt eigentlich schon alles: Beim 12-taktigen Blues arbeiten wir mit zwölf Takten pro Strophe. In jeder Strophe des 12-taktigen Blues (meistens sind es drei oder vier Strophen) folgen Melodie und Harmonie einem ganz bestimmten Muster. Dabei dient das Ende jeder Strophe entweder der Überleitung zur folgenden Strophe oder, falls es die letzte Strophe ist, dem Beschluss des Songs. Falls im letzten Takt eine erste Stufe erklingt, weiß der Zuhörer: Der Song ist nun zu Ende. Falls dort eine fünfte Stufe zu hören ist, muss die nächste Strophe folgen. In diesem Fall spricht man beim Akkord der fünften Stufe am Ende des Songs von einem *Turnaround.*

Das typische Akkordmuster – von links nach rechts und zeilenweise von oben nach unten zu lesen – für den 12-taktigen Blues sieht so aus:

I	I	I	I
IV	IV	I	I
V	IV	I	V/I (Turnaround)

Würde man dieses Muster in der Tonart C-Dur spielen, so ergäben sich folgende Akkorde (statt Dreiklängen sind jeweils auch Dominantseptakkorde möglich):

C-Dur (oder C^7)	C-Dur (oder C^7)	C-Dur (oder C^7)	C-Dur (oder C^7)
F-Dur (oder F^7)	F-Dur (oder F^7)	C-Dur (oder C^7)	C-Dur (oder C^7)
G-Dur (oder G^7)	F-Dur (oder F^7)	C-Dur (oder C^7)	G-Dur (oder G^7)/ C-Dur (oder C^7) (Turnaround)

Wenn Sie diese Akkorde in der vorgegebenen Reihenfolge spielen können, verfügen Sie über das Rüstzeug für Muddy Waters' Klassiker »You Can't Lose What You Ain't Never Had«. Und wenn Sie das Schema nach A-Dur transponieren (die Akkordfolge lautet dann AAA DDAA EDAE/A), dann haben Sie die Harmonien von Robert Johnsons »Crossroads Blues«.

Wenn Sie den 12-taktigen Blues in einer *Molltonart* spielen, ist folgendes Muster das verbreitetste (auch hier können als Alternative Septakkorde verwendet werden):

i	iv	i	i
iv	iv	i	i
ii	V	I	V/I (Turnaround)

Count Basies berühmte Interpretation des 12-taktigen Blues bediente sich beider Varianten, enthält also Elemente sowohl der Dur- als auch der Molltonart:

I	IV	I	V
IV	IV	I	VI
ii	V	I	V/I (Turnaround)

Die 8-taktige Bluesform

Der 8-taktige Blues ähnelt dem 12-taktigen Blues sehr – nur dass er kürzere Strophen hat und auch das Harmonieschema ein wenig abweicht. Hier das Standardmuster für das 8-taktige Bluesschema:

I	IV	I	VI
ii	V	I	V/I (Turnaround)

Die 16-taktige Bluesform

Eine weitere beliebte Bluesform ist das 16-taktige Bluesschema. Während der 8-taktige Blues um vier Takte kürzer ist als der 12-taktige, ist der 16-taktige Blues um die gleiche Taktzahl länger. Es werden vor dem dritten Drittel der 12-taktigen Form vier weitere Takte eingeschoben, um zur 16-taktigen Form zu gelangen:

I	I	I	I
IV	IV	I	I
V	IV	V	IV
V	IV	I	V/I (Turnaround)

Die 24-taktige Bluesform

Der 24-taktige Blues ist im Grunde identisch mit dem 12- taktigen Schema, nur dass jeder Akkord doppelt so lang, also für zwei Takte, erklingt:

I	I	I	I
I	I	I	I
IV	IV	IV	IV
I	I	I	I
V	V	IV	IV
I	I	I	V/I (Turnaround)

Die 32-taktige Form für Bluesballaden und Country

Im 32-taktigen Bluesschema erkennen wir die wahren Wurzeln des Rock 'n' Roll und der Jazzmusik. Diese erweiterte Form des 12-Takt-Schemas weist die AABA-Struktur (also die dreiteilige Liedform) auf, wie sie in den 1960er-Jahren von vielen Rockbands übernommen wurde. Man könnte auch vom Ruf-Antwort-Modell sprechen: Ruf (Teil A), Antwort (Wiederholung von Teil A), Bridge (Teil B) und Ausklang (noch einmal Teil A).

Ein typisches 32-taktiges Schema kann zum Beispiel wie folgt aussehen:

(A)	I	I	VI	VI
	ii	V	IV	V
(A)	I	I	VI	VI
	ii	V	IV	I
(B)	I	I	I	I
	IV	IV	IV	IV
(A)	I	I	VI	VI
	ii	V	IV	V/I (Turnaround)

Als die 32-taktige Form aufkam, war sie bei »echten« Bluesmusikern nicht annähernd so beliebt wie die 12-taktige Form – vermutlich deshalb, weil das typische Ruf-und-Antwort-Muster hier nicht ganz so leicht zu erkennen ist. Für das Country-Genre jedoch eignete sie sich hervorragend, und Hank Williams (Sr.) benutzte sie für Songs wie »Your Cheating Heart« und »I'm So Lonesome (I Could Cry)«. Freddy Fender bediente sich dieses Schemas in seinen Hits »Wasted Days and Wasted Nights« und »Before the Next Teardrop Falls«.

Als die 32-taktige Bluesform jedoch auch von Komponisten wie Irving Berlin und George Gershwin aufgegriffen wurde, entstand eine Musik, die mit der ursprünglichen Seele des Blues nicht mehr viel zu tun hatte. Das 32-taktige Schema manifestierte sich in bekannten Songs und Jazz-Standards wie »Frosty the Snowman« und »I Got Rhythm«.

Auch durch das Wirken klassisch geschulter Komponisten, die Grundprinzipien der Sonatenhauptsatzform und der Rondoform (siehe Kapitel 13) mit dem traditionellen amerikanischen Blues vermischten, erfuhr das 32-taktige Schema einschneidende Veränderungen. Dabei kamen oft weniger »bluesige« Songs heraus, die sich Merkmalen der klassischen Musik bedienten, wie etwa des Wechsels der Tonart am Übergang (in der »Bridge«) eines Songs.

Jede Menge Spaß mit Rock und Pop!

Die meisten frühen Rock- und Popsongs orientierten sich am 12-taktigen oder 32-taktigen Bluesschema. Chuck Berrys »Johnny B. Goode« weist eine Variation der 12-taktigen Form auf, wie sie für die Rockmusik typisch ist, das Gleiche gilt für »19th Nervous Breakdown« von den Rolling Stones. Die Beach Boys waren regelrechte Meister der 32-taktigen Form, wie man in Songs wie »Good Vibrations« oder »Surfer Girl« hören kann. Desselben Schemas bedienten sich in vielen ihrer Songs auch die Beatles (siehe »From Me to You« oder »Hey Jude«). »Great Balls of Fire« von Jerry Lee Lewis, »You've Lost That Loving Feeling« von den Righteous Brothers oder »Whole Lotta Love« von Led Zeppelin – alle diese Songs sind Beispiele für das 32-taktige AABA-Schema.

Wenn im Jazz die 32-taktige Form verwendet wird, so lässt sich die Musik meist in vier Abschnitte zu je acht Takten gliedern. Songs wie Fats Wallers »Ain't Misbehavin'« und Duke Ellingtons »It Don't Mean a Thing« folgen der 32-taktigen AABA-Struktur, während etwa Charlie Parker in Songs wie »Ornithology« und »Donna Lee« das 32-taktige Schema mit einer freien Rondo-Form (ABAC) kombinierte.

Fender machte den Rock zu einer eigenen Welt

Zum echten Bruch zwischen den Genres Blues und Rock kam es, als Ende der 1940er-Jahre die ersten E-Gitarren auf den Markt kamen. Leo Fender fertigte seine erste E-Gitarre mit massivem Korpus, die Vorläuferin der Telecaster, in seiner Privatwerkstatt im kalifornischen Orange County an, und etwa zur gleichen Zeit arbeitete Les Paul in New York an einem ähnlichen Projekt. Beide Konstruktionen orientierten sich lose an Adolph Rickenbachers Solidbody-Prototypen, die seit den 1930er-Jahren in der Musikindustrie die Runde machten. Die E-Gitarre ermöglichte den Einsatz von musikalischen Effekten wie dem Dämpfer oder dem Verzerrer, die herkömmlichen Bluesmusikern mit Akustikgitarre bislang nicht zur Verfügung gestanden hatten.

Die *mehrteilige AABA-Form* müsste eigentlich richtiger als $AABAB^2$-Form bezeichnet werden, denn in dieser Variante der dreiteiligen Liedform werden zunächst die ersten 32 Takte gespielt, um danach zu einer zweiten *Bridge* (B^2) überzuleiten, die zurück zum Anfang des Songs führt, worauf die ursprünglichen 32 Takte wiederholt werden. Beispiele dafür sind: »I Want to Hold Your Hand« (Beatles), »Every Breath You Take« (Police), »More Than a Feeling« (Boston) und »Refugee« (Tom Petty and the Heartbreakers).

Die *ABAB-Form* (Wechsel zwischen Strophe und Refrain) ist das in der modernen Rock- und Popmusik gebräuchlichste Schema. Diese Strophen-Refrain-Form (Teil A wird nun als Strophe, Teil B als Refrain bezeichnet) richtet sich nach der Gliederung des jeweiligen Songtextes. Natürlich ist es auch denkbar, Instrumentalstücke zu komponieren, die der ABAB-Form folgen, aber im Allgemeinen wird dieses Schema für Lieder und Songs verwendet, deren Form an der Singstimme orientiert ist.

Strophen-Refrain-Songs sind wie folgt aufgebaut:

- **Intro (I):** Das Intro führt den Hörer in die Atmosphäre der Komposition ein und ist in der Regel rein instrumental, auch wenn gelegentlich ein gesprochener Text verwendet wird, wie etwa in »Let's Go Crazy« von Prince.
- **Strophe (S):** Mit der ersten Strophe beginnt die Geschichte, die im Liedtext des Songs erzählt wird.
- **Refrain (R):** Der Refrain ist derjenige Teil des Songs, der im Gedächtnis haften bleiben soll – der mehrfach wiederholte Dreh- und Angelpunkt des Stücks.
- **Strophe (S):** In der zweiten Strophe wird die Geschichte weitererzählt.
- **Refrain (R):** Bei seiner Wiederholung prägt sich der Refrain dem Hörer noch nachdrücklicher ein.
- **Bridge (B):** Der »Übergang« (er kann rein instrumental komponiert oder auch mit einem Liedtext versehen sein) kommt in der Regel nur ein einziges Mal im Song vor und bildet einen Kontrast zum Wechselspiel zwischen Strophen und Refrain.
- **Refrain (R):** Mit dem letzten Refrain klingt der Song aus und endet in der Regel auf dem Akkord der ersten Stufe.

Die ABAB-Form wird also auf diese Weise modifiziert beziehungsweise ergänzt. Zum Wechsel zwischen Strophen und Refrain kommen das Intro und die Bridge hinzu, sodass der folgende Ablauf entsteht: ISRSRBR. Ähnlich wie bei den verschiedenen Bluesformen werden auch hier bevorzugt die Akkorde der ersten, vierten und fünften Stufe verwendet.

Tausende, ja vielleicht sogar Millionen bekannter Songs folgen dem Strophen-Refrain-Schema. Einige wenige Beispiele aus der jüngeren und älteren Popmusik sind: »Ob-La-Di, Ob-La-Da« (Beatles), »Sex Bomb« (Tom Jones), »Poker Face« (Lady Gaga) und »Lose Yourself« (Eminem). Obwohl alle diese Songs sich strukturell ähneln, sind sie jeweils unverwechselbar, da sie sich in ihrer Melodie und Harmonisierung sowie ihrem Text stark unterscheiden.

Der amerikanische Musiker Mark Mallman über musikalische Spielregeln

Lassen Sie sich von der Theorie nicht entmutigen. Betrachten Sie sie als Werkzeug, das Sie dorthin bringt, wohin Sie wollen. Der Boss sind nach wie vor Sie selbst. Musiktheorie ist wie eine Fremdsprache, die Sie lernen sollten, um sich eindeutiger und müheloser mit anderen Musikern verständigen zu können. Manchmal habe ich den Wunsch, einen zusätzlichen Bassisten einzusetzen, und ich treffe auf Leute, die technisch wirklich mit allen Wassern gewaschen sind und genau wissen, wie ein guter Song funktioniert – aber es mangelt ihnen an musiktheoretischen Kenntnissen. Da rufe ich zum Beispiel, während wir spielen: »Jetzt einen V-Akkord!« – und kein Mensch weiß, was er machen soll, und auf diese Weise kann ich natürlich nicht arbeiten. Jeder Musiker sollte Ahnung von den theoretischen Grundlagen haben, zum Beispiel von Tonleitern oder Rhythmus. Das sind alles Dinge, die man innerhalb einer Woche locker lernen kann. Und wenn man sie draufhat, ist es so, als wüsste man alle Geheimnisse, um ein Super-Mario-Game zu meistern. Das macht die magische Wirkung einer Band aus – dass jeder weiß, wohin der andere einen Song zu lenken versucht, und: ohne Theorie keine Magie!

Für alle, die gern improvisieren: Der Jazz!

Die eigentliche Seele des Jazz war stets die Improvisation – deshalb lässt sich in vielen Jazzstücken die musikalische Form schwerer identifizieren als im Blues, Rock oder Pop. Ein Anliegen vieler Jazzmusiker besteht darin, ein weithin bekanntes Stück (einen sogenannten *Standard*) völlig neu zu interpretieren oder bestimmte Aspekte der Musik individuell zu variieren und zu verändern, sei es die Melodie, die Harmonisierung oder die Taktart. Dennoch wird die grundlegende Struktur eines Standards auch bei Bearbeitungen und Reharmonisierungen meist beibehalten.

Um jemandem zu erklären, wie ein Jazzstück aufgebaut ist, greift man am besten auf das Beispiel eines Blues-Songs zurück, der sich an einem der in diesem Kapitel beschriebenen Taktschemata und an dem Prinzip *Ruf und Antwort* orientiert – und ersetzt die Stimmen gedanklich durch die entsprechenden Instrumente, die den Jazzsound ausmachen: Blasinstrumente (Saxofon, Trompete, Posaune), Kontrabass oder Bassgitarre, Schlagzeug, Klavier und in jüngerer Zeit auch die E-Gitarre. Beim Dixieland-Jazz spielen die Musiker auf ihren Instrumenten abwechselnd das Hauptthema des Stücks, während die anderen sogenannte *Kontra-Melodien,* also kontrastierende musikalische Ideen, improvisieren, die im Hintergrund zu hören sind.

Das am klarsten bestimmbare Element in der Jazzmusik ist (wenn man einmal vom *Free Jazz* absieht, bei dem kaum noch grundlegende Strukturen zu erkennen sind, obwohl es sich dabei zweifellos auch um Jazz handelt) der Rhythmus. Die allermeisten Jazzstücke bedienen sich eines klaren, regelmäßigen Metrums und sehr charakteristischer Rhythmen, die aus jedem Stück deutlich herauszuhören sind.

IN DIESEM KAPITEL

Lernen Sie, wie wichtig das Tempo …

… und die Dynamik (Lautstärke) für die Musik sind

Kapitel 15

Den Klang variieren durch Tempo und Dynamik

Jeder weiß: Wenn man eine Reihe von Tönen hintereinander spielt, ist das noch lange keine Musik. Musik bedeutet nicht nur, Töne zu produzieren, sondern sie auch zu gestalten und mit dem Publikum zu kommunizieren. Und zu dieser Kommunikation kommt es nur, wenn man die Aufmerksamkeit des Zuhörers erregt, wenn man ihn inspiriert und bei ihm eine emotionale Wirkung hervorruft.

Zwei Werkzeuge sind dabei für den Musiker äußerst wichtig: das *Tempo* (also die Geschwindigkeit), in dem man einen Song spielt, und seine *Dynamik* (die Lautstärke und ihre Veränderungen). Mithilfe dieser Parameter kann aus der notierten Musik ein so elegantes und virtuoses Klangerlebnis entstehen wie in Liszts Ungarischer Rhapsodie Nr. 2, etwas so Mitreißendes wie in Chopins Etüden oder – um ein moderneres Beispiel anzuführen – etwas so Getragenes und Emotionales wie Nick Caves »Red Right Hand«.

Tempo und Dynamik sind es, die beeinflussen, ob sich das Musikstück fröhlich, traurig oder zornig anhört. Sie verraten dem Musiker genau, auf welche Weise er die Intention des Komponisten verwirklichen soll. In diesem Kapitel wollen wir Ihnen einiges über den Umgang mit diesen beiden Parametern verraten – vor allem, wie man sie gekonnt einsetzt und wie man sie in der Notenschrift kenntlich macht.

Das richtige Tempo finden

»Tempo« kommt vom lateinischen »tempus« und bedeutet »Zeit«. Wenn man also vom Tempo eines Stückes spricht, so meint man damit die Geschwindigkeit, in der das Stück vorgetragen wird (und die innerhalb des Stücks durchaus variieren kann).

Es geht jedoch nicht unbedingt darum, möglichst schnell oder möglichst langsam zu spielen. Das Tempo legt die Grundstimmung eines Musikstücks und damit dessen Charakter fest. Wenn ein sehr langsames Stück vorgetragen wird (in der musikalischen Fachsprache heißt das *adagio*), versetzt man den Zuhörer in eine ruhige und gelassene Stimmung, während sehr schnell vorgetragene Musik (in der Fachsprache *prestissimo*) für eine heitere und beschwingte Atmosphäre sorgen kann. (Die italienischen Begriffe erklären wir später noch genauer.)

Wie wichtig das Tempo eines Musikstücks ist, erkennen wir auch, wenn wir uns klarmachen, dass viele Musikstücke ursprünglich als Begleitung für Tanzende gedacht waren. Ihre Bewegungen bestimmten häufig das Tempo der Musik, und die Musiker richteten sich danach.

Vor dem 17. Jahrhundert war es nicht üblich, in notierter Musik Hinweise zum Spieltempo und zur Lautstärke festzulegen – die Musiker wussten aus ihrer Erfahrung oder durch den Komponisten selbst, wie schnell und wie laut ein Stück vorzutragen war. Erst ab der Barockzeit begannen Komponisten, auch die Parameter Tempo und Dynamik in der Notenschrift zu berücksichtigen. In den folgenden Abschnitten erfahren Sie, auf welche Weise dies geschah und welche Auswirkungen es auf heutige Musiker hatte.

Das Tempo in der Musiktheorie

Eine der ersten Personen, die ein fundiertes Buch über die Theorie des musikalischen Tempos schrieb, war der französische Philosoph und Mathematiker Marin Mersenne. Schon als Jugendlicher interessierte er sich brennend für die mathematischen Gesetze und Rhythmen unseres Alltags – wie etwa den Herzrhythmus von Säugetieren, den Hufschritt von Pferden und den Flügelschlag verschiedener Vogelarten. Diese Leidenschaft führte ihn schon bald in das Gebiet der Musiktheorie. In seinem 1636 veröffentlichten Buch *Harmonie universelle* stellte er sein Konzept der Messung und Bestimmung von Zeiteinheiten vor, die er (in Anlehnung an den kleinsten Notenwert in der Renaissance-Musik, wie er in der sogenannten Mensuralnotation üblich gewesen war) als *Minimen* bezeichnete. Eine solche Einheit entsprach dem menschlichen Herzschlag – also etwa 70 bis 75 Schläge pro Minute (*beats per minute = bpm* ist die Einheit, in der das musikalische Tempo angegeben wird). Mersenne schlug auch vor, die Minimen weiter zu unterteilen, um noch kleinere Zeiteinheiten messbar zu machen.

Mersennes Theorien wurden von der Musikwelt mit offenen Armen empfangen. Seit der Entwicklung der Notenschrift, die bereits Jahrhunderte zurücklag, hatte man noch keine Möglichkeit gefunden, Zeitverläufe in der Musik präzise zu kontrollieren. Mithilfe der Pendeluhr, die ebenfalls zu dieser Zeit erfunden wurde, war dies nun möglich geworden, sodass Komponisten sich ab jetzt darauf verlassen konnten, dass ein von ihnen gewünschtes Tempo präzise ausgeführt wurde.

Wie man mit einem Metronom arbeitet

Haben Sie Dario Argentos *Two Evil Eyes* gesehen? Oder den einen oder anderen Hitchcock-Film? Dann ist für Sie ein Metronom vielleicht vor allem ein pyramidenförmiges

Gerät, das dazu dient, mit seinem stetigen Ticken andere in den Wahnsinn zu treiben. In Wahrheit jedoch erfüllt es natürlich einen anderen Zweck.

Ein Metronom ist ein Hilfsmittel, um zu lernen, wie man ein bestimmtes Tempo während eines ganzen Stückes durchhält. Das heißt: Das Tempo, das der Komponist sich vorgestellt hat, als er sein Stück schrieb, können Sie an einem Metronom einstellen, sodass es Sie beim Spielen des Stückes kontrolliert.

Das erste Metronom wurde im Jahre 1696 von dem französischen Musiker und Erfinder Étienne Loulié vorgestellt. Dieser Prototyp bestand aus einem ganz schlichten, mit einem Gewicht versehenen Pendel. Das Problem bei Louliés Erfindung war nur: Um bei sehr langsamen Tempi wie etwa 40 bis 60 bpm noch zu funktionieren, hätte das Gerät über einen Meter achtzig groß sein müssen.

Erst mehr als 100 Jahre später kamen zwei deutsche Erfinder – Dietrich Nikolaus Winkel und Johann Nepomuk Mälzel – unabhängig voneinander auf die Idee, jene federgelagerte Konstruktion herzustellen, an der sich auch heute noch alle analogen (nicht elektronischen) Metronome orientieren. Winkel nannte seine Erfindung *Musik-Chronometer*; Mälzel war jedoch der Erste, der sich ein Patent auf das fertige Produkt sichern ließ, deshalb ist der Anfangsbuchstabe seines Nachnamens auch heute noch Bestandteil der Maßeinheit *MM* (Mälzels Metronom). Diese Einheit ist gleichbedeutend mit dem bereits erwähnten bpm (Schläge pro Minute): Wenn es etwa heißt MM = 120, so bedeutet das: Das betreffende Stück muss mit einem Tempo von 120 bpm, also 120 Zählzeiten pro Minute gespielt werden.

Auch das Metronom stieß bei Musikern wie auch Komponisten auf breite Zustimmung. Die Komponisten konnten das von ihnen gewünschte Tempo nun sehr genau (in Schlägen pro Minute) angeben. Die Metronom-Angabe wurde zu Beginn des Stücks verzeichnet, und jeder Musiker konnte auf diese Weise sein Metronom genau justieren. Hieß es zum Beispiel: *Viertelnote = 96* oder *MM = 96*, so bedeutete das: Eine Viertelnote muss genau so lang sein, dass sie 96 Mal in eine Minute passt, oder mit anderen Worten: genau 0,625 Sekunden. Heute werden zunehmend elektronische Metronome verwendet, vor allem bei klassischen und avantgardistischen Kompositionen, die ein präzises Timing erfordern.

Wie man die Tempobezeichnungen richtig liest

Auch wenn das Metronom die ideale Erfindung war, um das musikalische Tempo ganz exakt festzulegen, so beschränkten sich Komponisten häufig auf die ungefähre Angabe von Geschwindigkeiten ohne genaue Metronomzahlen. Dazu bedienten sie sich der damals geläufigen italienischen Begriffe, um Tempo und Charakter eines Stücks zu bestimmen. Dass diese Begriffe ausgerechnet italienisch sind, liegt daran, dass in der Zeit, als musikalische Tempi erstmals festgelegt wurden, Italien die einflussreichste Nation auf dem Gebiet der Musik gewesen war.

In Tabelle 15.1 finden Sie die gängigsten italienischen Tempobezeichnungen, die sich auf dem Notenblatt meist oberhalb der Taktvorzeichnung zu Beginn des Stücks finden (siehe Abbildung 15.1).

Bezeichnung	Erklärung
grave (40–48 bpm)	sehr langsam, ernst und feierlich
largo(48–56 bpm)	langsam (wörtlich: breit)
larghetto (56–60 bpm)	etwas weniger langsam als *largo*
lento (60–64 bpm)	langsam
adagio (64–76 bpm)	ebenfalls noch recht langsam, aber fließend
andante (76–88 bpm)	Schritttempo, gehend
andantino (88–100 bpm)	etwas schneller als *andante*
moderato (100–108 bpm)	die »goldene Mitte«; ein mittleres, ausgewogenes Tempo zwischen langsam und schnell
allegretto (108–120 bpm)	gemäßigt schnell
allegro (120–148 bpm)	fröhlich, munter, beschwingt
vivace (148–160 bpm)	schnell und lebhaft
presto (160–184 bpm)	sehr schnell
prestissimo (184–200 bpm)	so schnell wie möglich

Tabelle 15.1: Gängige Tempobezeichnungen

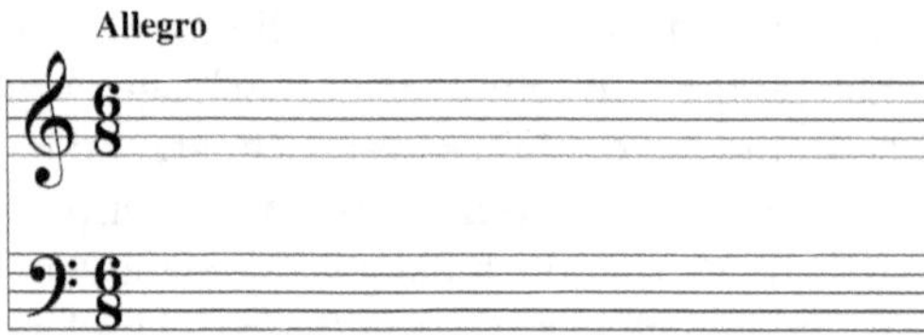

Abbildung 15.1: Die Angabe »Allegro« über der Taktvorzeichnung legt ein schnelles, fröhliches Tempo fest.

Um noch präzisere Angaben machen zu können, werden den Tempobezeichnungen oftmals Adverbien vorangestellt – wie *molto* (sehr), *meno* (weniger), *poco* (ein wenig) und *non troppo* (nicht zu sehr). Ein Beispiel: Wenn die Temponotation eines Stückes *poco allegro* lautet, so heißt das, dass man das Stück »ein wenig schnell« (also fast so schnell wie *allegro*) spielen soll, bei *meno allegro* bedeutet es »weniger schnell« (also etwas langsamer als vorher).

Falls Sie ein Metronom haben, probieren Sie alle möglichen Geschwindigkeiten aus, um ein Gespür für die verschiedenen Tempoangaben zu entwickeln. Falls nicht anders angegeben, bezieht sich der Metronomschlag auf die Länge von Viertelnoten.

In Track 93 hören Sie je ein Beispiel für 80 (langsames Tempo), 100 (gemäßigtes Tempo) und 120 (schnelles Tempo) Taktschläge pro Minute (bpm).

Mal schneller, mal langsamer: Das Tempo kann auch wechseln

Manchmal enthält ein Stück eine oder mehrere Passagen, die sich in ihrem Tempo von dem zu Beginn vorgegebenen Grundtempo unterscheiden. Auch für solche Tempowechsel gibt es in der Musik italienische Fachbegriffe.

Den folgenden Begriffen werden Sie in der Notenschrift dabei am häufigsten begegnen:

- ***accelerando (accel.):*** Das Tempo wird allmählich immer schneller.
- ***stringendo:*** Das Tempo wird in einem kurzen Zeitraum deutlich schneller.
- ***doppio movimento:*** Der hier beginnende Abschnitt wird in doppelter Geschwindigkeit gespielt.
- ***ritardando (rit., ritard., rallentando oder rall.):*** Das Tempo wird allmählich immer langsamer.
- ***calando:*** Das Tempo und eventuell auch die Lautstärke lassen langsam nach.

Wenn Sie am Ende einer Passage, die in einem abweichenden Tempo gespielt werden soll, auf den Begriff *a tempo* stoßen, so werden Sie veranlasst, zur ursprünglichen Geschwindigkeit zurückzukehren.

LAUT??!! Leise ...? Dynamik bedeutet Lautstärke

Dynamikbezeichnungen verraten dem Musiker, in welcher Lautstärke ein Stück zu spielen ist und eventuell. auch, wie sich diese im Verlauf der Musik ändern soll. Komponisten nutzen diesen Parameter, um die Wirkung ihrer Musik auf die Zuhörerschaft zu steuern. Mit leisen Balladen wird man beim Publikum sicher andere Gefühle wecken als mit lauten oder gar aggressiven Rocksongs.

Die bekanntesten Dynamikbezeichnungen – von ganz leise bis ganz laut – finden Sie in Tabelle 15.2.

Bezeichnung	Abkürzung	Erklärung
pianissimo	*pp*	sehr leise zu spielen
piano	*p*	leise zu spielen
mezzopiano	*mp*	mittelleise zu spielen
mezzoforte	*mf*	mittellaut zu spielen
forte	*f*	laut zu spielen
fortissimo	*ff*	sehr laut zu spielen

Tabelle 15.2: Die gängigsten Dynamikbezeichnungen

Dynamikbezeichnungen finden sich in der Regel zu Beginn eines Stücks und in der Folge immer dort, wo sich die Lautstärke ändern soll. Sehen wir uns dazu Abbildung 15.2 an: *Pianissimo (pp)* bedeutet, das Stück ist zu Beginn sehr leise zu spielen, bis das nächste Dynamikzeichen folgt, nämlich *fortissimo (ff)*. Ab dem zweiten Takt soll also sehr laut gespielt werden.

Abbildung 15.2: Die Dynamikbezeichnungen verraten dem Musiker hier, dass er den ersten Takt sehr leise, den zweiten Takt hingegen sehr laut zu spielen hat.

Graduelle Veränderungen der Lautstärke

Manchmal werden Sie auf einem Notenblatt eins der beiden Zeichen finden, wie sie in Tabelle 15.3 zu sehen sind. Sie können sich über eine Gruppe von zwei oder drei Noten oder auch über eine Passage von mehreren Takten erstrecken.

Bezeichnung	Abkürzung	Erklärung
crescendo	*cresc.* <	Lautstärke allmählich steigern
diminuendo oder *decrescendo*	*dim.* > *oder decresc.* >	Lautstärke allmählich verringern

Tabelle 15.3: Graduelle Veränderungen der Lautstärke

Diese Symbole bezeichnet man in der musikalischen Fachsprache als Gabeln. Öffnet sich die Gabel nach rechts (in Leserichtung) <, so wird die Lautstärke nach und nach gesteigert, bis man am Ende der Gabel angekommen ist. Dabei ist die Start- und Endlautstärke nicht exakt festgelegt (Abbildung 15.3).

Abbildung 15.3: Beispiel für ein Crescendo – man steigert die Lautstärke immer mehr, bis die Gabel endet.

Wird die Gabel nach rechts (in Leserichtung) schmaler, >, so wird die Lautstärke nach und nach verringert, bis man das Ende der Gabel erreicht hat. Auch hier ist nicht exakt vorgegeben, in welcher Lautstärke man beginnt und endet (Abbildung 15.4).

Abbildung 15.4: Beispiel für ein Diminuendo – man reduziert die Lautstärke immer mehr, bis die Gabel endet.

Ein weiteres, sehr verbreitetes Symbol, dem Sie in der Notenschrift oft begegnen werden, ist der sogenannte *Bindebogen (Legatobogen)*, wie er ein Abbildung 15.5 zu sehen ist. Stellen Sie sich einmal vor, Sie hätten ein paar Gläser über den Durst getrunken – dann klingt Ihre Sprache verwaschen, und die Worte sind nicht mehr scharf voneinander getrennt. Das ist es, was der Bindebogen zwar nicht mit Worten, aber mit Tönen anstellt – sie grenzen direkt aneinander, sodass jeder Ton, ohne abzusetzen, genau so lang gehalten wird, bis der nächste Ton beginnt. Bindebögen sehen aus wie Kurven, die über eine Reihe von Noten hinwegreichen. (Nicht zu verwechseln mit Haltebögen, die dafür sorgen, dass ein- und dieselbe Note über einen Taktstrich hinweg ausgehalten wird – oder mit Phrasierungsbögen, die den Beginn und das Ende einer musikalischen Phrase kennzeichnen.) In Abbildung 15.5 sind sowohl Binde- als auch Haltebögen zu sehen:

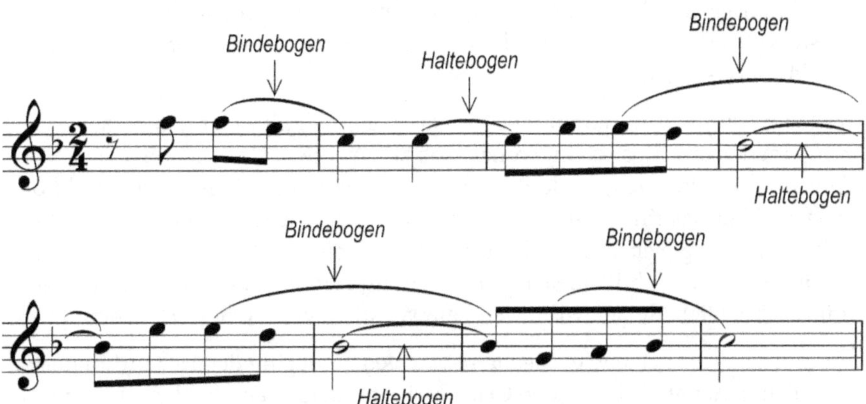

Abbildung 15.5: Binde- und Haltebögen in einer Passage aus dem Lied »O sole mio«

Weitere musikalische Vortragsbezeichnungen

Es gibt eine Vielzahl weiterer italienischer Anweisungen, die in den Noten erscheinen können. Sie sollen die Spielweise der Musiker in eine bestimmte Richtung beeinflussen oder beschreiben einfach den Charakter der Musik. In Anfängerstücken werden Sie den folgenden Vortragsbezeichnungen eher selten begegnen, wohl aber in Stücken für Fortgeschrittene:

- ***agitato:*** erregt, bewegt, aufgewühlt
- ***animato:*** beschwingt, beseelt
- ***appassionato:*** leidenschaftlich

- ***con forza:*** kraftvoll
- ***dolce:*** lieblich, süß, sanft
- ***dolente:*** traurig, bekümmert, klagend
- ***grandioso:*** großartig, prächtig, anmutig, graziös
- ***legato:*** gebunden (die Töne grenzen direkt aneinander)
- ***sotto voce:*** kaum hörbar, gedämpft
- ***staccato :*** Die Töne werden kurz und voneinander getrennt gespielt.

Das beliebteste Instrument bei Komponisten – das Klavier

Seit seiner Erfindung ist das Klavier für viele Personen, die selbst Musik schreiben wollen, das Instrument der Wahl. Das hat einen konkreten Grund: Jeder Ton, der verwendet werden kann, ist direkt auf der Klaviatur verfügbar, und es können auch komplexe Klänge mit vielen verschiedenen Tönen leicht dargestellt werden. Der Umfang eines Klaviers beträgt für gewöhnlich sieben bis acht Oktaven, sodass der gesamte Tonraum eines Orchesters abgedeckt ist – deshalb können auch Orchesterwerke am Klavier entworfen und skizziert werden.

Sie wollen Musik für ein Fagott komponieren? Da bieten sich die tiefer klingenden Klaviertasten an, um das Ergebnis schon einmal grob zu erproben. Oder geht es Ihnen um eine Komposition für eine Geige – dafür eignen sich wiederum die mittleren und höheren Tonlagen. Aber das Klavier hat noch einen weiteren entscheidenden Vorteil: Sie können mehrere Noten gleichzeitig, also auch Akkorde spielen – versuchen Sie das mal auf einer Trompete. Dadurch kann sich ein Komponist ein gutes Bild davon machen, wie sein Stück schließlich klingen wird, wenn ein vollständiges Orchester es vorträgt.

Das Klavier und seine ausgeklügelte Mechanik wurden zu Beginn des 18. Jahrhunderts von einem Italiener namens Bartolomeo Cristofori erfunden. Schon bald, nachdem das Klavier auf dem Markt erschien, entdeckten viele Komponisten dank der vielseitigen Möglichkeiten dieses Instruments völlig neue Wege der Komposition.

Wozu die Klavierpedale gut sind

Die meisten Klaviere haben drei Pedale (manche auch nur zwei). Jedes dieser Pedale erfüllt einen bestimmten Zweck – was in der Notenschrift wiederum weitere Vortragsbezeichnungen erfordert. Die Pedale sind in der Regel wie folgt angeordnet:

- **Das Dämpferpedal (oder *Una-Corda*-Pedal) links:** Bei Klavieren sorgt das Dämpferpedal dafür, dass die Hämmer im Inneren des Klaviers näher an die jeweils dazugehörigen Saiten herangeführt werden. Da der Hammer also einen kürzeren Weg zurücklegen muss, um zu »seiner« Saite zu gelangen, erreicht er sie mit einer geringeren Geschwindigkeit, was zur Folge hat, dass der Ton leiser erklingt als ohne Gebrauch des linken Pedals.

Die meisten modernen Konzertflügel und größeren Klaviere verfügen über drei Saiten pro Taste, die der Hammer, wenn man eine bestimmte Taste anschlägt, alle gleichzeitig berührt. Das Dämpferpedal sorgt dann jedoch dafür, dass alle Hämmer sich ein wenig nach rechts verlagern, sodass nur eine einzige Saite getroffen wird (*una corda* bedeutet: eine Saite). Dadurch wird die Lautstärke ebenfalls verringert, und der Klang wird ein wenig dumpfer.

- **Das Tonhaltepedal in der Mitte:** Falls ein Mittelpedal vorhanden ist (viele Klaviere haben nur die beiden äußeren Pedale), kann es – je nach Klavier – ganz unterschiedliche Aufgaben haben. Meistens handelt es sich um ein sogenanntes *Sostenuto*-Pedal, mit dessen Hilfe ein oder mehrere Töne ungehindert ausklingen können, während folgende Töne bereits ohne diesen *Sustain*-Effekt gespielt werden.
- **Das rechte Pedal (oder Dämpferaufhebungspedal) rechts:** Wenn man dieses Pedal tritt, heben sich die Dämpfer, die sich innerhalb des Instruments befinden und normalerweise dafür sorgen, dass beim Loslassen einer Taste die Saite wieder aufhört zu klingen, von den Saiten, sodass alle Saiten so lange ausklingen können, wie es ihrer Natur entspricht. Dadurch bekommen alle gespielten Töne einen langen Nachklang (wenn Sie wissen wollen, wie sich das genau anhört, lauschen Sie einmal dem Ende des Songs »A Day in the Life« von den Beatles). Dies bedeutet, dass beim Gebrauch des rechten Pedals Vorsicht geboten ist – wenn es getreten wird, verschmelzen alle Klänge, die gespielt werden, miteinander, was nur dann gut klingt, wenn die Töne zum gleichen Akkord gehören. Es sind also regelmäßige Pedalwechsel (kurzes Anheben und Absenken des Pedals) erforderlich. Geübte Pianisten verwenden das rechte Pedal so subtil, dass die Wechsel nicht hörbar sind.

Sofern der Komponist den Gebrauch der Pedale festlegen wollte, stehen diejenigen Passagen, in denen es verwendet werden soll, in waagerechten eckigen Klammern. Welches Pedal wir dabei verwenden müssen, steht daneben oder darunter. Ist kein spezielles Pedal angegeben, handelt es sich grundsätzlich um das rechte Pedal.

Ein Beispiel dafür sehen wir in Abbildung 15.6: Da steht nur »Ped.«– also müssen wir während der gesamten Passage das rechte Pedal treten. Aber Vorsicht! Wo eine der Klammern durch das Zeichen ^ unterbrochen wird, müssen wir das Pedal wechseln, also kurz heben und wieder erneut treten.

Abbildung 15.6: So sehen wir auf dem Notenblatt, wann wir das rechte Pedal benutzen sollen und wie lange es festgehalten werden muss.

Vom Cembalo zum Klavier

Die Verwendung von Dynamikbezeichnungen in der Notenschrift begann in der gleichen Zeit, in der das Klavier erfunden wurde – wofür es gute Gründe gibt. Bevor Bartolomeo Cristofori zu Beginn des 18. Jahrhunders die Hammertechnik erfand, waren das Cembalo und das Clavichord die verbreitetsten Tasteninstrumente. Auf diesen beiden Instrumenten war keine Variation der Lautstärke möglich.

Warum war es so schwierig, auf dem Cembalo den Klang und die Lautstärke zu variieren? Weil es von seiner inneren Konstruktion her einem Zupfinstrument ähnelt. Anders als bei einer Gitarre oder Geige jedoch kommen die Finger des Spielenden nicht direkt mit den Saiten in Kontakt, da Cembalos mit einem Zupfmechanismus ausgestattet sind, der sich im Inneren des Instruments befindet. Drückt man nun eine bestimmte Taste, so wird die entsprechende Saite innerhalb des Instruments angezupft. Und egal, ob man nun hart oder sanft auf die Taste drückt – die resultierende Lautstärke bleibt ziemlich gleich.

Klavier und Cembalo unterscheiden sich in ihrer Mechanik deutlich. Ein Klavier besitzt einen Mechanismus aus Hämmern und Hebeln, bei dem jede Saite genau so stark angeschlagen wird, wie der menschliche Finger die jeweilige Taste betätigt. Da es ein Hammer ist, der beim Tastendruck eine Saite zum Tönen bringt, kann das Klavier sowohl zu den Saiten als auch zu den Perkussionsinstrumenten gezählt werden. Das Klavier macht es möglich, sowohl laute als auch leise Töne auf ein und demselben Instrument – und sogar zur gleichen Zeit mit beiden Händen – zu erzeugen. Diese Flexibilität verhalf dem Klavier auch zu seiner ursprünglichen Bezeichnung *gravicembalo col pian e forte* (übersetzt »Cembalo für laute und leise Töne«). Später verkürzte man den Namen zu *Pianoforte* und bald schon zu der schlichten Bezeichnung *Piano*.

Artikulationszeichen bei anderen Instrumenten

Als musikalische Artikulation bezeichnet man Spielanweisungen, die die Kürze oder Länge der Töne betreffen. Auch wenn die meisten Artikulationsbezeichnungen als Universalanweisungen gelten, die für jedes Instrument gelten (etwa *legato* oder *staccato*), gibt es dennoch einige, die auf ganz bestimmte Musikinstrumente zugeschnitten sind. Einige dieser Bezeichnungen samt den Instrumenten, für die sie in der Regel verwendet werden, finden Sie in Tabelle 15.4.

Bezeichnung	Bedeutung
Saiteninstrumente	
martellato	kräftiger, hämmernder Anschlag, gespielt mit sehr kurzen und schnellen Bewegungen des Bogens
pizzicato	Die Saiten werden mit den Fingerkuppen angezupft.
spiccato	mit einer leichten, hüpfenden Bewegung des Bogens zu spielen
tremolo	Durch schnelles Hin- und Herbewegen des Bogens auf einer Saite entsteht ein flirrender, instabiler Klang.
vibrato	Durch leichte Bewegung des greifenden Fingers schwankt die Tonhöhe minimal auf- und abwärts.
Blechblasinstrumente	
chiuso	Der Schalltrichter wird mit der Hand oder einem Dämpfer verstopft, was zu einem flachen oder blechernen Klang führt.
Gesang	
a cappella	nur Singstimmen, ohne Begleitung von Instrumenten
parlando oder *parlante*	halb gesungen, halb gesprochen

Tabelle 15.4: Artikulationsbezeichnungen für verschiedene Instrumente

IN DIESEM KAPITEL

Erfahren Sie alles über Klangfarben

Machen wir Sie mit den Grundlagen der Akustik vertraut

Kapitel 16
Die Klangfarbe und Akustik von Instrumenten

Haben Sie sich schon einmal gefragt, wieso das Leadinstrument in den meisten Songs eine Gitarre oder ein Klavier ist – und nur in ganz seltenen Fällen eine Tuba oder ein Fagott? Okay, möglicherweise haben Sie sich darüber noch nie Gedanken gemacht – für den Fall aber, dass Sie selbst Musik komponieren wollen, ist das keine unwichtige Frage.

Die simple Erklärung dafür, weshalb bestimmte Instrumente immer wieder für Soli und musikalisch Bedeutsames verwendet werden, andere dafür so gut wie nie, besteht darin, dass das menschliche Ohr auf einen mittelhohen bis hohen Frequenzbereich besonders empfindlich reagiert. Auch Babys und kleine Kinder plappern in dieser hohen Tonlage vor sich hin, Vögel singen in ihr, und hohe Töne (sofern sie nicht schrill sind) sind offenbar für die meisten Menschen angenehmer als tiefe Töne. Man könnte von einer Naturkonstante sprechen.

Wenn wir uns mit anderen unterhalten, machen wir es nicht anders: Sobald uns etwas Originelles einfällt oder wir von etwas besonders Schönem oder Wichtigem sprechen, brummen wir nicht vor uns hin, sondern unsere Stimme bewegt sich in den höheren Tonlagen. Der Klang von Leadstimmen und Soloinstrumenten spielt sich also gewöhnlich in dem Frequenzbereich ab, auf den unser Ohr besonders gut anspricht.

In diesem Kapitel erfahren Sie, wie der Klang eines Instruments zustande kommt und wieso Gitarren wie Gitarren klingen, Geigen wie Geigen, Trompeten wie Trompeten. Auch die Themen Akustik und Instrumentenbau wollen wir uns vornehmen und ferner erklären, wieso die Sitzordnung kleiner Ensembles und Orchester einer ganz bestimmten musikalischen Logik folgt.

Welche Farben hat die (Musik-)Welt?

Die *Klangfarbe* ist der ganz spezifische Charakter des Klangs eines Instruments, der dieses wiedererkennbar und auch im Zusammenspiel mit anderen Instrumenten heraushörbar macht. Die Klangfarbe ist abhängig von folgenden Parametern des Tons:

- ✔ Einschwingen (Beginn eines Tons)
- ✔ Timbre
- ✔ Ausklang des Tons

Diese drei Parameter sorgen dafür, dass jedes Instrument anders und unverwechselbar klingt. Selbst wenn man Musik über zweitklassige Autolautsprecher hört, muss man schon sehr schwerhörig sein, um zum Beispiel ein Akkordeon nicht von einer Flöte unterscheiden zu können. Sehen wir uns die drei Bestandteile der Klangfarbe doch einmal genauer an.

Das Einschwingen: Die ersten Sekundenbruchteile geben den Ausschlag!

Das Einschwingen ist das Erste, was man hört, wenn ein Ton erklingt, und es ist auch diejenige Komponente, die uns am deutlichsten Aufschluss darüber gibt, von welchem Instrument der Ton erzeugt wurde. Bedingt durch die unterschiedliche Art der Klangerzeugung (beispielsweise durch gestrichene Saiten, durch angeschlagene Metallstäbe oder durch angeblasene Rohre) hört sich das Einschwingen etwa bei einer Geige völlig anders an als bei einem Klavier, bei einem Klavier völlig anders als bei einer Gitarre. Bleiben wir einmal bei diesen drei Instrumenten:

Geige: Man erkennt ihren Einschwingklang bereits in den ersten Sekundenbruchteilen: Es ist jenes kurze, raue Geräusch, das entsteht, wenn ein Bogen eine Saite berührt und durch sanften Druck in Bewegung versetzt. Es klingt unverwechselbar und unmissverständlich. Man nimmt jenen ersten winzigen Moment nicht einmal bewusst wahr, aber trotzdem ist er da. Wenn Sie sich ein Geigenstück in verlangsamtem Tempo anhören könnten, würden Sie dieses kurze schabende Geräusch zu Beginn jedes Bogenstrichs genau heraushören.

Klavier: Immer wenn man eine Klaviertaste anschlägt, trifft ein kleiner, mit Filz bespannter Hammer im Inneren des Instruments auf zwei oder drei Metallsaiten, wodurch ein voller, präsziser und langsam abklingender Ton entsteht. Dieser Klangcharakter wird noch deutlicher, wenn wir den Klavierdeckel öffnen, sodass die Töne ungedämpft an unser Ohr dringen.

Gitarre: Das typische Gitarren-Einschwingen ist ein scharf konturiertes Zupfgeräusch beim Anzupfen einer Saite durch die Fingerkuppe, das ebenfalls sehr charakteristisch klingt. Bei Gitarren mit Nylonsaiten tritt es weniger deutlich hervor. Das Material der Saiten ist mitverantwortlich für die Vielfalt der Klangfarben der Gitarre, die abhängig vom Musikstil eingesetzt werden. Rock-, Pop- und Countrysongs spielt man in der Regel auf Gitarren mit Stahlsaiten, weil sie knackiger, aggressiver, schärfer klingen. Bei klassischer Musik, Flamenco und vielen Arten der Folk-Musik bevorzugt man hingegen Nylonsaiten oder Darmsaiten, da sie weicher klingen und einen differenzierteren Anschlag im leisen Bereich erlauben.

Die Geschwindigkeit, mit der die Anregung des Klangs (also das Anstreichen, Anschlagen oder Anzupfen) erfolgt, ist für den Klang eines Instruments übrigens ebenso ausschlaggebend. Eine stark angeschlagene Klaviertaste produziert einen völlig anderen Ton als eine sanft gedrückte; dieser Ton klingt nicht nur lauter, sondern auch schärfer, direkter und durchdringender.

Das Timbre – der eigentliche Körper eines Tons

Das *Timbre* (aus dem Französischen; Aussprache wie »täämbre«) wird auch als klanglicher Gehalt oder Körper eines Tons bezeichnet. Es ist hörbar, während der Klang weiter angeregt wird; auf einem Streichinstrument also, solange der Bogen in Bewegung ist, und auf einem Blasinstrument, solange der Atem strömt. Wenn man das Einschwingen und den Ausklang eines Tons mittels digitaler Technik wegschneidet, stößt man auf überraschende Ähnlichkeiten im Klang verschiedener Instrumente. (Über den Ausklang sprechen wir im nächsten Abschnitt.)

So sind zum Beispiel das Timbre und der Tonumfang einer Flöte und einer Geige recht ähnlich – da aber Erstere geblasen und die Saiten der Letzteren mit dem Bogen zum Klingen gebracht werden, unterscheidet sich das Einschwingen beider Instrumente ganz beträchtlich. Dieser Unterschied wird jedoch nur im ersten Augenblick deutlich, in dem wir den Ton hören. Das Timbre allein ist weniger ausschlaggebend.

Das Timbre wird hauptsächlich beeinflusst durch die *Schwingungen* oder Schallwellen, die beim Erklingen eines Instruments produziert werden. Jeder erzeugte Klang enthält einen Grundton (der am stärksten zu hören ist) und eine ganze Reihe von weiteren Teiltönen, auch Obertöne genannt (die sehr viel leiser klingen als der Grundton). Die Gesamtheit aller Teiltöne nennt man das *Klangspektrum*. Bedingt durch die unterschiedliche Bauart der Instrumente setzt sich das Klangspektrum aus immer anderen Teiltönen zusammen. Eine wesentliche Rolle spielt dabei der sogenannte Generator, also das Bauteil, das den Klang erzeugt (etwa eine Saite, eine Metallplatte oder ein angeblasenes Rohr) – aber auch der sogenannte Resonator (zum Beispiel der Korpus einer Geige oder Gitarre, durch den der Schall verstärkt wird) beeinflusst den Instrumentenklang maßgeblich.

Jeder Klang, egal welcher Quelle er entspringt, kommt durch Schwingungen zustande. Es schwingt also immer irgendetwas, ansonsten wäre ein Klang gar nicht hörbar. Diese etwa von einer Saite oder einem Rohrblatt erzeugten Schwingungen bringen die Luftteilchen in der näheren Umgebung des Instruments zum Mitschwingen, und deren Schwingung wiederum pflanzt sich in der Umgebung der Moleküle fort und so weiter – so entsteht eine Schallwelle. Man kann Schallwellen durchaus mit den Wellen vergleichen, die entstehen, wenn man einen Stein ins Wasser wirft. Je weiter sie sich ausbreiten, umso schwächer werden sie, bis sie schließlich ganz verebben, und ebenso ist es mit Schallwellen. Wenn sie stark genug sind, um an unser Ohr zu dringen, nehmen wir einen Klang wahr.

Wir hören also Klänge, wenn es den Schallwellen gelingt, sich ihren Weg bis an unser Trommelfell zu bahnen. Diese Schwingungen werden dann vom Innenohr und vom Gehirn analysiert und als Musik, Verkehrslärm, Vogelgesang oder was auch immer eingeordnet. Da jedes Ohr und jedes Gehirn anders sind und zudem die emotionale Wahrnehmung von Klängen höchst subjektiv ausgeprägt ist (dies ist der Bereich der Psychoakustik), ist es nicht abwegig zu behaupten, dass keine Person einen Klang auf die gleiche Weise hört wie eine andere.

Die vollständige Vibration eines Teilchens in einer Schallwelle bezeichnet man als *Schwingungsperiode*, die Anzahl solcher Perioden pro Sekunde als die *Frequenz* der Schwingung. Ein maßgeblicher Unterschied zwischen zwei verschiedenen Tönen ist die Differenz ihrer Tonhöhen, und die wahrgenommene Tonhöhe wiederum ist abhängig von der Frequenz, die man in *Hertz* misst: Ein Hertz (Hz) entspricht einem Zyklus pro Sekunde. Ist die Frequenz hoch, dann ist auch der Ton hoch; ist die Frequenz niedrig, dann ist der Ton tief. Das mittlere C auf dem Klavier besitzt beispielsweise eine Frequenz von 264 Hz.

Wie man mit dem Synthesizer »natürliche« Töne produziert

Als die ersten Synthesizer erfunden wurden, versuchten die Hersteller, den »natürlichen« Klang akustischer Instrumente so gut wie möglich nachzuahmen. Dabei fiel ihnen auf, dass die eigentliche Herausforderung nicht darin bestand, das Timbre eines Instruments nachzuahmen (was die Ingenieure zunächst angestrebt hatten), sondern dessen Einschwingen und Ausklang. Schließlich verfiel man darauf, Aufnahmen tatsächlicher Instrumentenklänge zu speichern, um ihre Unterscheidbarkeit und Natürlichkeit zu gewährleisten. Ein solches Gerät nennt man *Sampler*.

Der menschliche Hörumfang (also das, was unsere Ohren wahrnehmen können) reicht von etwa 20 Hz bis zu 15 kHz (15000 Hz); die Obergrenze wird aber mit zunehmendem Alter niedriger. Die Frequenz der Töne, die auf einem Klavier gespielt werden können, reicht von 27,5 Hz bis zu etwa 4 kHz.

Wie bereits erwähnt, ist die Klangfarbe des Tons abhängig von der enthaltenen Zusammensetzung von Teiltönen. Jeder dieser Teiltöne im sogenannten Klangspektrum besitzt ein ganzzahliges Vielfaches der Frequenz des Grundtons, der vordergründig wahrgenommen wird. Es ist also möglich, die Frequenzen der Teiltöne durch Multiplikation der Grundfrequenz zu errechnen. Töne, die nur aus ihrem Grundton bestehen und keine weiteren Teiltöne enthalten, heißen *Sinustöne*; der Klang einer Stimmgabel ist ein nahezu reiner Sinuston.

Wenn ein Ton in den letzten Zügen liegt: Der Ausklang

Der *Ausklang* ist der Abschluss eines Tons, den man auf einem Instrument spielt. Ein solcher Ausklang ist entweder *impulsiv* oder *verklingend*. Was bedeutet das genau?

- ✔ **Impulsiv:** Dem *impulsiven* Ausklang begegnen wir bei Instrumenten, die ununterbrochen angeregt werden müssen, um ihren Klang am Leben erhalten zu können. Töne, die auf solchen Instrumenten produziert werden, werden beendet, indem die Anregung (beispielsweise der Bogenstrich oder der Atemstrom des Musikers) aufhört. Es ist also ein bewusster Impuls seitens des Musikers notwendig, damit der Ton endet; der Ausklang besteht lediglich aus dem Nachhall des Tons, bevor wieder Stille einkehrt. So verhält es sich bei allen Streich- und Blasinstrumenten und bei der Orgel.

- **Verklingend:** Einen *verklingenden* Ausklang besitzen Töne, die von selbst immer leiser werden und während ihres Erklingens nicht mehr gesteuert werden können. Dies betrifft alle Instrumente, bei denen Saiten angeschlagen oder gezupft werden (Klavier, Cembalo, Gitarre) und alle Schlaginstrumente. Sofern man einen solchen Ton also nicht durch bewusste Einflussnahme beendet, verebbt er nach und nach, ohne dass seine Länge genau bestimmbar wäre.

Sitzordnungen und die Frage, welcher Musiker wo sitzt

Falls Sie mal wieder live einem Orchester lauschen oder sich im Nachtprogramm des Fernsehens eine Bigband anhören, achten Sie doch einmal genau darauf, wie die einzelnen Musiker auf der Bühne verteilt sind – und vor allem, wo sich der Solist oder der Spieler des Leadinstruments befindet, sofern es einen gibt. Diese Positionen sind nämlich nicht zufällig gewählt.

Es werden Ihnen folgende Dinge auffallen:

- **Musiker, die das gleiche Instrument spielen, sind zu einer Gruppe zusammengefasst,** stehen also nicht willkürlich verteilt im Ensemble herum. Das liegt daran, dass mehrere Geigen, zwei Flöten oder zwei Klarinetten, wenn sie in unmittelbarer Nähe zueinander ertönen, besser zu einem Gesamtklang verschmelzen als in einer größeren räumlichen Distanz. Der Ensembleklang entsteht einerseits durch Homogenität in der Klangfarbe und der Spielweise, andererseits aber auch dadurch, dass der Klang einer ganzen Gruppe gleichartiger Instrumente aus der gleichen Richtung kommt.

Das Spielen im Ensemble ist eine der größten Herausforderungen am Musizieren. Für sich allein zu spielen, mag problemlos funktionieren – in einem Orchester jedoch geht es darum, exakt synchron mit den anderen Musikern zu spielen und die räumliche Entfernung zu den übrigen Instrumenten und zum Dirigenten nicht spürbar werden zu lassen.

- **Die Soloinstrumente haben ihren Platz näher beim Publikum als die anderen Instrumente.** Dadurch stehen sie optisch und klanglich im Vordergrund und werden von der Zuhörerschaft besser wahrgenommen. Die Schallwellen der Soloinstrumente erreichen das Publikum auf diese Weise etwas früher als die der restlichen Instrumente und werden daher vom Publikum als lauter empfunden.

Das gleiche Prinzip gilt übrigens auch für Bands mit mehreren Musikern, die mit Verstärkung spielen. Wenn der Sänger im Verhältnis zu den Gitarren im Vordergrund stehen soll, muss man dafür sorgen, dass der Lautsprecher, der seine Stimme überträgt, sich näher am Publikum befindet als die Gitarren- und Bassverstärker samt ihren Lautsprechern.

Der ideale Sitzplatz für den Besucher eines Orchesterkonzerts liegt meistens an einer zentralen Position, direkt hinter dem Dirigenten, im vorderen Drittel des Saals. Dirigenten stehen an dem Punkt, wo sie jeden Teil des Orchesters genau hören können. Diesen Sachverhalt nutzen Toningenieure bei der Aufnahme eines Orchesters aus, indem sie ihre Mikrofone direkt über dem Dirigenten installieren – dort klingt die Musik annähernd so, wie der Dirigent sie hört.

Teil IV
Der Top-Ten-Teil

Besuchen Sie uns doch einmal auf www.facebook.de/fuerdummies!

IN DIESEM TEIL …

- Erhalten Sie die Antworten auf häufig gestellte Fragen zur Musiktheorie.
- Erfahren Sie mehr über die Geschichte einiger der wichtigsten Persönlichkeiten, die die Musiktheorie geprägt haben.

IN DIESEM KAPITEL

Erfahren Sie, was Ihnen Musiktheorie eigentlich bringt

Wiederholen wir mit Ihnen ein paar der wichtigsten Themen aus diesem Buch

Kapitel 17
Zehn häufig gestellte Fragen zum Thema Musiktheorie

Vielleicht haben Sie ja einige Kapitel übersprungen und sind schon vorzeitig hier gelandet, um nachzusehen, ob auch Ihre eigenen dringlichen Fragen mit auf unserer Liste stehen. Kein Problem – dazu ist dieses Kapitel schließlich gedacht. Natürlich können wir nicht wissen, welche Fragen Sie oder die anderen Musiker da draußen im Einzelnen beschäftigen (dazu müssten wir uns persönlich schreiben), aber wir haben einfach mal versucht, die Probleme, mit denen wir am häufigsten konfrontiert werden, auf kompakte Weise in einem Kapitel zu vereinen.

Warum ist Musiktheorie so wichtig?

Musiktheorie hilft Ihnen dabei, Musik besser zu verstehen. Über je mehr Kenntnisse aus dem Bereich der Musiktheorie Sie verfügen, umso besser begreifen Sie die Gesetzmäßigkeiten, die Klängen und musikalischen Abläufen zugrunde liegen, und umso besser werden Sie auch selbst Musik machen und komponieren können (falls das Ihr Anliegen ist). Es ist wie mit dem Lesen und Schreiben: Wenn wir diese Fähigkeiten beherrschen, erleichtert das die Verständigung mit anderen ungemein, und wir können uns viel besser mitteilen. Ist es lebensnotwendig? Nein. Ist es hilfreich? Auf jeden Fall.

Nur ein Beispiel: Wenn Sie mit den Grundlagen, die Ihnen in diesem Buch vermittelt worden sind, versucht haben, ein eigenes Stück zu Papier zu bringen, dann können Sie die Leistungen und Fertigkeiten von Komponisten der Vergangenheit angemessener würdigen als ohne musiktheoretische Kenntnisse.

Ich mache bereits Musik – ohne theoretisches Wissen! Wozu sollte ich mich jetzt noch damit herumärgern?

Es gibt auf dieser Welt eine Menge Menschen, die weder lesen noch schreiben können, und dennoch gelingt es ihnen, sich anderen Menschen mit Worten sehr gut verständlich zu machen. Ebenso gibt es viele Musiker, die sich das Spielen eines Instruments selbst beigebracht haben, ohne etwas über Noten oder Akkorde zu wissen. Sie gehen intuitiv an die Sache heran, und sich mit Musiktheorie beschäftigen zu müssen, erscheint ihnen völlig unnötig.

Natürlich kann man niemanden zwingen, sich mit der Notenschrift und ihren Regeln auseinanderzusetzen. Bei näherer Betrachtung kann man von diesen Kenntnissen aber nur profitieren – spätestens, wenn man eigene Kompositionen an andere Musiker weitergeben möchte, ohne sie ihnen vorzuspielen. Über Musiktheorie Bescheid zu wissen, eröffnet eine Menge neuer Welten und ebnet den Weg zu vielen spannenden Dingen, die man ausprobieren kann und auf die man von selbst nie gekommen wäre – egal ob man ein Instrument lernt, selbst Musik macht oder komponieren will.

Warum taucht in Musiktheorie-Büchern immer wieder die Klaviatur auf? Ich spiele doch gar kein Klavier!

Das Klavier hat im Vergleich zu anderen Instrumenten eine ganze Reihe von Vorteilen – zumindest, wenn es ums Komponieren und Erproben von Klängen geht. Hier sind sie:

- ✔ **Alles ist bereits an Ort und Stelle.** Auf der Klaviatur haben Sie jeden Ton, den Sie brauchen, bereits vor sich – Sie müssen eigentlich nur wissen: nach links werden die Töne tiefer, nach rechts werden sie höher. Der Abstand zwischen zwei Tasten entspricht jeweils einem Halbtonschritt (wobei die schwarzen Tasten mitzählen). Auch lassen sich die Töne auf der Klaviatur viel leichter einprägen als zum Beispiel auf Gitarrensaiten: Oberhalb der weißen Tasten, die den Stammtönen einer Dur- oder Molltonleiter entsprechen, sind die schwarzen Tasten stets nach dem gleichen Muster angeordnet: eine Zweiergruppe, eine Dreiergruppe, eine Zweiergruppe, eine Dreiergruppe und so weiter. Das ist beim Erlernen der Notenschrift eine große Hilfe.
- ✔ **Auf dem Klavier kann man auch als Anfänger sofort Töne erzeugen.** Eine Taste zu drücken erfordert keine spezielle Übung – mit dem Geigenbogen umzugehen oder Gitarrensaiten zu greifen, hingegen schon. Auch bis man einer Trompete oder einem Saxofon den ersten vernünftigen Ton entlocken kann, kann eine Weile dauern. Insofern ist das Klavier in technischer Hinsicht zunächst einmal sehr »pflegeleicht«.
- ✔ **Ein Klavier hat einen sehr großen Tonumfang.** Die Anzahl an Tönen auf der Klaviatur übersteigt den Umfang fast jeden anderen Instruments. Der Vorgänger des

Klaviers – das Cembalo – besaß nur einen Umfang von drei bis vier Oktaven, doch das reichte für die Musik, die damals im 17. und 18. Jahrhundert komponiert wurde, völlig aus. Nach und nach wurde die Länge der Klaviaturen dann erweitert, bis sich gegen Ende des 19. Jahrhunderts der Umfang von siebeneinhalb Oktaven, wie man ihn auf modernen Klavieren findet, durchsetzte.

Gibt es eine Blitzmethode, um Noten lesen zu lernen?

Es gibt ein paar hilfreiche Eselsbrücken, mit deren Hilfe man sich schnell einprägen kann, welche Note sich wo im Liniensystem findet und mit denen angehende Musikschüler fast immer arbeiten. Später, wenn einem die Notenschrift »in Fleisch und Blut« übergegangen sind, sind diese Eselsbrücken nicht mehr notwendig.

Sie können sich natürlich Ihre eigenen Gedächtnisstützen ausdenken – ansonsten empfehlen wir Ihnen die folgenden:

- ✔ **Violinschlüssel (von unten nach oben)**

  Liniennoten: **E**in **G**uter **H**und **D**arf **F**ressen (EGHDF)

  Zwischenraumnoten: **FACE** (das englische Wort für Gesicht)

- ✔ **Bassschlüssel (von unten nach oben)**

  Liniennoten: **G**retel **H**at **D**as **F**enster **A**ufgemacht (GHDFA)

  Zwischenraumnoten: **A**lle **C**hristen **E**hren **G**ott (ACEG)

Wie erkenne ich eine Tonart an den Vorzeichen?

Das ist gar nicht so schwer – und es ist eine feine Sache, vor allem für Musiker, die noch Probleme damit haben, einem in Notenschrift niedergeschriebenen Stück Ton für Ton zu folgen, die aber trotzdem eine Orientierung über die verwendete Tonleiter gewinnen möchten, um etwa mit anderen Musikern zusammenspielen zu können.

Als Erstes sollten Sie herausfinden, ob das Stück in Dur oder Moll geschrieben ist. Mit ein wenig Übung reicht es, die ersten paar Takte eines Stücks zu hören, um zu erkennen, ob es sich um Dur oder Moll handelt. Sie können auch nachschauen, mit welchem Ton die Bassstimme des Stücks endet – das ist fast immer der Grundton. Ansonsten gelten folgende Merkregeln:

- ✔ Wenn im ersten Notensystem keine Vorzeichen zu sehen sind, handelt es sich um ein Stück in C-Dur (oder a-Moll).

- ✔ Besteht die Generalvorzeichnung aus nur *einem* Erniedrigungszeichen, so handelt es sich um F-Dur (oder d-Moll).
- ✔ Weist die Generalvorzeichnung mehr als ein Erniedrigungszeichen auf, so entspricht die Tonart (gilt für Durtonarten) der vorletzten Note mit Erniedrigungszeichen auf der Generalvorzeichnung des Notenblatts.
- ✔ Weist die Generalvorzeichnung Erhöhungszeichen auf, geht man von dem Ton aus, der vom letzten Kreuz angegeben wird, und zählt dann eine Stufe nach oben (auch dies gilt für alle Durtonarten). Beispiel: Wenn das letzte Erhöhungszeichen ein Dis ist, handelt es sich um die Tonart E-Dur. Ist es ein Fis, handelt es sich um die Tonart G-Dur.
- ✔ Wenn Sie zu einer Durtonart die korrespondierende Molltonart (auch Paralleltonart genannt) suchen, müssen Sie vom Grundton der Durtonart eine kleine Terz abwärts gehen, um den Grundton der parallelen Molltonart zu finden. Das entspricht auf dem Klavier vier benachbarten Tasten (die linke entspricht dem Moll-Grundton) und auf der Gitarre vier benachbarten Bünden (derjenige, welcher sich näher am Sattel befindet, entspricht dem Moll-Grundton). Beispiel: Die Paralleltonart zu C-Dur ist a-Moll (zwischen A und C liegt eine kleine Terz). Die Paralleltonart zu G-Dur ist e-Moll (zwischen E und G liegt ebenfalls eine kleine Terz).

Lässt sich ein Musikstück in einer anderen Tonart spielen?

Grundsätzlich: Ja. Um ein Musikstück in eine andere Tonart zu versetzen, also zu transponieren, reicht es, jeden Ton um ein und dasselbe Intervall zu verschieben. Beispiel: Ein Song steht in der Tonart G-Dur, Sie wollen ihn aber in C-Dur spielen. Das entspricht einer reinen Quarte aufwärts oder einen reinen Quinte abwärts. Nun müssen Sie alle Töne des Songs um genau jene reine Quarte beziehungsweise Quinte verschieben.

Eine weitere Möglichkeit besteht darin, sich die Tonleiterstufen des Originals einzuprägen, um sie daraufhin auf eine andere Tonart zu übertragen und in der neuen Tonleiter dieselben Stufen zu spielen.

Wenn ich zu viel über Musiktheorie weiß, kann ich dann überhaupt noch anständig improvisieren?

Musiktheoretisches Wissen schadet Ihrer Fähigkeit zum Improvisieren ganz bestimmt nicht. Jemand, der die Grammatikregeln einer Sprache beherrscht, verlernt dadurch ja auch nicht zu fluchen oder Slang zu sprechen. Es gilt sogar das Gegenteil: Je mehr Sie über Akkordfolgen und Tonleiterstufen wissen, umso leichter wird es Ihnen zum Beispiel fallen, mit anderen Musikern eine Jamsession abzuhalten.

Kann ich mit der Theorie auch als Schlagzeuger etwas anfangen?

Viele Schlagzeuger sehen sich – vor allem zu Beginn eines Musikstücks – als die »Tonangeber«, die das Tempo und den Rhythmus festlegen und deren Vorgabe der Rest des Ensembles sich zu fügen hat. Ein wirklich guter Schlagzeuger jedoch vergisst nie, dass auch er Teil der Band ist. Er ist sich darüber im Klaren, dass man sich, um mit den anderen Musikern zusammenspielen zu können, mit Taktvorzeichnungen und Notenwerten auskennen muss. Er muss einiges über Tempo und Dynamik wissen, um sich wie jedes andere Bandmitglied in die Atmosphäre eines Songs hineinversetzen zu können. Ein Drummer, der immer in der gleichen Lautstärke oder immer in der gleichen Geschwindigkeit spielt, wirkt auf das Publikum schon bald ermüdend. Wer hingegen die richtige Mischung findet, mal laut, mal leise, mal schnell, mal langsam, verleiht den Songs Kontur, macht sie unterscheidbar und bietet ein weitaus interessanteres Spiel.

Wieso ausgerechnet zwölf Töne?

Es wurde schon viel darüber gestritten, ob der Zwölferzyklus, nach dem das Tonsystem (einschließlich der Halbtöne) funktioniert, nicht nur rein mathematischer Natur ist. Die Zahl 12, sagten manche, hätte nun mal den Vorteil, dass sie sich sowohl durch 2 als auch durch 3, 4 und 6 teilen lasse, wodurch das Rahmenintervall der Oktave in verschiedene gleiche Abstände unterteilt werden kann.

Andere behaupten, Pythagoras – ein Grieche von der Insel Samos – habe der Zahl 12 aus kulturellen Gründen eine gewisse Hochachtung entgegengebracht, und so sei der Quintenzirkel entstanden, der sich wie eine Uhr in zwölf Abschnitte aufteilen lässt.

Hätten Komponisten sich am Solfège-Modell orientiert, einer Methode, bei der die Tonnamen durch gut singbare Klangsilben (do, re, mi, fa, so, la, ti) ersetzt werden, und den pythagoräischen Quintenzirkel außen vor gelassen, so sagt man, dann hätten wir in der Musik heute eben ein System aus sechs oder sieben Tönen mit ungleichmäßigen Abständen. Viele nicht westliche Kulturen verwenden weniger oder auch mehr als zwölf Stufen in ihren Tonsystemen. Aber auch in der sogenannten »Alten Musik« wird kein reines Zwölfersystem verwendet – wie schon erwähnt spielt man dabei nicht temperiert, sondern rein, wodurch sich weit mehr »Noten« als im temperierten System ergeben – eine ganz neue Erfahrung für jeden, der sich damit beschäftigt …

Wie hilft mir die Musiktheorie dabei, mir ein Musikstück besser einzuprägen?

Wenn Sie sich mit Tonleitern, Akkorden und Intervallen auskennen, können Sie Ihr gesamtes Wissen auf jedes Musikstück anwenden, das Sie spielen lernen wollen. Sie können sozusagen verallgemeinern, indem Sie nicht darauf angewiesen sind, Ton für Ton auswendig zu lernen, sondern sich Gruppen von Tönen, die als Akkord oder Tonleiterausschnitt angeordnet sind, als eine einzige Information zu merken. Wenn Sie die Form und Satztechnik eines Stücks durchschauen, wird es für Sie viel leichter, es sich für eine musikalische Darbietung einzuprägen, egal ob Sie solo oder als Mitglied einer Band auftreten wollen. Wer den Aufbau musikalischer Werke kennt, weiß jederzeit, was in einem Stück als Nächstes kommt, und kann während des Spielens bereits vorausdenken.

Eine verbreitete Methode, sich ein Musikstück einzuprägen, besteht darin, den Notentext in kleine Einheiten »aufzusplitten« und dann jeden dieser Teile gesondert zu üben, bis man ihn auswendig beherrscht. Wie wir in den Kapiteln 13 und 14 festgestellt haben, bestehen die meisten Musikstücke aus Motiven, Phrasen und Perioden, die später wiederholt werden oder in variierter Gestalt wiederkehren. Diese Unterteilungen können Sie sich beim Erlernen eines Stückes zunutze machen.

IN DIESEM KAPITEL

Zehn Personen, die großen Einfluss auf die Weiterentwicklung der Musiktheorie hatten

Musiktheorie im Wandel der Geschichte

Kapitel 18
Zehn Musiktheoretiker, die Sie kennen sollten

Die Entwicklung der Notenschrift ist ein ebenso erstaunliches Phänomen wie die Entwicklung von Schriftzeichen und Alphabeten für die Sprache. Die moderne Notenschrift kann als eine Art musikalisches Esperanto angesehen werden, das von vielen Menschen verstanden wird. In der gesamten Welt kommunizieren Musiker mithilfe der Notenschrift, indem sie ihre Kompositionen niederschreiben oder sich Stücke, die sie zuvor nicht kannten, mit Hilfe von gedruckten Noten aneignen. In diesem Kapitel lernen Sie zehn historische und zeitgenössische Musiktheoretiker kennen, die nachhaltig dazu beigetragen haben, wie wir Musik heute wahrnehmen, aufschreiben und wiedergeben.

Pythagoras (582–507 v. Chr.)

Wer sich jemals im Leben mit Geometrie beschäftigt hat, der kennt auch Pythagoras. Dieser griechische Philosoph und Mathematiker war fasziniert von der Vorstellung, dass sich die Welt in Formeln und Zahlenproportionen ausdrücken ließe, und entwickelte eine große Zahl von Axiomen und mathematischen Sätzen – am bekanntesten davon ist wohl der sogenannte »Satz des Pythagoras«.

Das Besondere an der alten griechischen Kultur ist, dass das Studium von Wissenschaft, Kunst, Musik und Philosophie als eine große Einheit aufgefasst wurde. So verwundert es nicht, dass Pythagoras sich auch mit Musik beschäftigte und versuchte, seine mathematischen Theorien auf sie anzuwenden. Er experimentierte mit Zupfinstrumenten und Saiten, um die Grundlage für den sogenannten pythagoräischen Zirkel zu entwickeln, aus dem dann im Laufe der Jahrhunderte der Quintenzirkel hervorging, wie wir ihn heute kennen.

Einer Legende nach soll Pythagoras ein Stück einer Leiersaite genommen und es angeschlagen haben, um seine Tonhöhe und Frequenz (Schwingungszahl) zu messen. Dann schnitt er das Saitenstück in zwei gleiche Teile, um erneut zu messen. Den Unterschied zwischen der Frequenz der ganzen und der halbierten Saite bezeichnete er als *Oktave*, die er daraufhin in zwölf gleich große Teile, die Halbtöne, zerlegte. Pythagoras fand außerdem heraus, dass sich auch die anderen musikalischen Intervalle durch einfache Frequenzverhältnisse darstellen lassen.

Es stellte sich jedoch heraus, dass Pythagoras' Tonsystem ein unlösbares Problem beinhaltete. Die Theorie sah vor, dass man nach einer Aufeinanderschichtung von Quinten wieder beim Ausgangston ankommt (so wie der Quintenzirkel es veranschaulicht). In der Praxis ergab sich allerdings eine geringfügige Abweichung, die das pythagoräische Komma genannt wird.

In den folgenden 2.000 Jahren gab es etliche Versuche, diese Abweichung auszugleichen. Musiker und Musiktheoretiker entwickelten neue Stimmungssysteme, in denen Intervalle wie Quinten und Terzen um eine Kleinigkeit vergrößert wurden. Als Kompromiss etablierte sich im 18. Jahrhundert die sogenannte freischwebende Stimmung, in der die Oktave als genaues Zwölffaches des Halbtonschritts definiert wurde.

Boethius (480–524)

Hätte es den römischen Staatsmann und Philosophen Anicius Manlius Severinus Boethius nicht gegeben, wüssten wir heute so gut wie gar nichts über den Beitrag, den die Griechen zur Musiktheorie geleistet haben. Boethius war ein bemerkenswerter Mann, der sein kurzes Leben dem Studium der griechischen Mathematik sowie der Philosophie, Geschichte und Musiktheorie widmete. Er war der erste Gelehrte nach Pythagoras, der Tonhöhen mit der Schwingung und Ausbreitung von Schallwellen in Verbindung brachte.

Da es ihn nicht befriedigte, nur zu Hause zu sitzen und Bücher zu schreiben, war sein ehrgeizigstes Projekt auch gleichzeitig sein langwierigstes. Er wagte sich hinaus in die ländlichen Gegenden Europas, um die Volksmusik der römischen Provinzen zu erforschen. Ohne die Möglichkeit der Verschriftlichung von Musik (die moderne Notenschrift war schließlich noch nicht erfunden) versuchte Boethius, die musikalische Folklore seiner Zeit zu dokumentieren.

Boethius verfasste Lehrbücher zu allen wissenschaftlichen Disziplinen des sogenannten Quadriviums (Arithmetik, Geometrie, Astronomie und Musik). Seine wichtigste musiktheoretische Schrift trägt den Titel *De institutione musica*. Auch nachdem er aufgrund der Fortschrittlichkeit seiner Forschungen unter dem Vorwand der Gotteslästerung ins Gefängnis geworfen wurde und mit seiner Hinrichtung zu rechnen hatte, schrieb Boethius unbeeindruckt weiter. Sein letztes Werk hieß *De consolatione philosophia (Der Trost der Philosophie)*, eine Abhandlung über Ethik und Metaphysik des täglichen Lebens, die zu seiner meistgelesenen Veröffentlichung wurde. Bis in die Neuzeit hinein galten Boethius' Schriften in ganz Europa als Pflichtlektüre an religiösen Institutionen und Bildungsstätten.

Gerbert von Aurillac/Papst Sylvester II (950–1003)

Gerbert von Aurillac, später bekannt als Papst Sylvester II, wurde in Aquitanien geboren. Er trat schon als Kind in das Benediktinerkloster St. Gerald zu Aurillac ein, wo auch seine erste Ausbildung stattfand. Als hochintelligenter und unersättlicher Leser stieg Gerbert so schnell in der Hierarchie des Ordens auf, dass schon bald Gerüchte aufkamen, sein Genie sei eine Gabe des Teufels.

Von 972 bis 989 war er Abt an der königlichen Abtei von St. Remi im französischen Reims sowie am italienischen Männerkloster von Bobbio. In St. Remi lehrte er die vier Fächer des Quadriviums, Arithmetik, Geometrie, Astronomie und Musik. Zu jener Zeit wurden die pythagoräischen Grundsätze über die Musik als göttlich und unantastbar aufgefasst, und es wurden Zusammenhänge zwischen der Bewegung der Planeten, den Körperfunktionen und dem Klang von Musikinstrumenten sowie der menschlichen Stimme hergestellt.

Man nimmt an, dass Gerbert ein altes griechisches Instrument wieder aufleben ließ, das sich *Monochord* nannte und nur aus einer einzigen Saite bestand. Mithilfe dieses Instruments war es auf einfache Weise möglich, mit Schwingungen, Frequenzen und der Unterteilung von Saitenlängen zu experimentieren. Gerbert beschäftigte sich außerdem mit der Vermessung von Orgelpfeifen und wurde schließlich zum Erfinder und Erbauer der ersten hydraulisch betriebenen Orgel, deren klangliche Möglichkeiten die der bis dahin bekannten Orgeln weit überstiegen.

Guido von Arezzo (990–1040)

Guido von Arezzo war ein Benediktinermönch, der den ersten Teil seiner religiösen Ausbildung am Kloster im italienischen Pomposa absolvierte. Während seiner Zeit dort fiel ihm auf, wie schwer es manchen Sängern fiel, sich beim Intonieren von gregorianischen Chorälen an die jeweils richtige Tonhöhe zu erinnern, also beschloss er, Abhilfe zu schaffen. Er überarbeitete das bis dahin verwendete alte *Neumensystem* (Neumen sind in den zu singenden Text eingetragene Akzentzeichen, die eine vage Tonhöhe angeben und damit die frühesten Vorgänger unserer heutigen Notenschrift sind) und entwarf ein Liniensystem, mit dessen Hilfe sich Melodien viel leichter erlernen ließen. Bei den ihm übergeordneten Personen im Kloster erntete er dafür eine Menge Anerkennung; allerdings zog er auch den Unmut anderer Mönche seiner Abtei auf sich, sodass er das Klosterleben bald aufgab, um nach Arezzo zu ziehen, wo es keinen offiziellen religiösen Orden gab, dafür aber eine Menge talentierter Sänger, denen es nur an der notwendigen Übung fehlte.

Während der Zeit in Arezzo verbesserte er sein System. Er erfand Tonsilben und Handzeichen, die bei der Einstudierung von Melodien verwendet werden konnten, sodass sich der Klang eines Tons intuitiv mit seiner Position in der Tonleiter verbinden ließ – ein Vorläufer des heutigen Solfège-Systems. Diese Tonsilben hießen *ut* (später *do* genannt), *re, mi, fa, so* und *la*. Jede davon entsprach einer Note im Sechstonraum, dem sogenannten *Hexachord*. Später, als man die guidonischen Silben auf die diatonische Tonleiter übertrug, vervollständigte die Silbe *ti* die siebte Stufe der Skala. Guidos berühmte Schrift *Micrologus*, verfasst in der Kathedrale zu Arezzo, enthält sowohl seine Lehrmethoden als auch seine Ideen zur musikalischen Notation.

Nicola Vicentino (1511–1576)

Nicola Vicentino war ein italienischer Musiktheoretiker der Renaissance-Zeit, dessen Experimente zum Tonsystem und zur Konstruktion von Tasteninstrumenten noch zu unserer Zeit bemerkenswert modern erscheinen. Etwa um 1530 zog er von Venedig nach Ferrara, das damals eine Hochburg der experimentellen Musik war. In seinen Schriften legte er dar, weshalb man seiner Meinung nach das gesamte pythagoräische Tonsystem über den Haufen werfen müsse. Vicentinos Kritik am zwölfstufigen Tonsystem führte zu großen Kontroversen in der Musikerzunft, es brachte ihm aber auch den Ruf eines Revolutionärs ein.

Für noch mehr Erstaunen in der Musikwelt sorgte Vicentino, als er – um die Unbrauchbarkeit der zwölfstufigen Skala weiter zu verdeutlichen – ein eigenes mikrotonales Tasteninstrument baute, das sogenannte *Archicembalo*. Auf dem Archicembalo wurde die Oktave in 31 Stufen unterteilt, mit denen das sogenannte mitteltönige Stimmungssystem, das damals in Gebrauch war, auf beliebige Grundtöne transponiert werden konnte. Vicentino kann somit als Pionier der gleichschwebenden Stimmung, wie sie sich zweihundert Jahre später schließlich durchsetzte, betrachtet werden.

Christiaan Huygens (1629–1695)

Christiaan Huygens kann für die Wissenschaft der Aufklärungszeit eine vergleichbar zentrale Rolle zugesprochen werden wie einst Pythagoras für die Mathematik und Philosophie der Antike. Huygens war Mathematiker, Astronom, Physiker und Musiktheoretiker. Seine Entdeckungen und Beiträge auf diesem Gebiet gelten als bahnbrechend.

In späteren Jahren wandte er sich den Problemen der mitteltönigen Temperatur und des pythagoräischen Kommas zu, und er entwarf, anknüpfend an Vicentino, eine eigene aus 31 Tönen bestehende Skala, die er in seinem Buch *Lettre Touchant le Cycle Harmonique* näher behandelte. Hier entwickelte er eine Methode zur Umrechnung zwischen Tonhöhe und Länge einer Orgelpfeife, indem er die Schallgeschwindigkeit mathematisch definierte und für Berechnungen nutzbar machte.

So sehr die Welt der Wissenschaft Huygens' Genie auch Beifall zollte – die Musikerzunft war noch nicht bereit, sich vom mitteltönigen Tonsystem und seinen Schwächen zu verabschieden. Dies geschah erst im 18. Jahrhundert mit der Einführung zunächst des ungleichschwebenden und schließlich des gleichschwebenden Stimmungssystems, das eine beliebige Transposition von Tonleitern ohne klangliche Unterschiede erlaubt.

Arnold Schönberg (1874–1951)

Arnold Schönberg war ein in Österreich geborener Komponist, der 1934 in die Vereinigten Staaten auswanderte, um der Verfolgung durch die Nazis zu entgehen. Bekannt wurde er vor allem durch seine Kompositionsweise, welche die zwölf Töne völlig gleichberechtigt behandelte, ohne dass einer von ihnen als Grundton aufgefasst werden musste (die sogenannte Atonalität, die später zur Entwicklung der Zwölfton-Methode oder *Dodekaphonie* führte), doch Schönberg war auch ein begabter expressionistischer Maler und Dichter.

Schönbergs Kompositionen wurden in seinem Heimatland nicht sehr positiv aufgenommen. Die Presse erklärte ihn nach einer Aufführung seines zweiten Streichquartetts für »geisteskrank«. Sein Stück »Pierrot Lunaire«, bei dem eine Frauenstimme zur Begleitung eines Instrumentalensembles in einer Mischform zwischen Sprache und Gesang zu hören ist, wurde von Berliner Musikkritikern als »gruselig und in den Wahnsinn treibend« bezeichnet. Die Nazis betrachteten Schönbergs Musik, ebenso wie den amerikanischen Jazz, als »entartete Kunst«.

Schönbergs Musik erweist sich im Rückblick allerdings als höchst innovativ. Seine sinfonische Dichtung »Pelleas und Melisande« enthielt das erste Posaunen-Glissando der Musikgeschichte. In seiner gewaltigsten Komposition – den »Gurre-Liedern« – wurden ein riesiges Orchester, Chöre, Gesangsstimmen und eine Erzählerstimme miteinander kombiniert, und bei der Uraufführung des Stückes waren mehr als 400 Personen beteiligt. Auch heute noch wirken Schönbergs Kompositionen verstörend, chaotisch, schön und auf verblüffende Weise zeitgemäß.

Harry Partch (1901–1974)

Als 29-Jähriger trug Harry Partch alles zusammen, was er in den vergangenen Jahren an Musik zu Papier gebracht hatte, stapelte es auf einen Haufen und verbrannte es in einem großen Kanonenofen. In den folgenden 45 Jahren widmete Partch sich der Komposition und Erzeugung von mikrotonaler Musik, die Tonleitern mit sehr geringen Abstufungen verwendete. Er gilt als Pionier auf dem Gebiet der Mikrotonalität.

Partch entwarf komplexe Theorien zum Thema Intonation und Begleitung und entwickelte eine 43stufige Tonleiter, auf der die meisten seiner Kompositionen basieren. Da es keine Instrumente gab, um diese Skala zu realisieren, konstruierte Partch eine Anzahl neuartiger Klangkörper wie das Chromelodeon oder die Surrogate Kithara. Außerdem setzte er Gegenstände wie Flaschen, Stahlfedern und Holzklötze als Musikinstrumente ein.

Karlheinz Stockhausen (1928–2007)

Stockhausens Einfluss zeigt sich am deutlichsten in der Entwicklung der musikalischen Genres, mit denen er sich beschäftigte. Während der 1950er-Jahre war er ein Hauptprotagonist der Musikrichtungen *Minimalismus* und *Serialismus*. Seine Ideen und Kompositionen beeinflussten auch stark die Musikszene der 1970er-Jahre in Westberlin (und damit so bekannte Musiker wie David Bowie und Brian Eno).

Stockhausen kann als Vater der *Ambient-Musik*, der elektronischen Kunstmusik sowie des Konzepts der *variablen Form* betrachtet werden, bei der sowohl die Gegebenheiten des Aufführungsraums als auch die Personen der Musiker als Bestandteil der Komposition gelten. Er ging so weit, Entscheidungen, die den Ablauf und damit die Form seiner Musik betrafen, den Musikern zu überlassen.

Stockhausen wird auch assoziiert mit dem Konzept der *polyvalenten (mehrdeutigen) Form*, bei der man einen Notentext sowohl von oben nach unten als auch von unten nach oben, von links nach rechts als auch von rechts nach links lesen kann. Oder, falls die Komposition mehrere Seiten umfasst, können diese in jeder Reihenfolge gespielt werden, die dem Musiker beliebt. Der Komponist Irmin Schmidt, ein Schüler von Stockhausen, sagte: »Er brachte mir bei, dass die Musik, die ich spielte, *mir* gehörte, während die Kompositionen, die ich schrieb, für die *Musiker* da waren, die sie nachher spielen sollten.«

Robert Moog (1934–2005)

Wenn auch niemand so genau weiß, wer die erste Gitarre mit Bünden herstellte oder als Erster ein Tasteninstrument mit Klaviatur konstruierte, ist doch immerhin bekannt, wer den ersten im Handel erhältlichen Synthesizer erschuf – es war Robert Moog. Er gilt weithin als der Vater dieses elektronischen Musikinstruments, das nach seiner Vorstellung im Jahre 1966 den Klang der Popmusik und auch die Entwicklung der Kunstmusik entscheidend beeinflusste.

Als Moog mit dem Bau von Synthesizern begann, ging es ihm darum, ein Musikinstrument zu erschaffen, dessen Klänge sich von denen aller anderen Instrumente unterschieden. Als die Musiker jedoch begannen, den Synthesizer zur Imitation des Klangs akustischer Instrumente einzusetzen, wurde Moog desillusioniert, und er gelangte zu dem Schluss, dass es nicht möglich war, auf traditionellen Klaviaturen wirklich innovativ mit neuartigen Klängen zu experimentieren. In der Folge beschäftigte Moog sich unter anderem mit dem Theremin, einem weiteren elektronischen Instrument, und verbesserte dessen Technik. Außerdem trat er als Autor von visionären Zeitschriftenartikeln in Erscheinung – so prognostizierte er bereits 1976 in einem seiner Texte die spätere MIDI-Technologie und die Entwicklung von Keyboards mit Anschlagsdynamik.

Teil V
Anhang

Anhang A

Musikbeispiele zum Buch

Die folgende Liste zeigt die Tracks der Musikbeispiele zum Buch. Sie finden sie unter `www.downloads.fuer-dummies.de`, von wo Sie sie ganz einfach auf Ihr eigenes Gerät herunterladen können.

Track	Kapitel	Beschreibung
1	7	A-Dur-Tonleiter, Klavier und Gitarre
2	7	As-Dur-Tonleiter, Klavier und Gitarre
3	7	H-Dur-Tonleiter, Klavier und Gitarre
4	7	B-Dur-Tonleiter, Klavier und Gitarre
5	7	C-Dur-Tonleiter, Klavier und Gitarre
6	7	Ces-Dur-Tonleiter, Klavier und Gitarre
7	7	Cis-Dur-Tonleiter, Klavier und Gitarre
8	7	D-Dur-Tonleiter, Klavier und Gitarre
9	7	Des-Dur-Tonleiter, Klavier und Gitarre
10	7	E-Dur-Tonleiter, Klavier und Gitarre
11	7	Es-Dur-Tonleiter, Klavier und Gitarre
12	7	F-Dur-Tonleiter, Klavier und Gitarre
13	7	Fis-Dur-Tonleiter, Klavier und Gitarre
14	7	G-Dur-Tonleiter, Klavier und Gitarre
15	7	Ges-Dur-Tonleiter, Klavier und Gitarre
16	7	natürliche a-Moll-Tonleiter, Klavier und Gitarre
17	7	harmonische a-Moll-Tonleiter, Klavier und Gitarre
18	7	melodische a-Moll-Tonleiter, Klavier und Gitarre
19	7	natürliche as-Moll-Tonleiter, Klavier und Gitarre
20	7	harmonische as-Moll-Tonleiter, Klavier und Gitarre
21	7	melodische as-Moll-Tonleiter, Klavier und Gitarre
22	7	natürliche ais-Moll-Tonleiter, Klavier und Gitarre
23	7	harmonische ais-Moll-Tonleiter, Klavier und Gitarre
24	7	melodische ais-Moll-Tonleiter, Klavier und Gitarre
25	7	natürliche h-Moll-Tonleiter, Klavier und Gitarre
26	7	harmonische h-Moll-Tonleiter, Klavier und Gitarre

Track	Kapitel	Beschreibung
27	7	melodische h-Moll-Tonleiter, Klavier und Gitarre
28	7	natürliche b-Moll-Tonleiter, Klavier und Gitarre
29	7	harmonische b-Moll-Tonleiter, Klavier und Gitarre
30	7	melodische b-Moll-Tonleiter, Klavier und Gitarre
31	7	natürliche c-Moll-Tonleiter, Klavier und Gitarre
32	7	harmonische c-Moll-Tonleiter, Klavier und Gitarre
33	7	melodische c-Moll-Tonleiter, Klavier und Gitarre
34	7	natürliche cis-Moll-Tonleiter, Klavier und Gitarre
35	7	harmonische cis-Moll-Tonleiter, Klavier und Gitarre
36	7	melodische cis-Moll-Tonleiter, Klavier und Gitarre
37	7	natürliche d-Moll-Tonleiter, Klavier und Gitarre
38	7	harmonische d-Moll-Tonleiter, Klavier und Gitarre
39	7	melodische d-Moll-Tonleiter, Klavier und Gitarre
40	7	natürliche dis-Moll-Tonleiter, Klavier und Gitarre
41	7	harmonische dis-Moll-Tonleiter, Klavier und Gitarre
42	7	melodische dis-Moll-Tonleiter, Klavier und Gitarre
43	7	natürliche e-Moll-Tonleiter, Klavier und Gitarre
44	7	harmonische e-Moll-Tonleiter, Klavier und Gitarre
45	7	melodische e-Moll-Tonleiter, Klavier und Gitarre
46	7	natürliche es-Moll-Tonleiter, Klavier und Gitarre
47	7	harmonische es-Moll-Tonleiter, Klavier und Gitarre
48	7	melodische es-Moll-Tonleiter, Klavier und Gitarre
49	7	natürliche f-Moll-Tonleiter, Klavier und Gitarre
50	7	harmonische f-Moll-Tonleiter, Klavier und Gitarre
51	7	melodische f-Moll-Tonleiter, Klavier und Gitarre
52	7	natürliche fis-Moll-Tonleiter, Klavier und Gitarre
53	7	harmonische fis-Moll-Tonleiter, Klavier und Gitarre
54	7	melodische fis-Moll-Tonleiter, Klavier und Gitarre
55	7	natürliche g-Moll-Tonleiter, Klavier und Gitarre
56	7	harmonische g-Moll-Tonleiter, Klavier und Gitarre
57	7	melodische g-Moll-Tonleiter, Klavier und Gitarre
58	7	natürliche gis-Moll-Tonleiter, Klavier und Gitarre
59	7	harmonische gis-Moll-Tonleiter, Klavier und Gitarre
60	7	melodische gis-Moll-Tonleiter, Klavier und Gitarre
61	9	Intervalle, deren Qualität einer Quinte entspricht
62	9	einfache Intervalle in der C-Dur-Tonleiter
63	10	Grundton des C-Dur-Akkords

Track	Kapitel	Beschreibung
64	10	Grundton und Terz eines C-Dur-Akkords
65	10	Grundton und Quinte eines C-Dur-Akkords
66	10	C-Dur Dreiklänge
67	10	A, Am, A^{aug}, A^{dim}, A^{maj7}, Am^{7}, A^{7}, $Am^{7\flat5}$, A^{dim7}, Am^{maj7} (Am^{7+})
68	10	$A\flat$, $A\flat m$, $A\flat^{aug}$, $A\flat^{dim}$, $A\flat^{maj7}$, $A\flat m^{7}$, $A\flat^{7}$, $A\flat m^{7\flat5}$, $A\flat^{dim7}$, $A\flat m^{maj7}$ ($A\flat m^{7+}$)
69	10	H, Hm, H^{aug}, H^{dim}, H^{maj7}, Hm^{7}, H^{7}, $Hm^{7\flat5}$, H^{dim7}, Hm^{maj7} (Hm^{7+})
70	10	B, Bm, B^{aug}, B^{dim}, B^{maj7}, Bm^{7}, B^{7}, $Bm^{7\flat5}$, B^{dim7}, Bm^{maj7} (Bm^{7+})
71	10	C, Cm, C^{aug}, C^{dim}, C^{maj7}, Cm^{7}, C^{7}, $Cm^{7\flat5}$, C^{dim7}, Cm^{maj7} (Cm^{7+})
72	10	$C\flat$, $C\flat m$, $C\flat^{aug}$, $C\flat^{dim}$, $C\flat^{maj7}$, $C\flat m^{7}$, $C\flat^{7}$, $C\flat m^{7\flat5}$, $C\flat^{dim7}$, $C\flat m^{maj7}$ ($C\flat m^{7+}$)
73	10	$C\sharp$, $C\sharp m$, $C\sharp^{aug}$, $C\sharp^{dim}$, $C\sharp^{maj7}$, $C\sharp m^{7}$, $C\sharp^{7}$, $C\sharp m^{7\flat5}$, $C\sharp^{dim7}$, $C\sharp m^{maj7}$ ($C\sharp m^{7+}$)
74	10	D, Dm, D^{aug}, D^{dim}, D^{maj7}, Dm^{7}, D^{7}, $Dm^{7\flat5}$, D^{dim7}, Dm^{maj7} (Dm^{7+})
75	10	$D\flat$, $D\flat m$, $D\flat^{aug}$, $D\flat^{dim}$, $D\flat^{maj7}$, $D\flat m^{7}$, $D\flat^{7}$, $D\flat m^{7\flat5}$, $D\flat^{dim7}$, $D\flat m^{maj7}$ ($D\flat m^{7+}$)
76	10	E, Em, E^{aug}, E^{dim}, ^{maj7}, Em^{7}, E^{7}, $Em^{7\flat5}$, E^{dim7},Em^{maj7} (Em^{7+})
77	10	$E\flat$, $E\flat m$, $E\flat^{aug}$, $E\flat^{dim}$, $E\flat^{maj7}$, $E\flat m^{7}$, $E\flat^{7}$, $E\flat m^{7\flat5}$, $E\flat^{dim7}$, $E\flat m^{maj7}$ ($E\flat m^{7+}$)
78	10	F, Fm, F^{aug}, F^{dim}, F^{maj7}, Fm^{7}, F^{7}, $Fm^{7\flat5}$, F^{dim7}, Fm^{maj7} (Fm^{7+})
79	10	$F\sharp$, $F\sharp m$, $F\sharp^{aug}$, $F\sharp^{dim}$, $F\sharp^{maj7}$, $F\sharp m^{7}$, $F\sharp^{7}$, $F\sharp m^{7\flat5}$, $F\sharp^{dim7}$, $F\sharp m^{maj7}$ ($F\sharp m^{7+}$)
80	10	G, Gm, G^{aug}, G^{dim}, G^{maj7}, Gm^{7}, G^{7}, $Gm^{7\flat5}$, G^{dim7}, Gm^{maj7} (Gm^{7+})
81	10	$G\flat$, $G\flat m$, $G\flat^{aug}$, $G\flat^{dim}$, $G\flat^{maj7}$, $G\flat m^{7}$, $G\flat^{7}$, $G\flat m^{7\flat5}$, $G\flat^{dim7}$, $G\flat m^{maj7}$ ($G\flat m^{7+}$)
82	11	Akkordfortschreitungen für die Tonart G-Dur
83	11	Akkordfortschreitungen für die Tonart C-Dur
84	11	Akkordfortschreitungen für die Tonart f-Moll
85	11	Akkordfortschreitungen für die Tonart a-Moll
86	11	authentischer Ganzschluss
87	11	vollkommener authentischer Ganzschluss
88	11	Unterschied zwischen einem vollkommenen und einem unvollkommenen authentischen Ganzschluss
89	11	plagaler Ganzschluss
90	11	zwei weitere plagale Kadenzen
91	11	Trugschluss
92	11	Halbschluss
93	15	80 Zählzeiten pro Minute 100 Zählzeiten pro Minute 120 Zählzeiten pro Minute

Anhang B
Grifftabellen für Akkorde

Dieser Teil des Anhangs hilft Ihnen dabei, die verschiedensten Drei- und Vierklänge sowohl als Griffschema auf der Gitarre wie auch als Tastenkombination auf dem Klavier schnell aufzufinden. Wir fangen mit dem Klavier an, darauf folgen die Grifftabellen für die Gitarre.

Das Schwierige bei den Gitarrenakkorden ist, dass die meisten von ihnen sich auf zwei oder noch mehr Arten greifen lassen, da bestimmte Töne durch Griffe auf verschiedenen Gitarrensaiten erzeugt werden können. Damit die Sache nicht allzu verwirrend wird, beschränken wir uns bei unseren Beispielen auf die obersten sieben Gitarrenbünde.

Bei den Klavierakkorden sind die Tasten, die gespielt werden müssen, grau markiert. Bei den Gitarrenakkorden zeigen Ihnen die schwarzen Punkte die Saiten und Bünde an, wo Ihre Finger greifen müssen. Ist eine Saite mit einem »X« markiert, darf sie nicht gespielt werden (sonst enthält der Akkord unpassende und dissonante Töne). Ein »O« hingegen verrät Ihnen, dass Sie diese Saite zwar anschlagen dürfen, dass sie aber »leer« gespielt wird, also in keinem der Bünde gegriffen werden darf. Die Tonhöhen der leeren Gitarrensaiten lauten (in den Abbildungen von links nach rechts, auf der Gitarre, wenn sie auf Ihrem Knie ruht, von oben nach unten): (tiefes) E, A, D, G, H, (hohes) E.

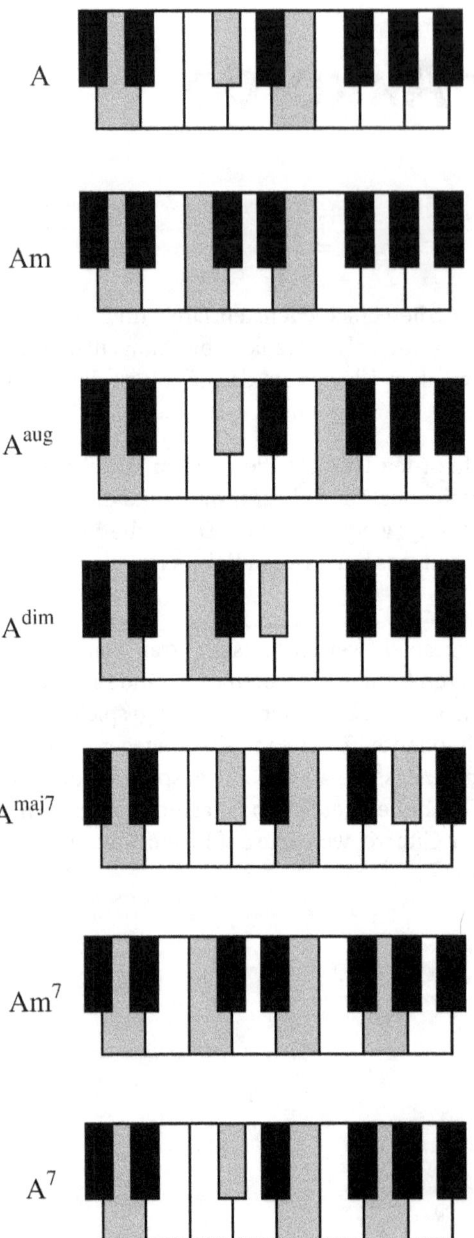
A
Am
Aaug
Adim
Amaj7
Am7
A7

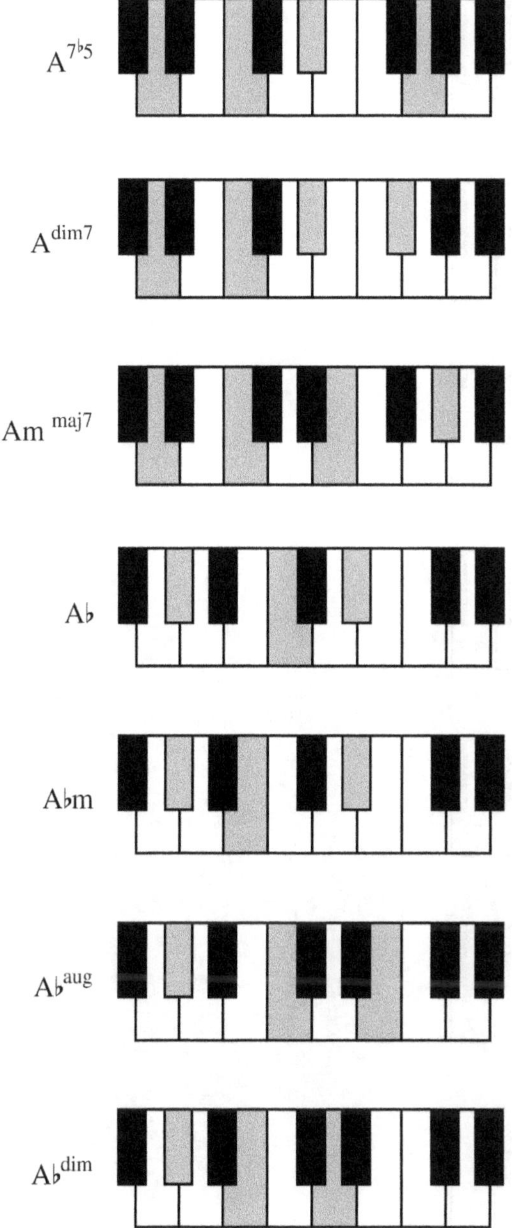
A7♭5
Adim7
Am maj7
A♭
A♭m
A♭aug
A♭dim

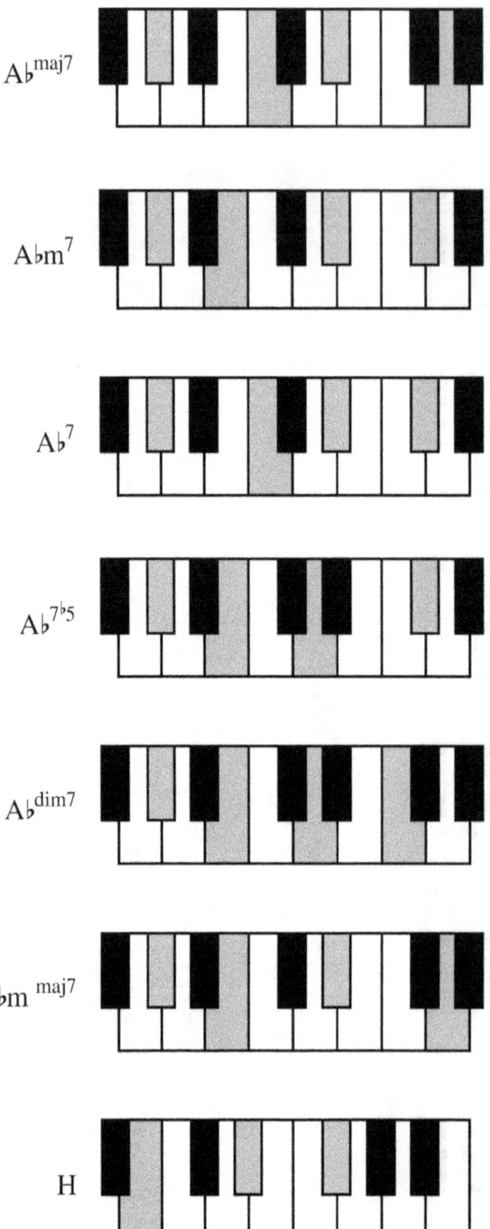
A♭maj7
A♭m7
A♭7
A♭7♭5
A♭dim7
A♭m maj7
H

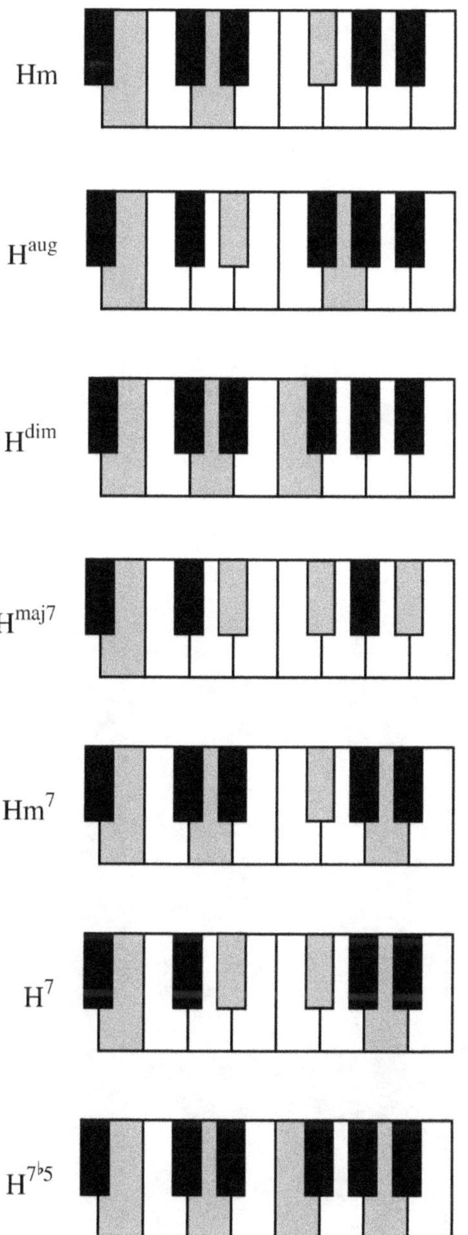
Hm
H^aug
H^dim
H^maj7
Hm^7
H^7
H^7♭5

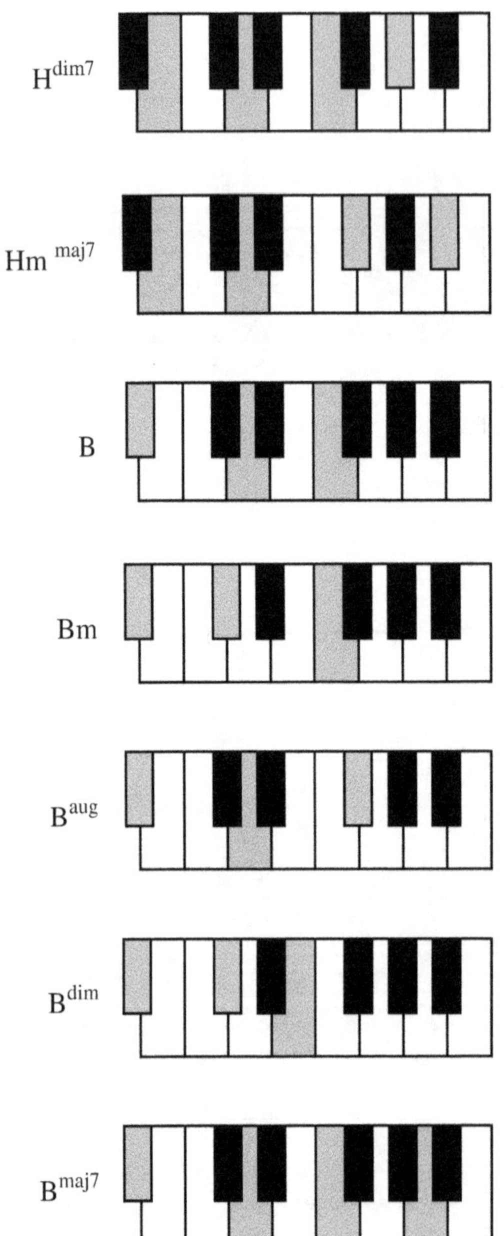
H^dim7
Hm maj7
B
Bm
B^aug
B^dim
B^maj7

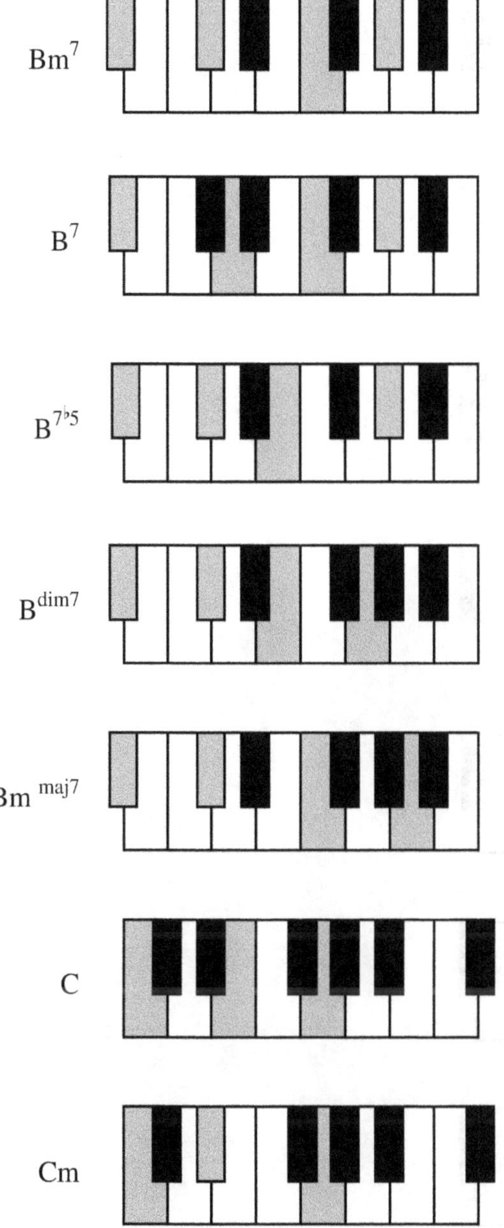
Bm7
B7
B7♭5
Bdim7
Bm maj7
C
Cm

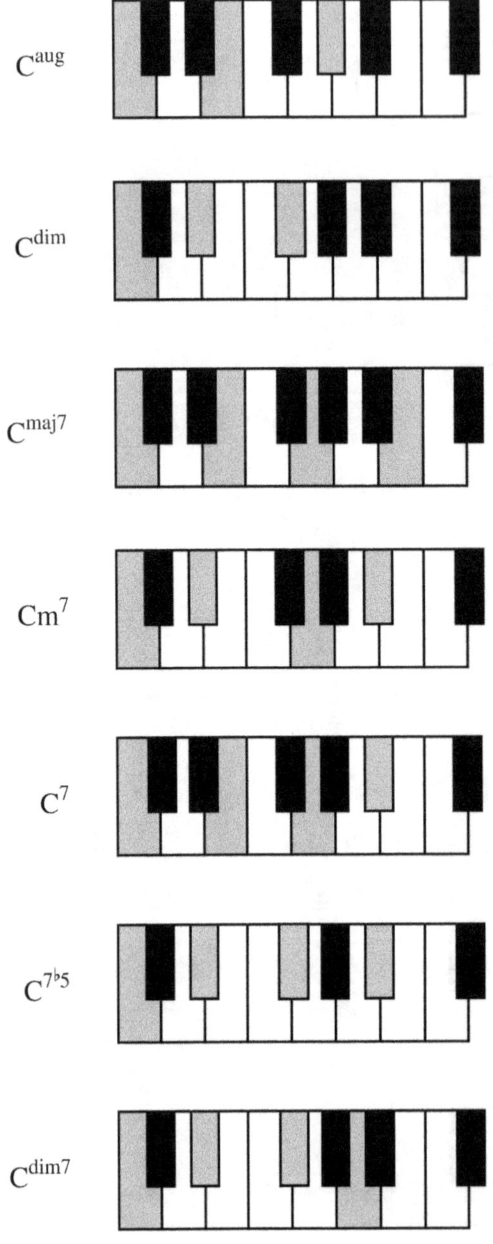
C^aug
C^dim
C^maj7
Cm^7
C^7
C^7♭5
C^dim7

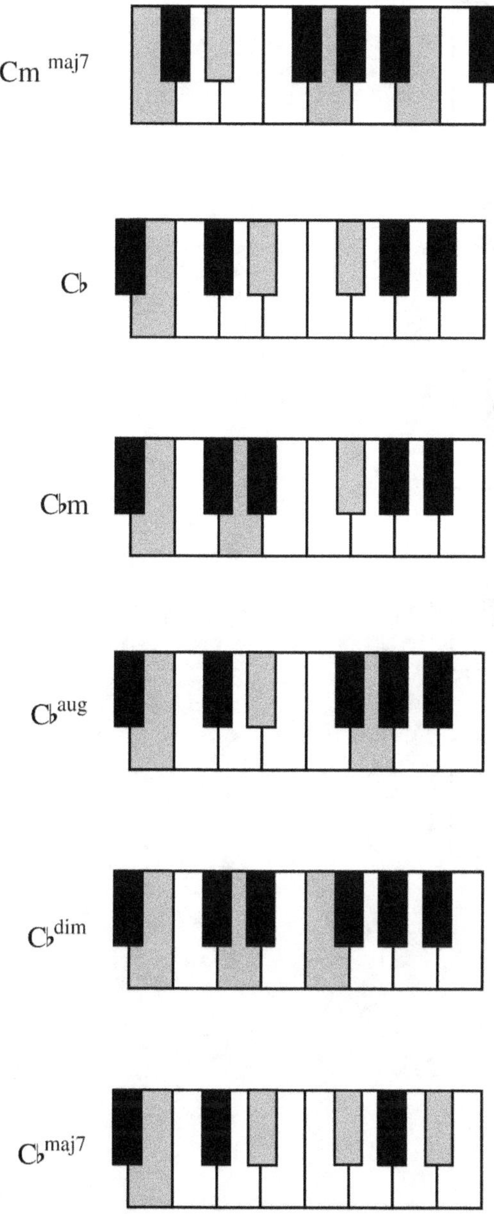
Cm maj7
C♭
C♭m
C♭aug
C♭dim
C♭maj7

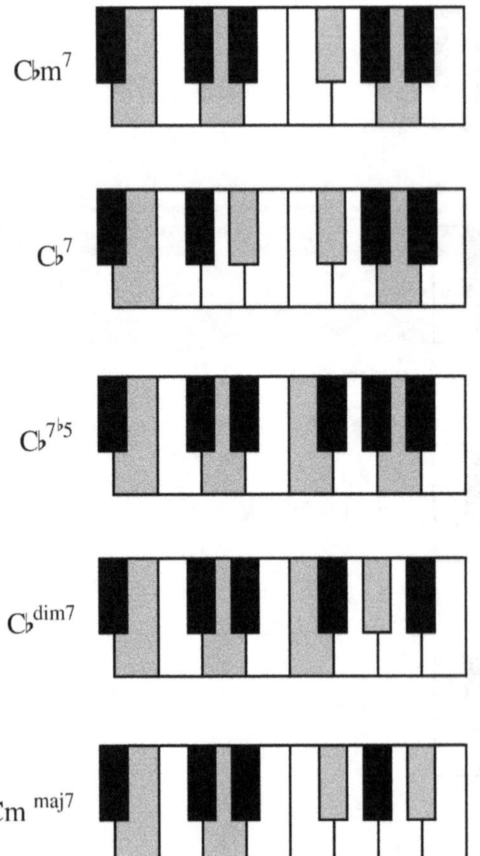
C♭m7
C♭7
C♭7♭5
C♭dim7
Cm maj7

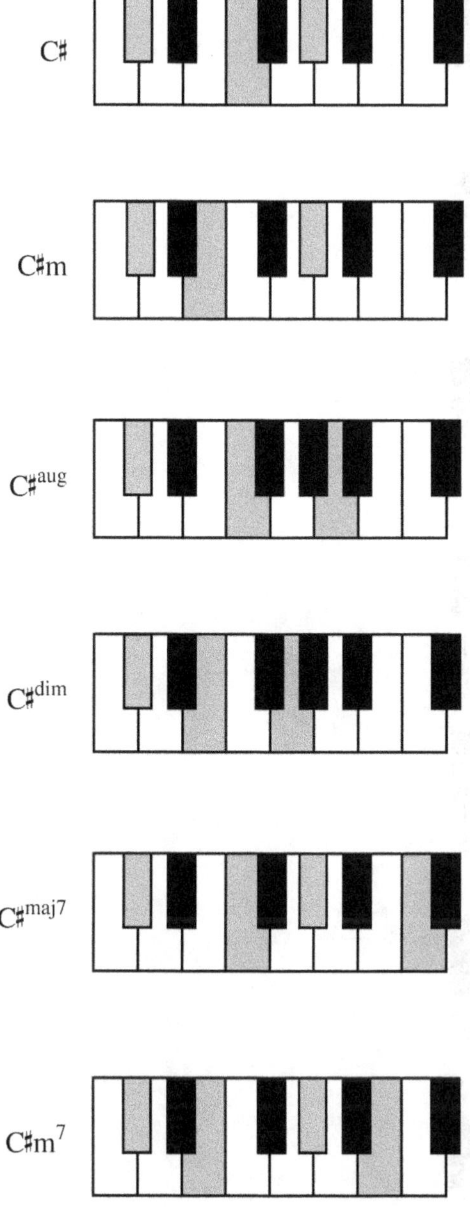
C♯
C♯m
C♯aug
C♯dim
C♯maj7
C♯m7

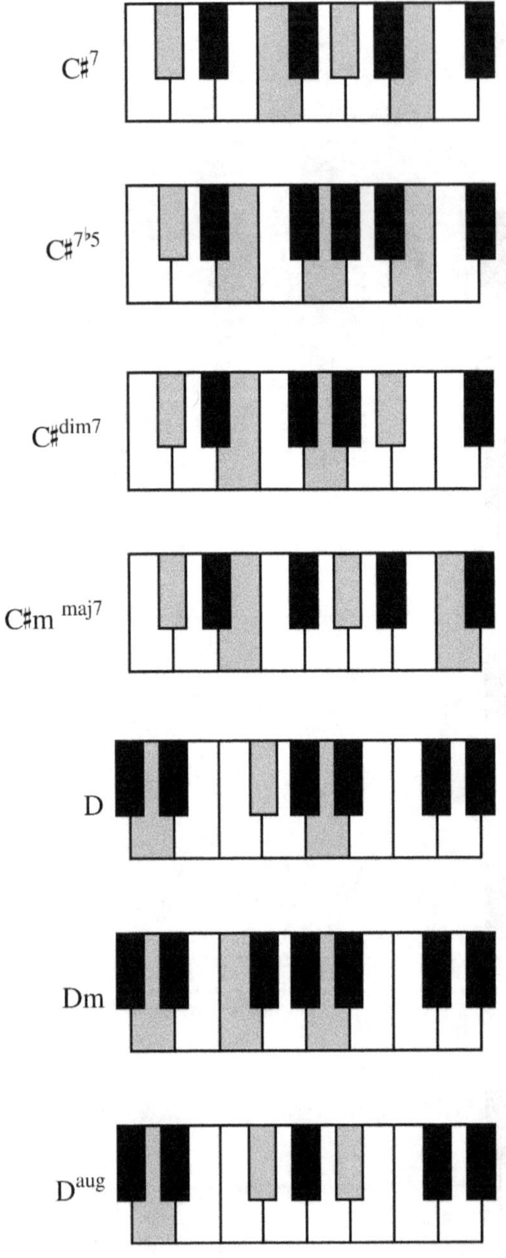
C♯7
C♯7♭5
C♯dim7
C♯m maj7
D
Dm
Daug

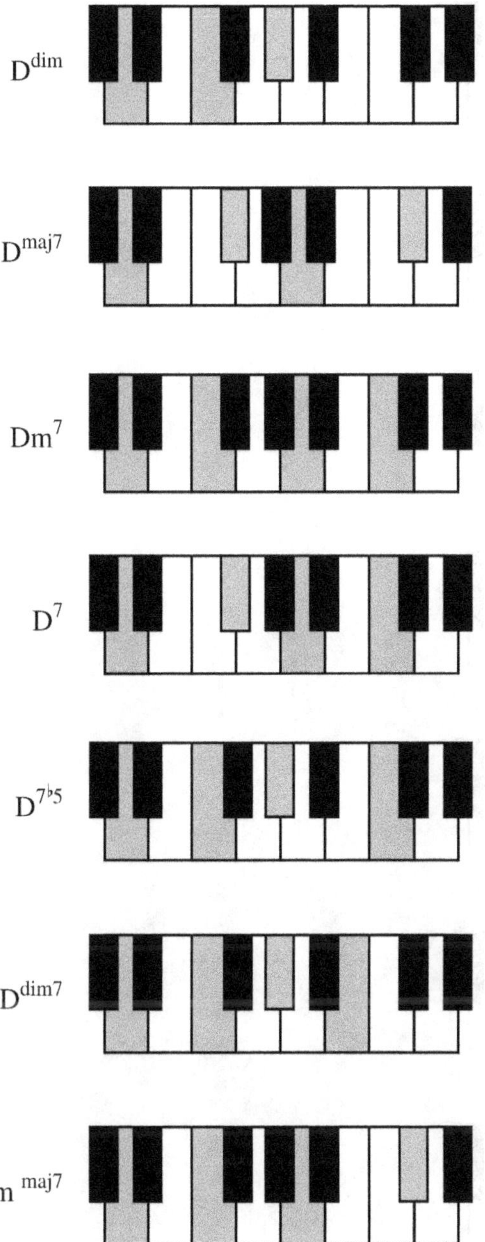
D^dim
D^maj7
Dm^7
D^7
D^7♭5
D^dim7
Dm maj7

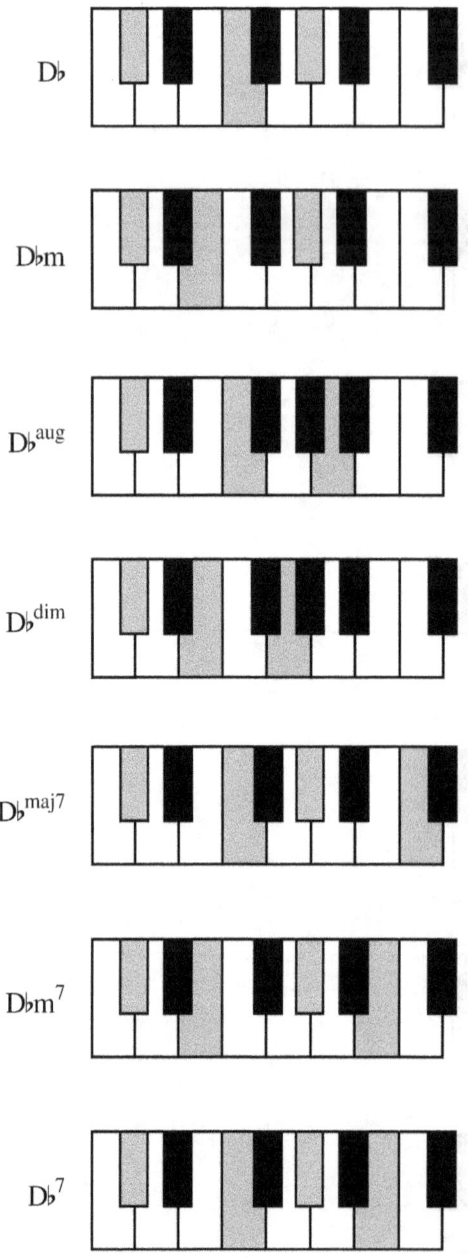
D♭
D♭m
D♭aug
D♭dim
D♭maj7
D♭m7
D♭7

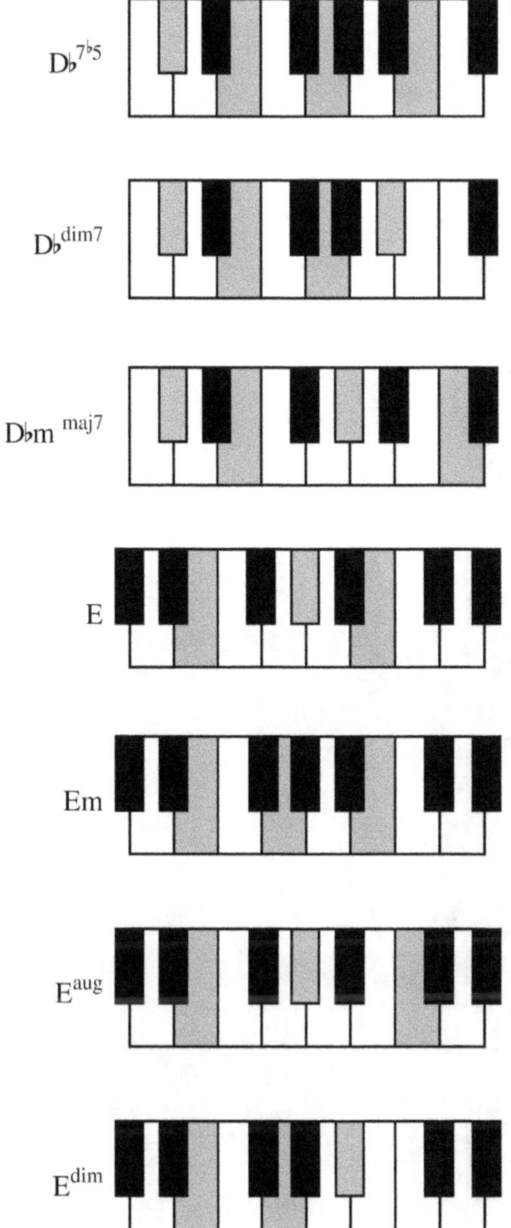
D♭7♭5
D♭dim7
D♭m maj7
E
Em
Eaug
Edim

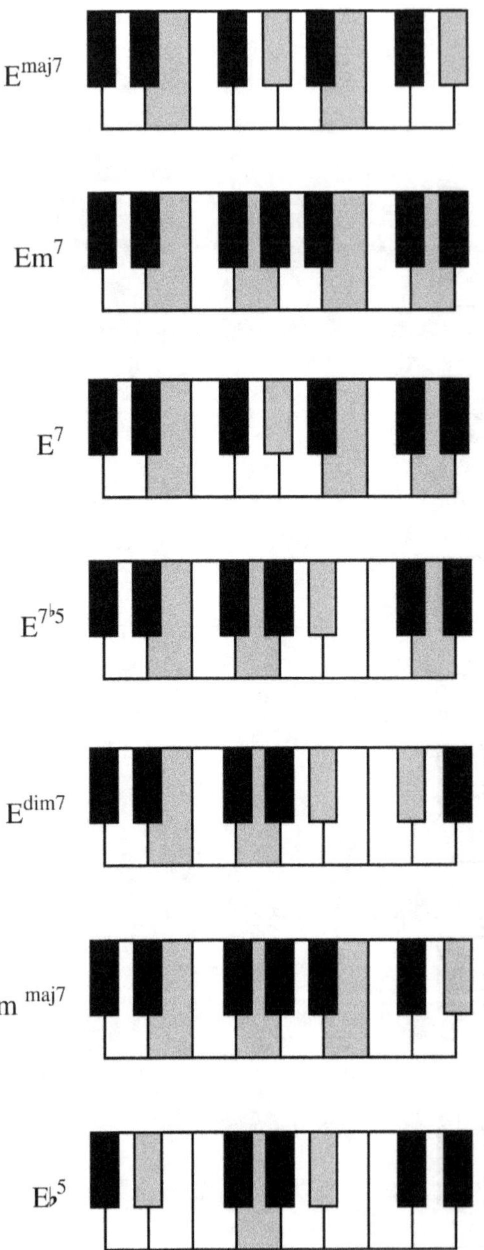
E^maj7
Em^7
E^7
E^7♭5
E^dim7
Em maj7
E♭^5

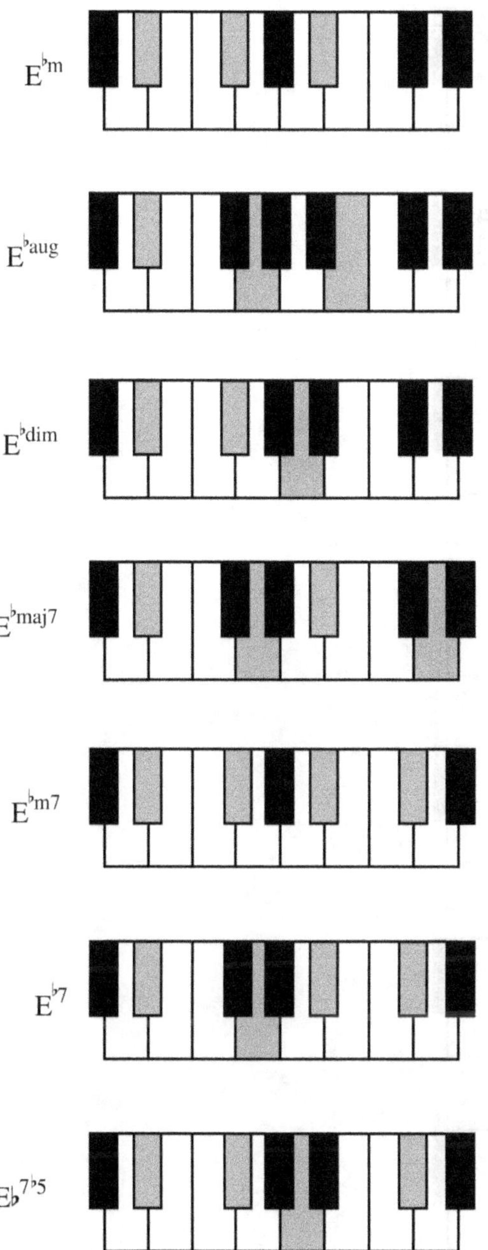
E♭m
E♭aug
E♭dim
E♭maj7
E♭m7
E♭7
E♭7♭5

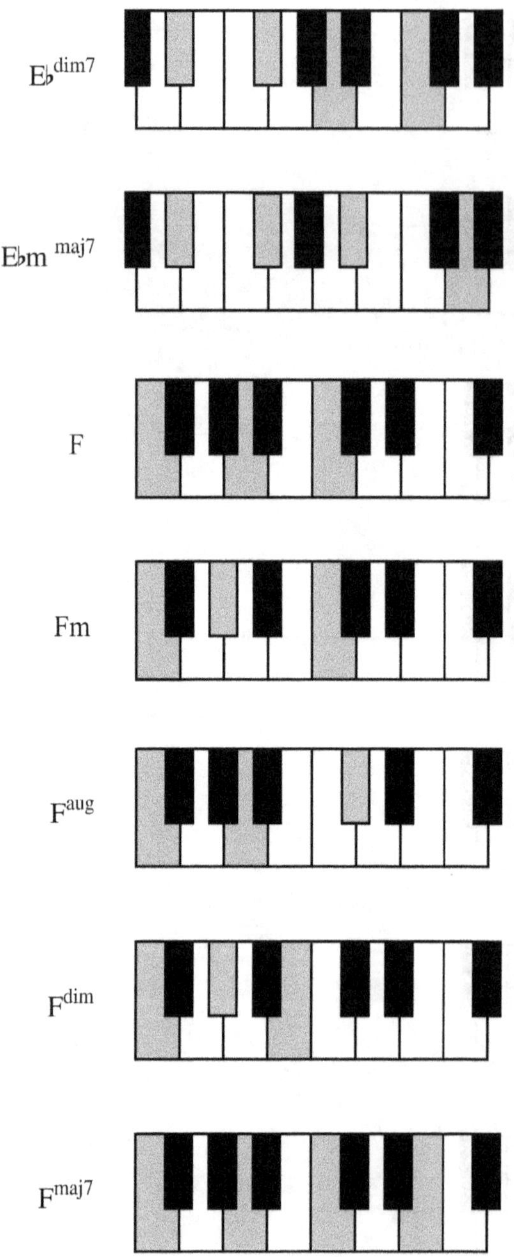
E♭dim7
E♭m maj7
F
Fm
Faug
Fdim
Fmaj7

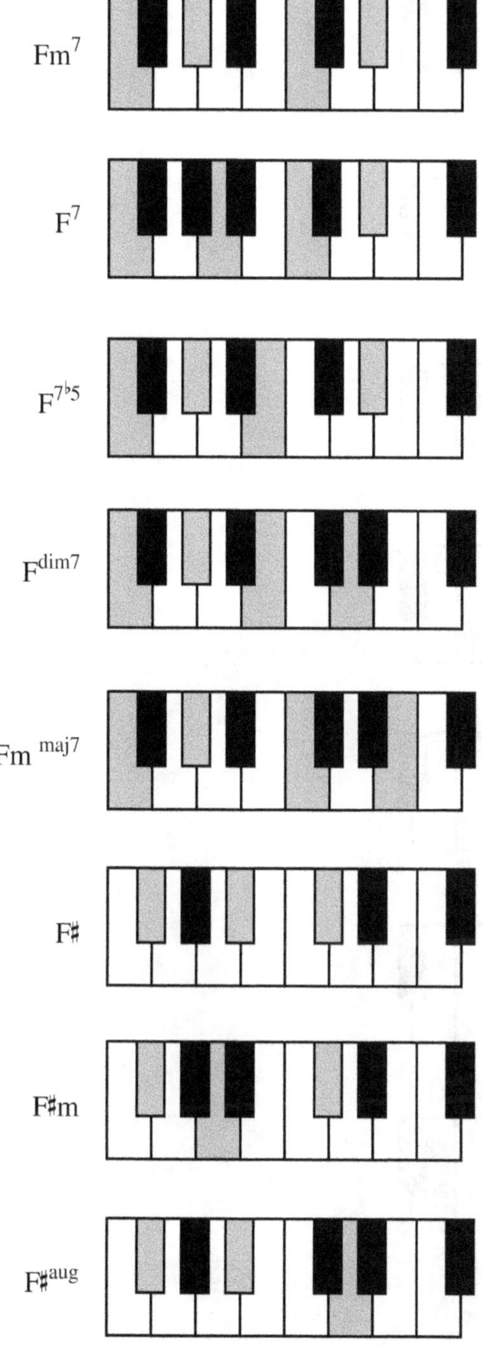
Fm7
F7
F7♭5
Fdim7
Fm maj7
F♯
F♯m
F♯aug

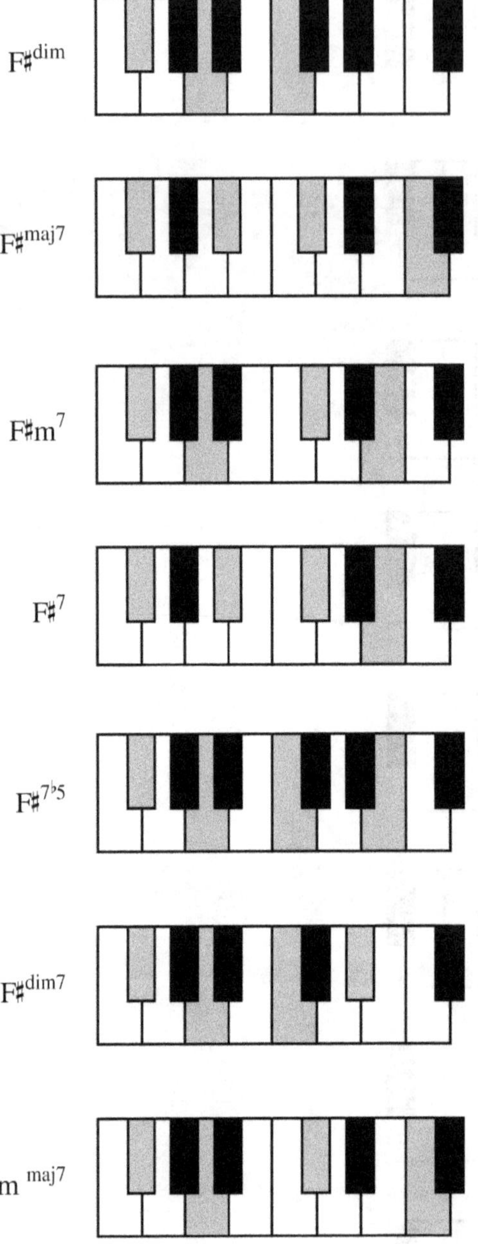

F♯dim
F♯maj7
F♯m7
F♯7
F♯7♭5
F♯dim7
F♯m maj7

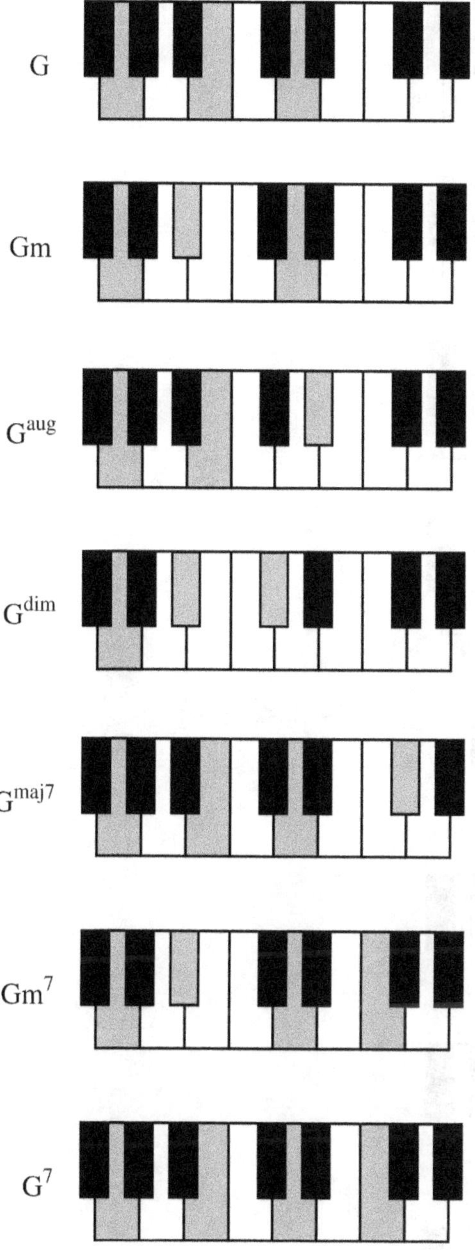
G
Gm
Gaug
Gdim
Gmaj7
Gm7
G7

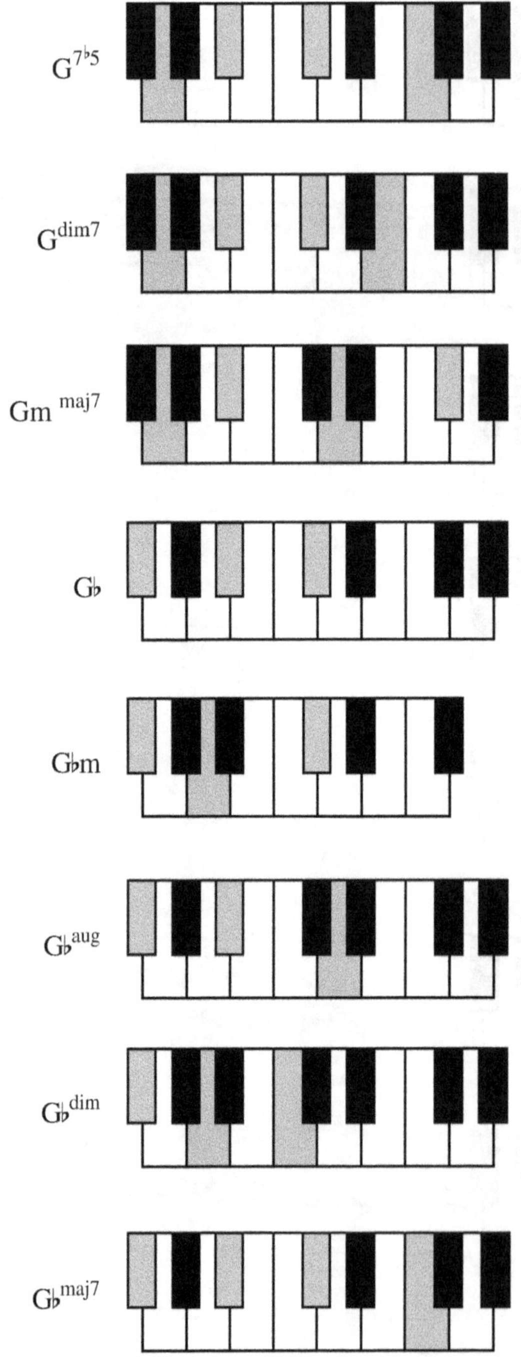
G7♭5
Gdim7
Gm maj7
G♭
G♭m
G♭aug
G♭dim
G♭maj7

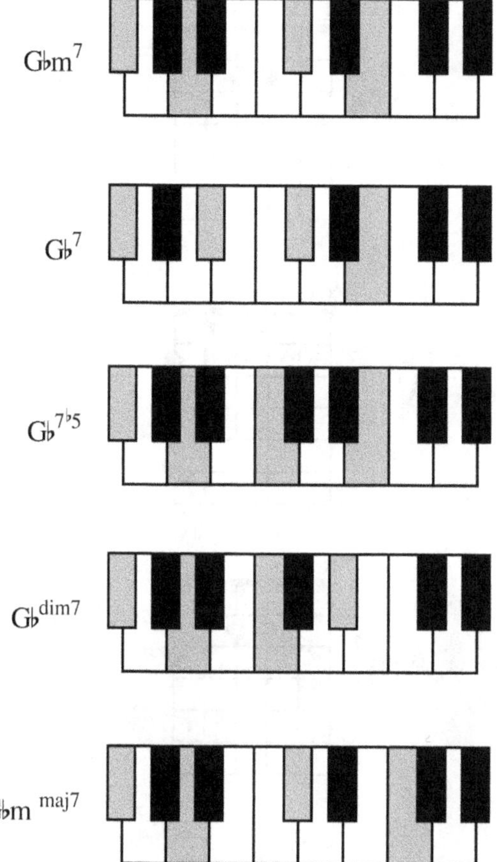
G♭m7
G♭7
G♭7♭5
G♭dim7
G♭m maj7

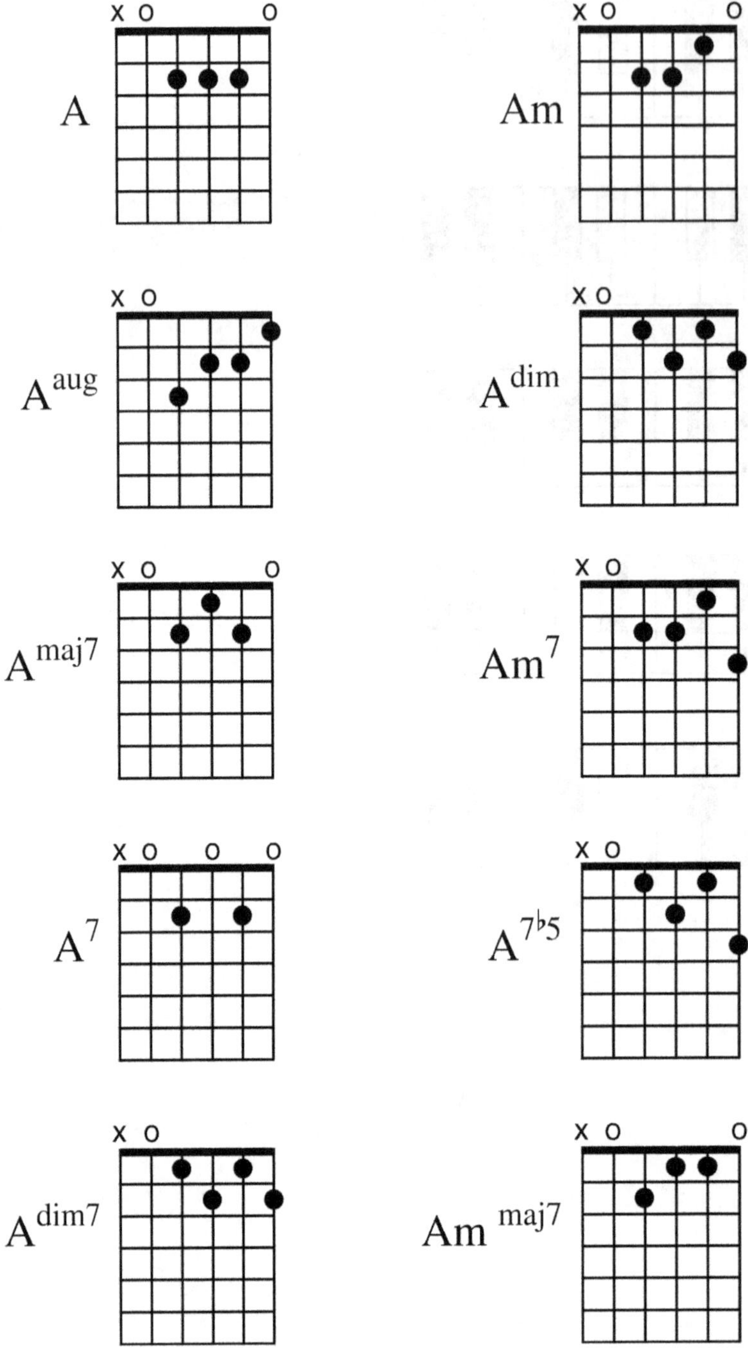
A
Am
A aug
A dim
A maj7
Am 7
A 7
A 7♭5
A dim7
Am maj7

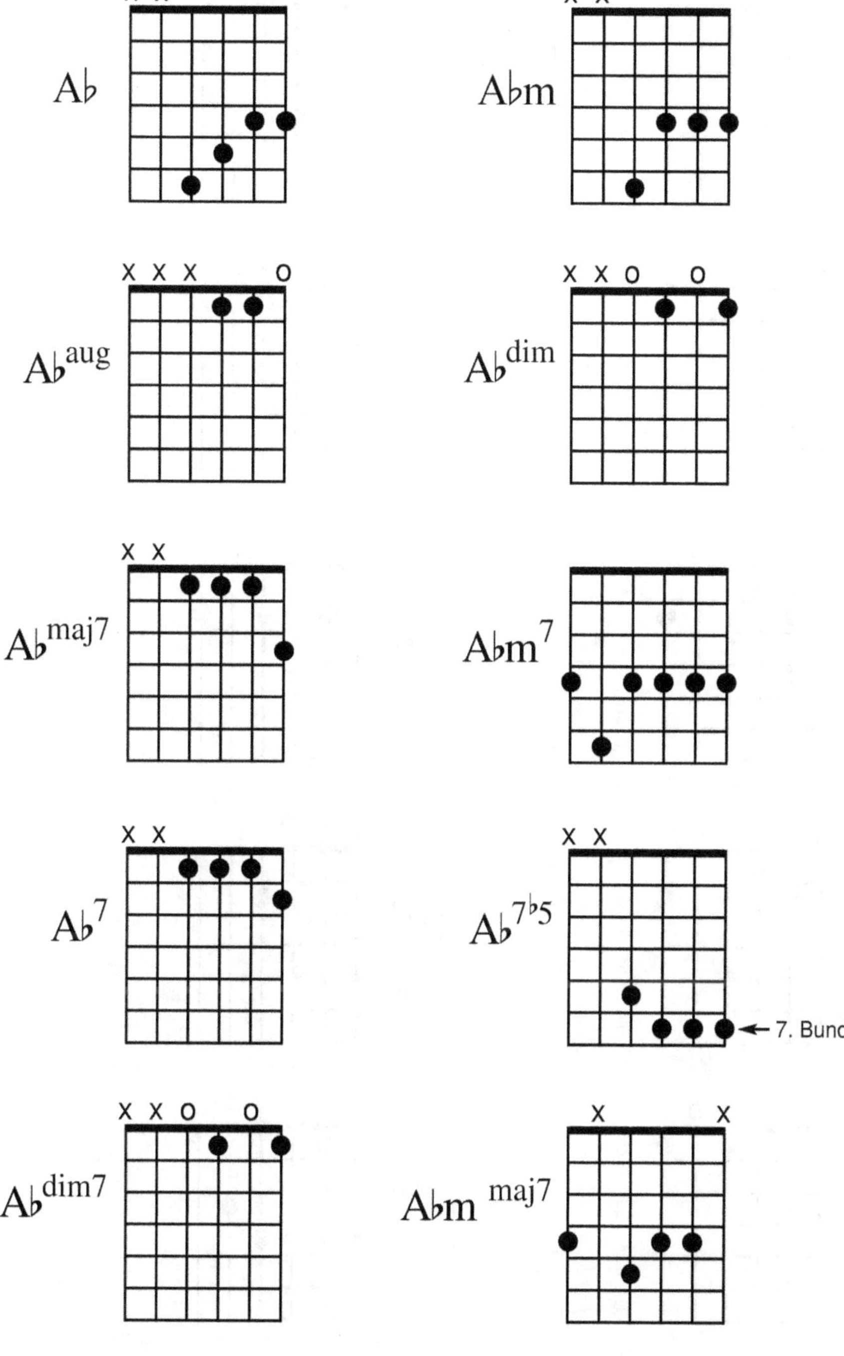
A♭
A♭m
A♭aug
A♭dim
A♭maj7
A♭m7
A♭7
A♭7♭5
7. Bund
A♭dim7
A♭m maj7

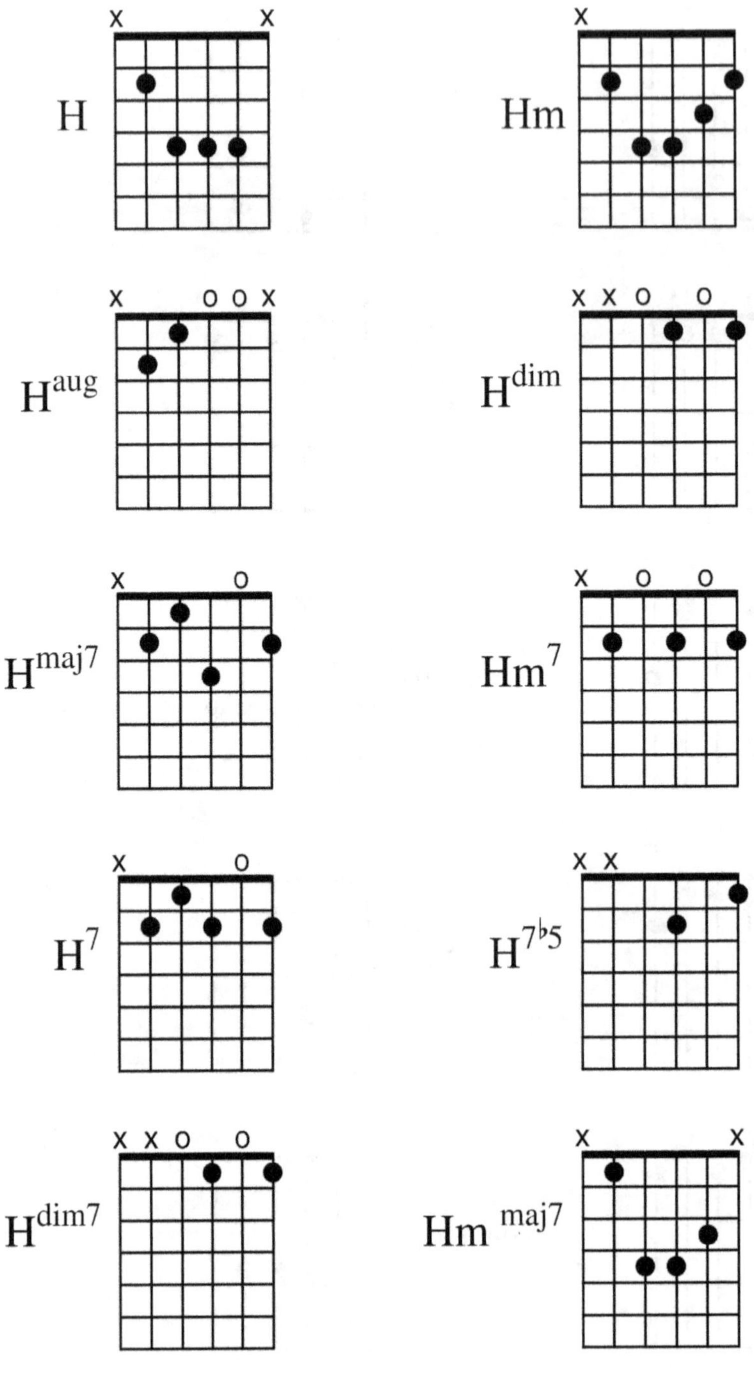
H
Hm
Haug
Hdim
Hmaj7
Hm7
H7
H7♭5
Hdim7
Hm maj7

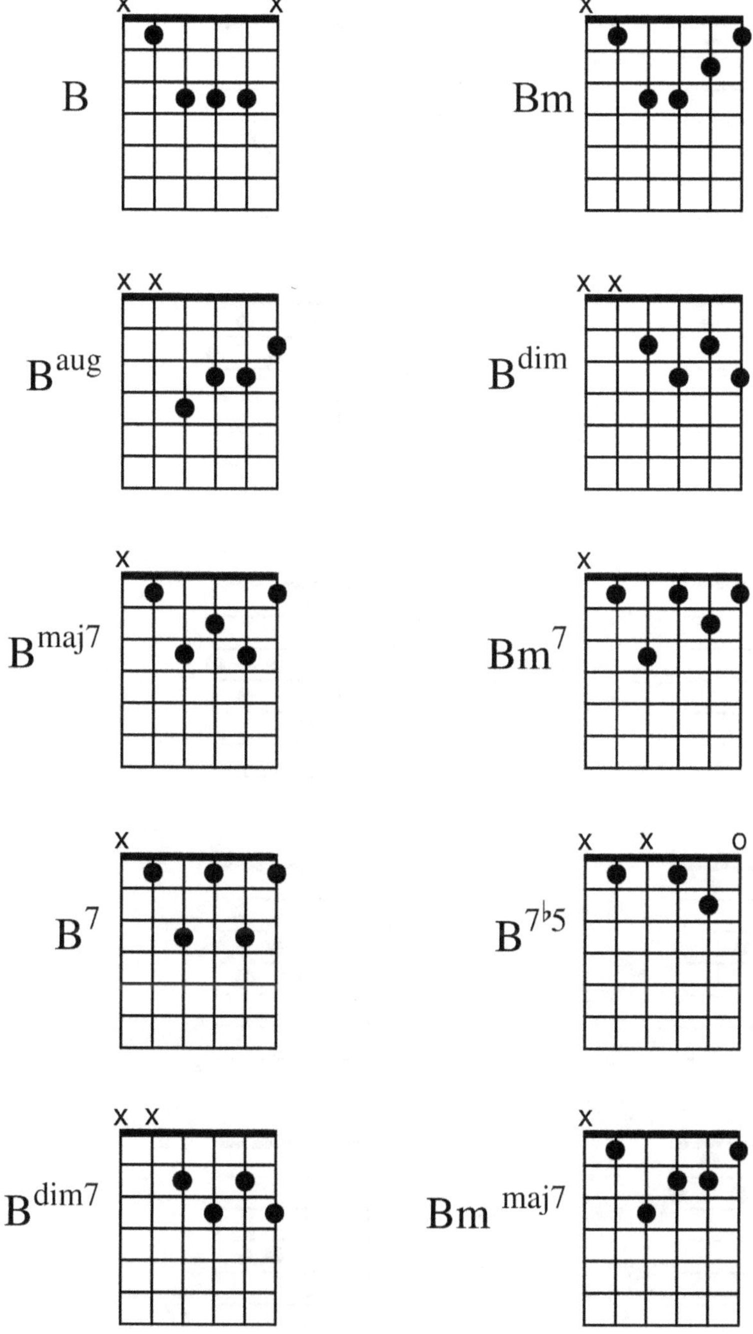
B
Bm
Baug
Bdim
Bmaj7
Bm7
B7
B7♭5
Bdim7
Bm maj7

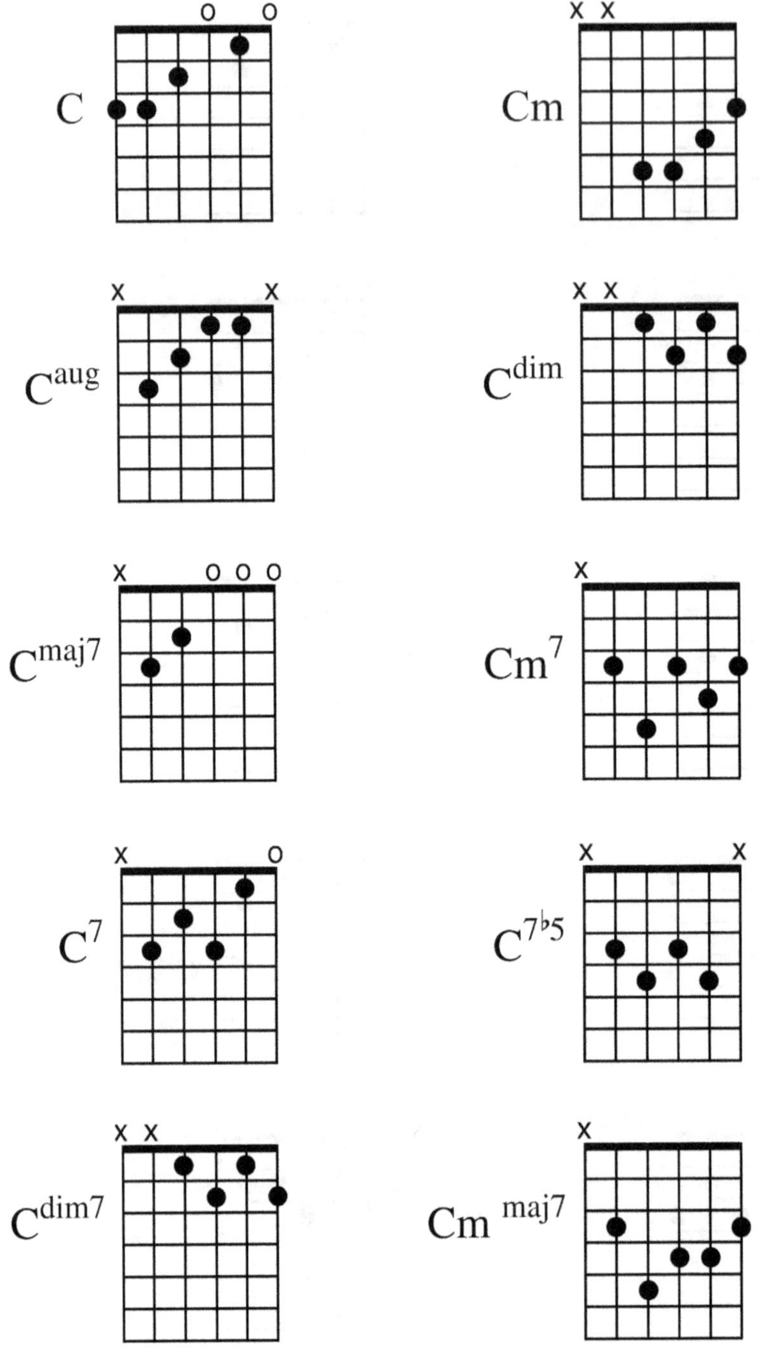
C
Cm
Caug
Cdim
Cmaj7
Cm7
C7
C7♭5
Cdim7
Cm maj7

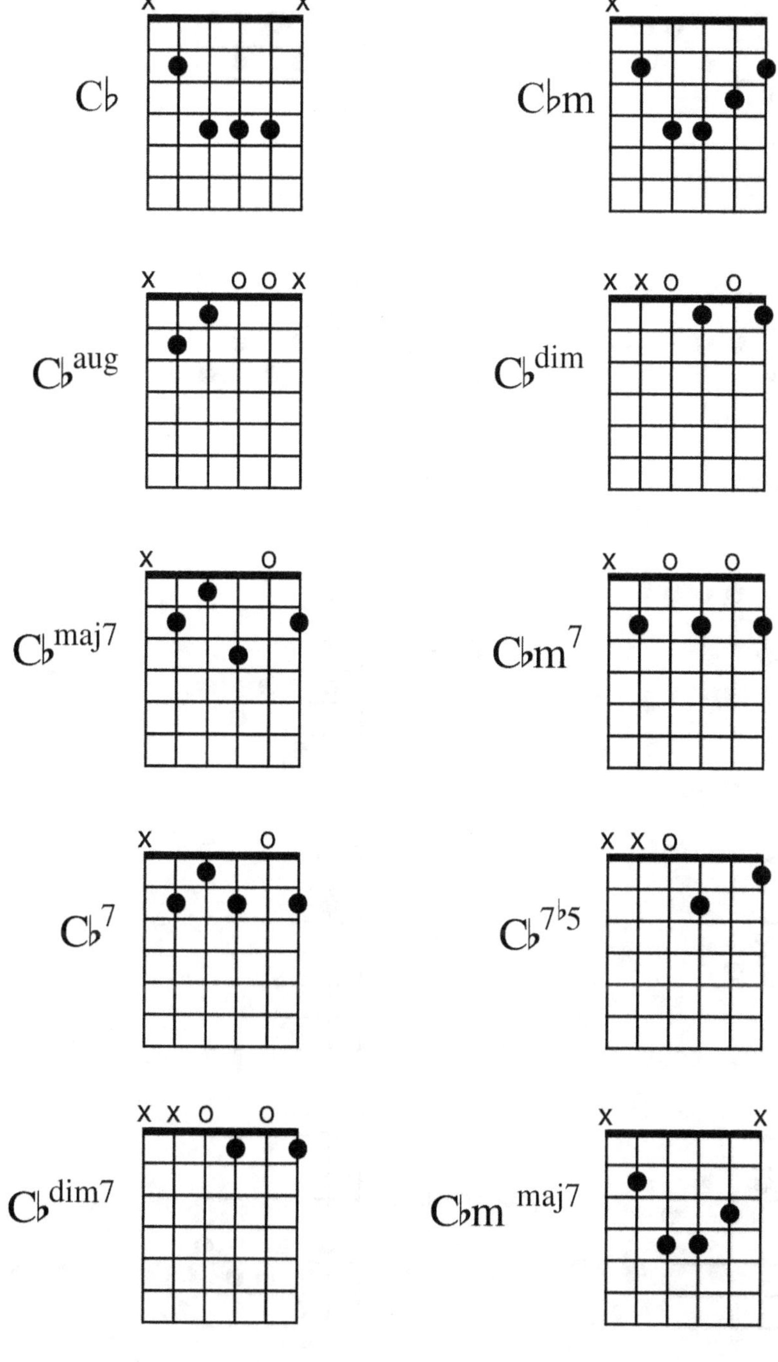
C♭
C♭m
C♭aug
C♭dim
C♭maj7
C♭m7
C♭7
C♭7♭5
C♭dim7
C♭m maj7

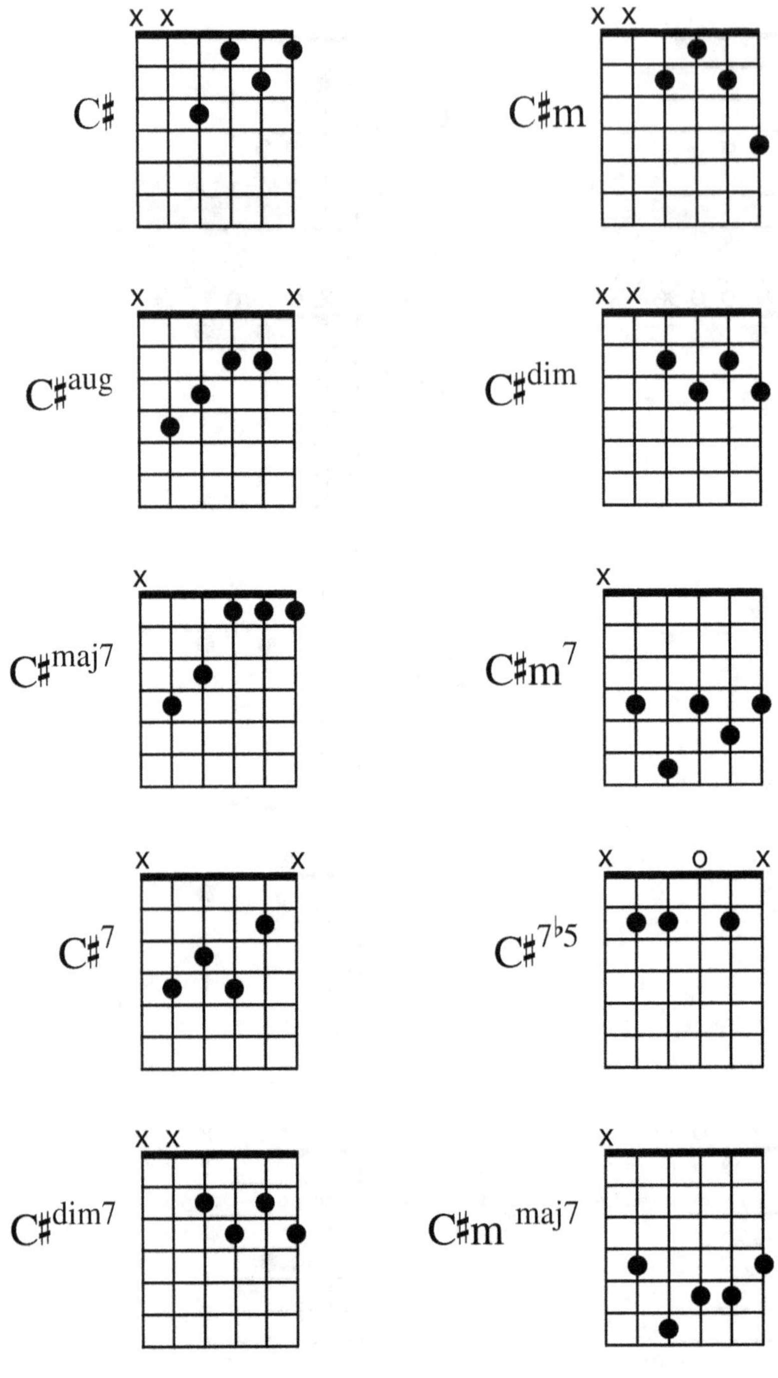
C♯
C♯m
C♯aug
C♯dim
C♯maj7
C♯m7
C♯7
C♯7♭5
C♯dim7
C♯m maj7

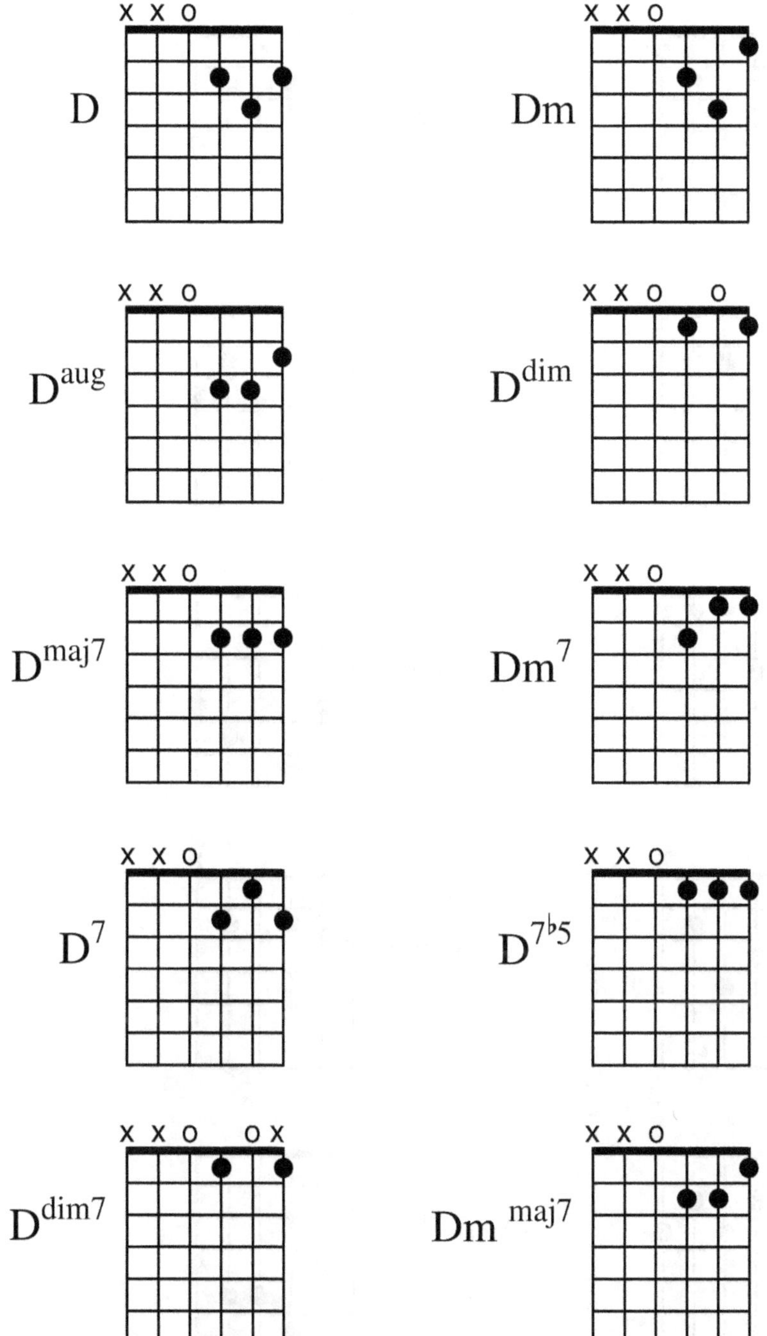
D
Dm
Daug
Ddim
Dmaj7
Dm7
D7
D7♭5
Ddim7
Dm maj7
x x o
x x o o
x x o o x

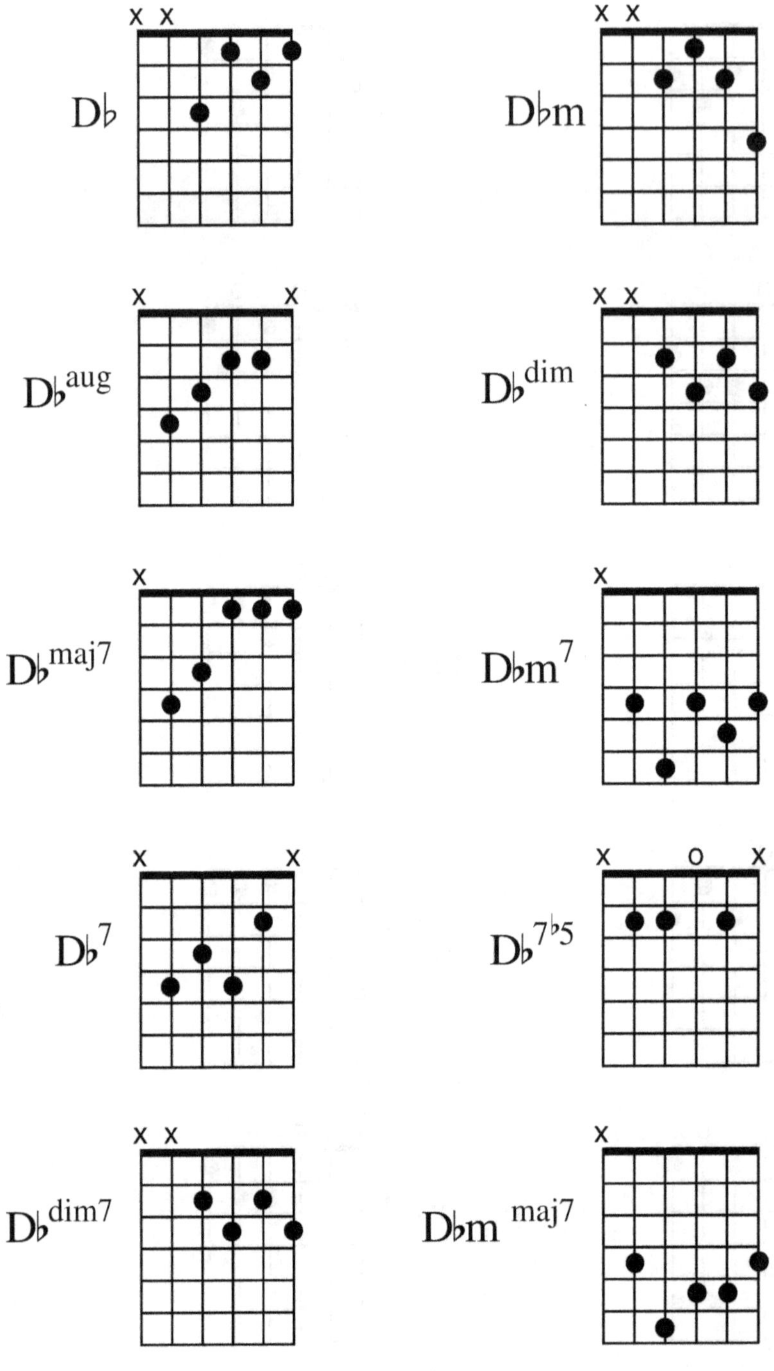
D♭
D♭m
D♭aug
D♭dim
D♭maj7
D♭m7
D♭7
D♭7♭5
D♭dim7
D♭m maj7

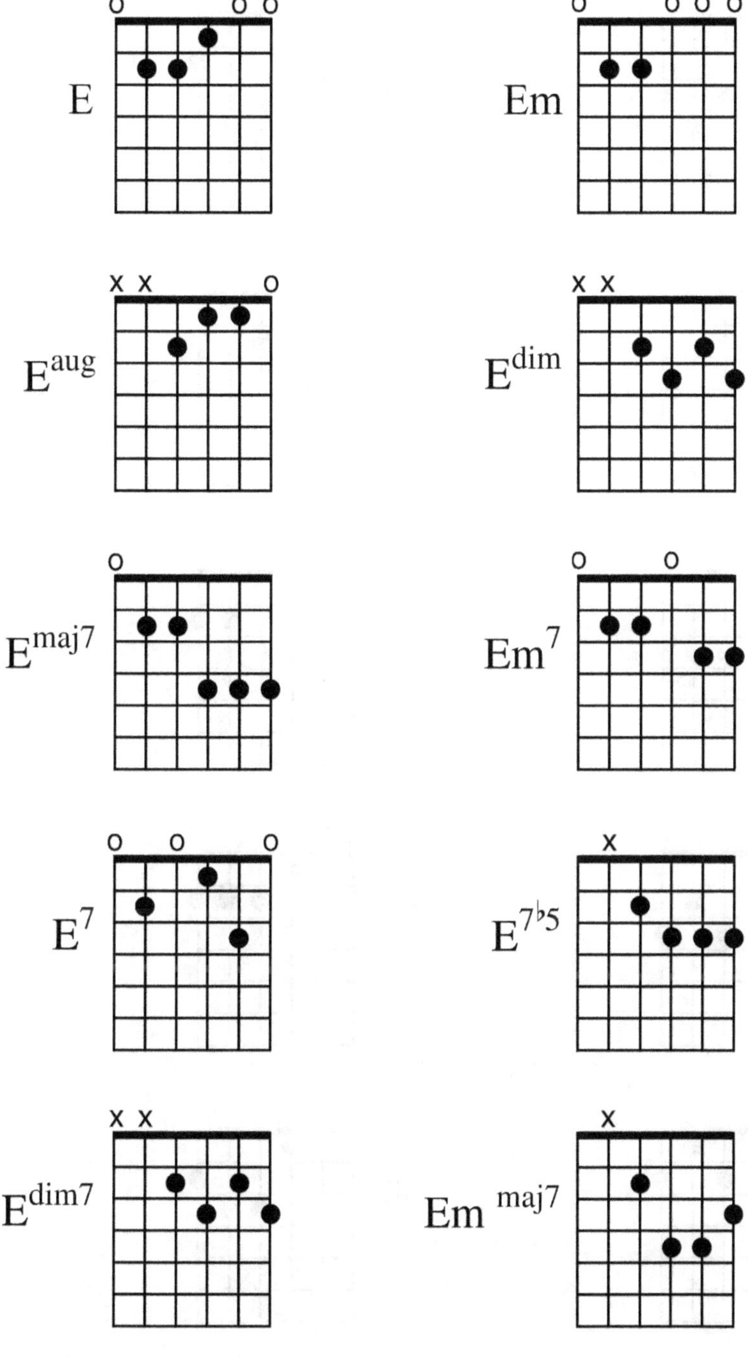
E
Em
Eaug
Edim
Emaj7
Em7
E7
E7♭5
Edim7
Em maj7

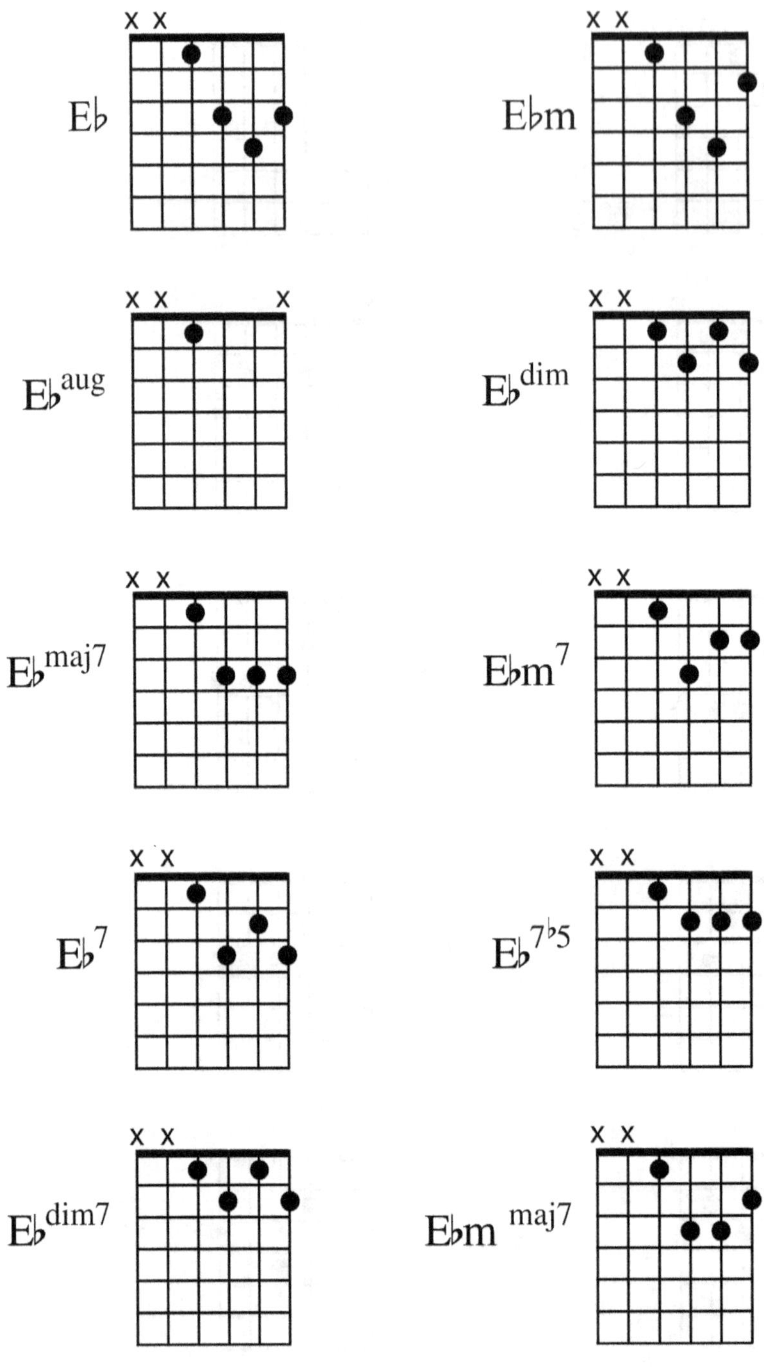

x x
E♭
x x
E♭m
x x x
E♭aug
x x
E♭dim
x x
E♭maj7
x x
E♭m7
x x
E♭7
x x
E♭7♭5
x x
E♭dim7
x x
E♭m maj7

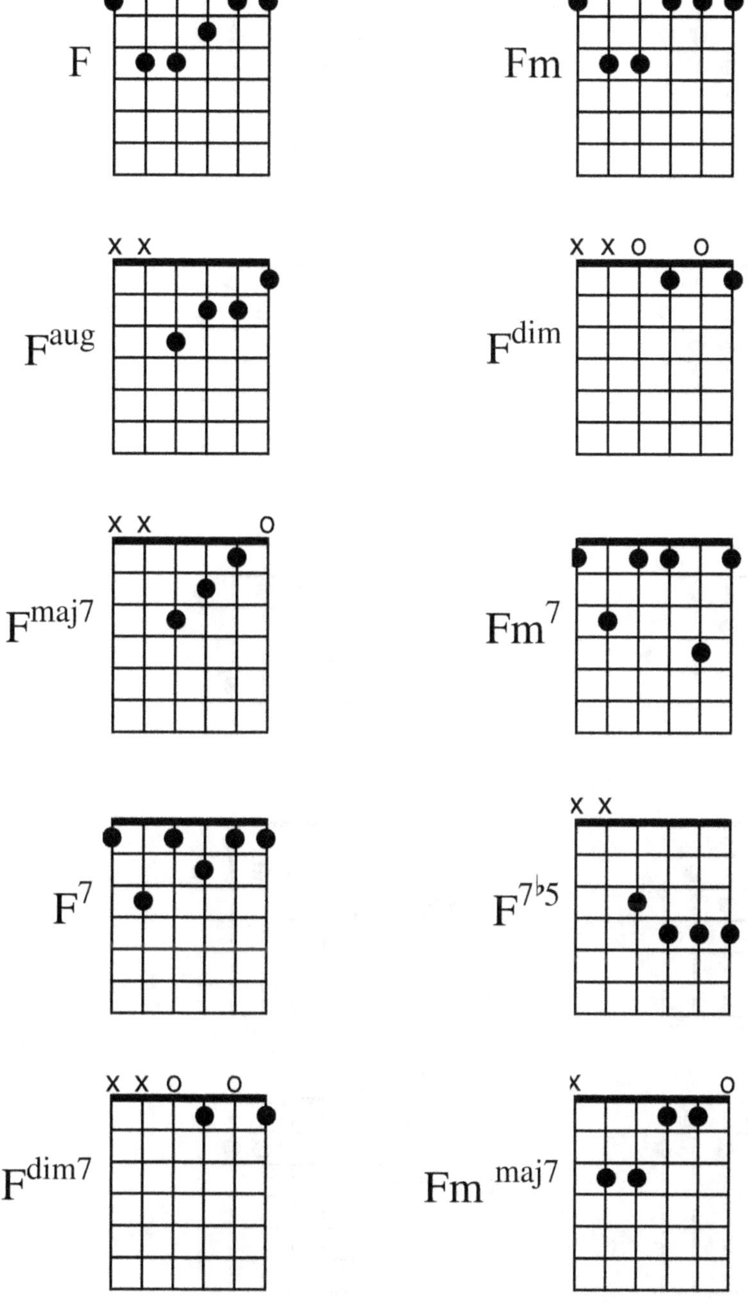
F
Fm
x x
F^aug
x x o o
F^dim
x x o
F^maj7
Fm^7
F^7
x x
F^7♭5
x x o o
F^dim7
x o
Fm maj7

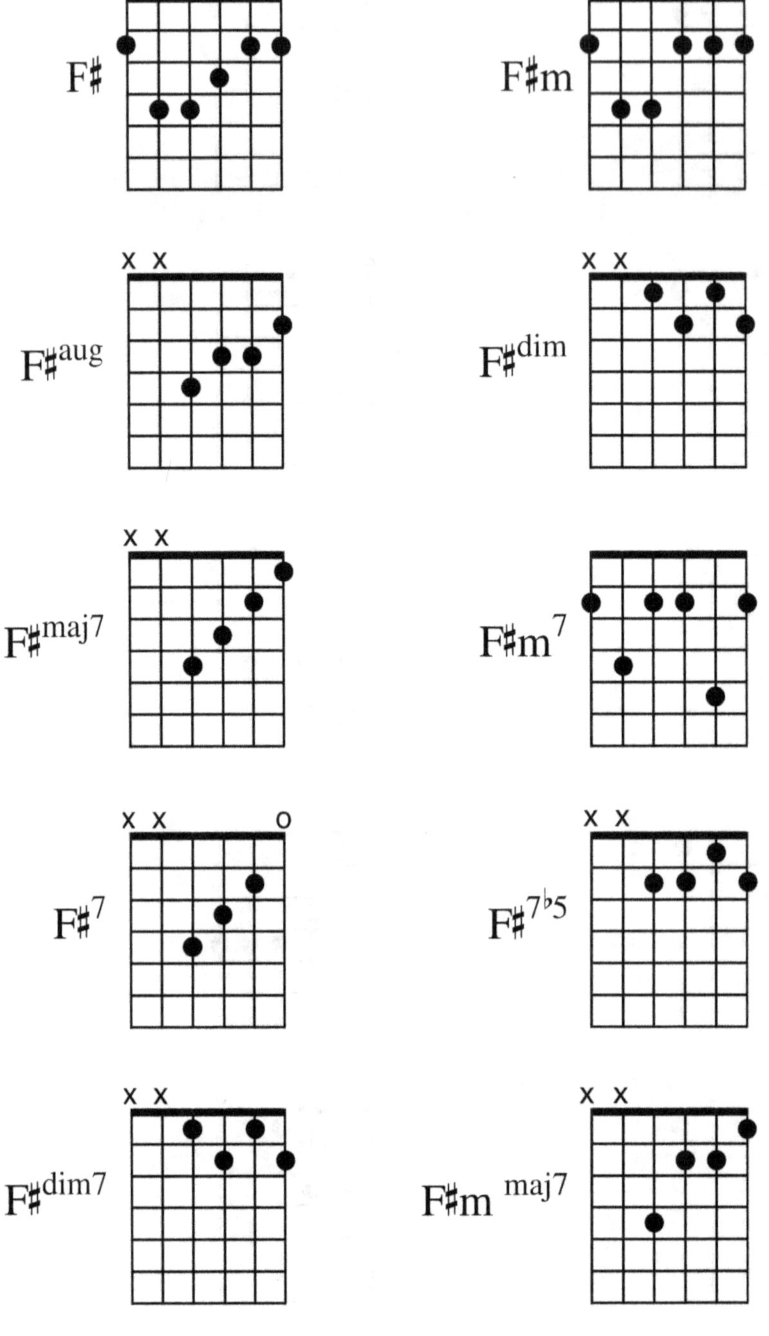
F♯
F♯m
F♯aug
F♯dim
F♯maj7
F♯m7
F♯7
F♯7♭5
F♯dim7
F♯m maj7

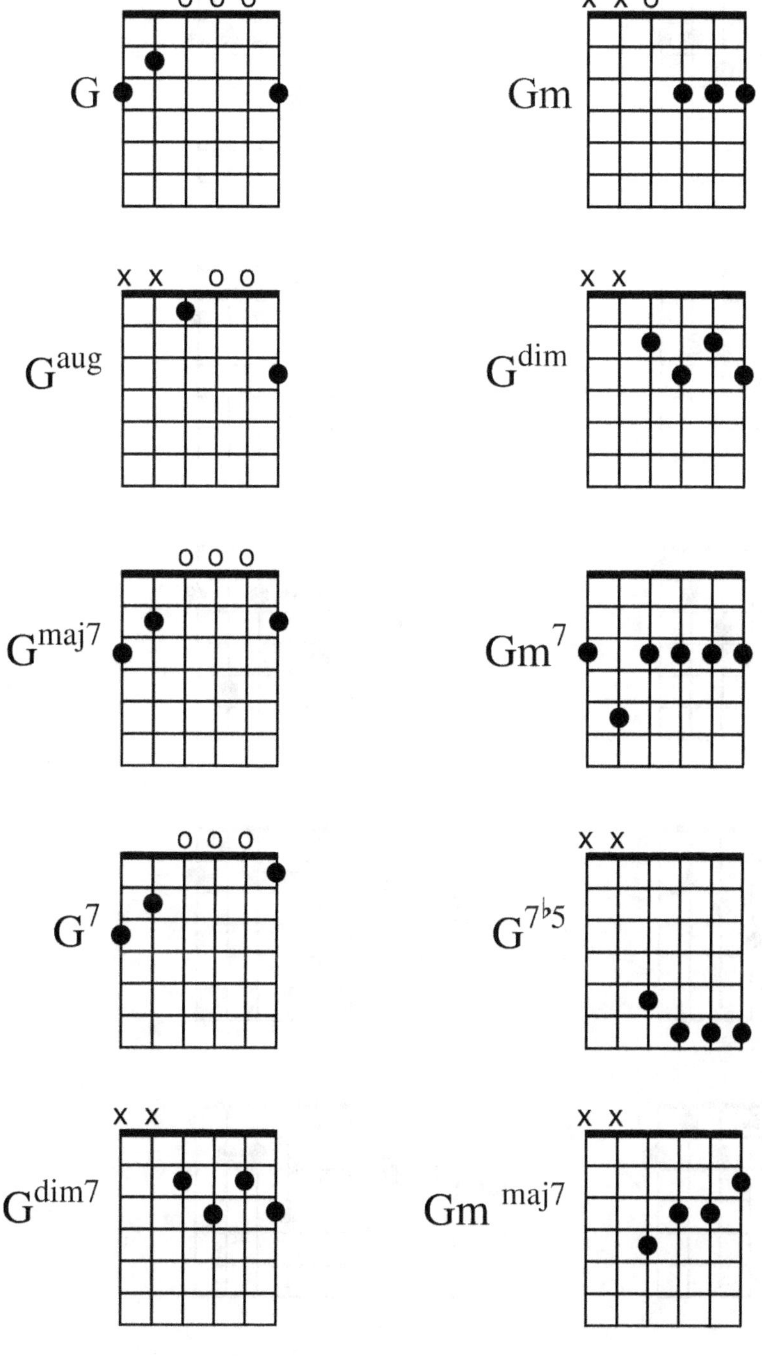
o o o
G
x x o
Gm
x x o o
Gaug
x x
Gdim
o o o
Gmaj7
Gm7
o o o
G7
x x
G7♭5
x x
Gdim7
x x
Gm maj7

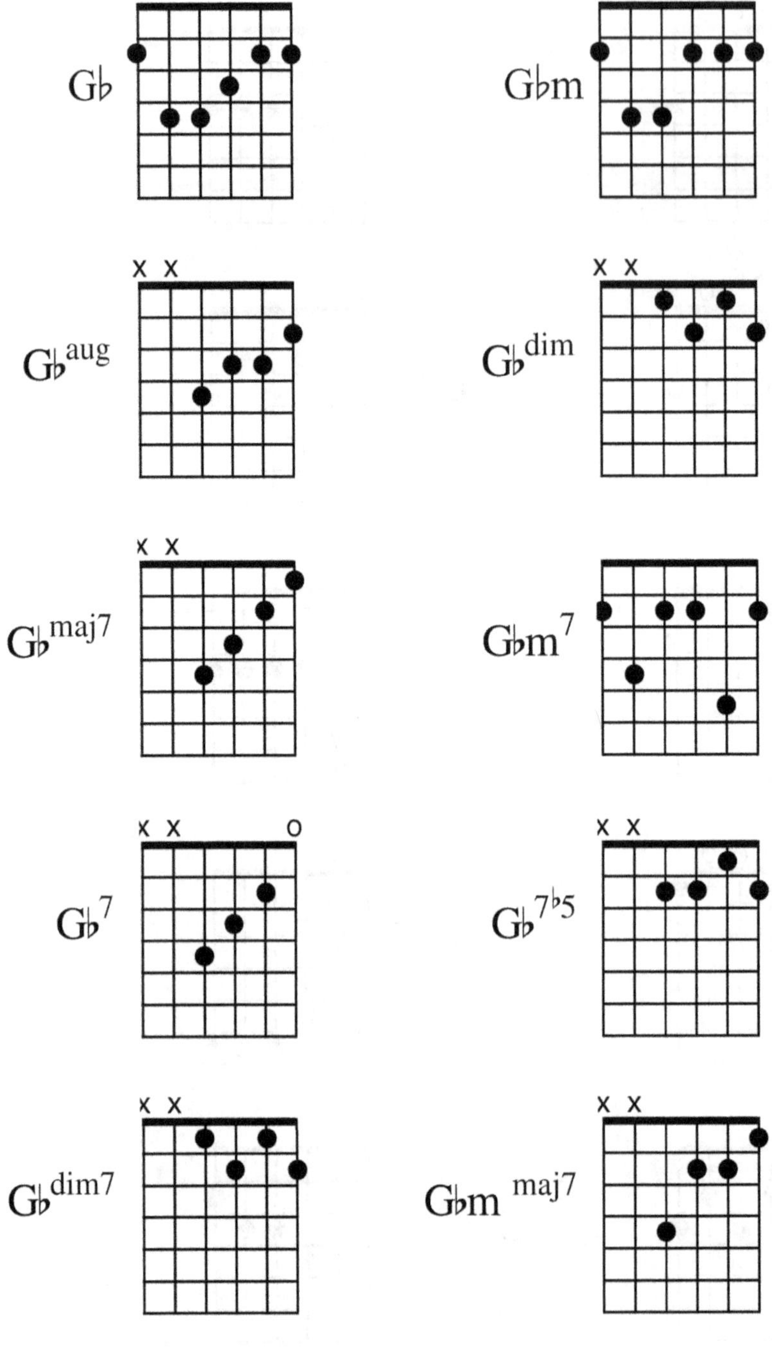
G♭
G♭m
x x
G♭aug
x x
G♭dim
x x
G♭maj7
G♭m7
x x o
G♭7
x x
G♭7♭5
x x
G♭dim7
x x
G♭m maj7

Anhang C

Glossar

Akkolade: Die Kombination von zwei oder mehr Notensystemen mit verschiedenen Schlüsseln und einer geschweiften Klammer (vergleiche ***Bassschlüssel*** und ***Violinschlüssel***)

Akkord: Das gleichzeitige Spiel von mindestens zwei verschiedenen Tönen

Akkordfortschreitung: Die Bewegung von einem Akkord zum nächsten, wobei es gebräuchliche Muster und Akkordfolgen gibt

alla breve: Andere Bezeichnung für den 2/2-Takt

atonal: Musik, die keinen Grundton besitzt und keine diatonischen Skalen verwendet

Auftakt: Töne, die noch vor Beginn des ersten Taktes gespielt werden

Balken: Mit Balken (anstelle von Fähnchen) werden die Hälse von Achtelnoten und noch kleineren Notenwerten verbunden.

Bassschlüssel: Ein Notenschlüssel für tiefere Töne. Er wird für Tonhöhen unterhalb des mittleren (eingestrichenen) C verwendet.

Begleitung: Diejenigen Bestandteile der Musik, mit denen die Melodie oder Solostimme eines Stücks unterlegt werden

Bridge: Bedeutet wörtlich »Brücke« und bezeichnet den Übergangsteil zwischen zwei ähnlichen Teilen eines Songs. In den Text-Booklets von CDs wird die »Bridge« manchmal als solche gekennzeichnet.

chromatisch: Eine Tonleiter ist dann chromatisch, wenn sie aus zwölf verschiedenen Tonhöhen besteht, die jeweils einen Halbtonschritt voneinander entfernt sind. (vergleiche ***diatonisch***)

diatonisch: Eine Tonleiter ist diatonisch, wenn sie sieben Ganz- und Halbtonschritte nach einem bestimmten Muster enthält, im Falle der Tonart C-Dur etwa folgende Töne: C, D, E, F, G, A und H. Alle sonstigen Noten, die in dem betreffenden Stück verwendet werden, heißen nicht-diatonisch oder chromatisch. (vergleiche ***chromatisch***)

Downbeat: Die erste Zählzeit eines Taktes

Duole: Eine Duole liegt vor, wenn in einer ungeraden Taktart eine Zählzeit nicht in drei, sondern zwei gleich lange Teile unterteilt wird.

einfache Taktart: Eine Taktart, in der die Anzahl der betonten Zählzeiten pro Takt ein Vielfaches von 2 ist, wie etwa im 4/4-Takt

eingestrichenes (oder mittleres) C: Der Ton, bei dem Bass- und Violinschlüssel »sich begegnen« und das sich in der Mitte der Klaviatur findet

Fähnchen: Geschwungene Linien am Notenhals, die sich bei Achtelnoten und noch kleineren Notenwerten finden (sofern keine Balken verwendet werden). Je kürzer der Notenwert, desto mehr Fähnchen

Form: Gestalt, Aufbau und Struktur eines Musikstücks oder seiner Teile

Frequenz: Einheit für die Anzahl von Schwingungen einer Tonhöhe pro Sekunde

Ganzton: Ein Intervall, das aus zwei Halbtonschritten besteht, gleichbedeutend mit einer großen Sekunde. Auf dem Klavier muss man, um einen Ganztonschritt zu spielen, zwei Tasten nach rechts oder links gehen. Auf der Gitarre liegen benachbarte Ganztöne jeweils zwei Bünde voneinander entfernt.

Genre: Musikstil, Musikrichtung

Halbtonschritt: Das im Allgemeinen kleinste gebräuchliche Intervall. Auf dem Klavier sind benachbarte Tasten stets einen Halbtonschritt voneinander entfernt (die schwarzen Tasten mitgerechnet), bei der Gitarre um jeweils einen Bund.

Harmonie: Der Zusammenklang von zueinander passenden Tönen als Akkord oder in einer Akkordfolge

Homophonie: Ein Begriff, der die Vordergründigkeit einer Melodie gegenüber ihrer Begleitung, die von ihr rhythmisch abhängig ist, bezeichnet

Improvisation: Die Verwirklichung spontaner musikalischer Einfälle während des Spielens

Intervall: Der Abstand zwischen zwei verschiedenen Tonhöhen

Kadenz: Ein Einschnitt innerhalb der Musik, bei dem durch eine bestimmte Abfolge von Akkorden Spannung aufgebaut oder gelöst wird

Leadsheet: Eine vereinfachte Darstellung der Notation einer Melodie mit Akkordsymbolen, verbreitet in der Rock- und Jazzmusik

Liniensystem: Fünf waagerechte, parallel verlaufende Linien mit vier Zwischenräumen, auf denen Noten und Pausen notiert werden

Melodie: Eine Verknüpfung von Tönen, die als wichtigster Bestandteil der Musik wahrgenommen wird (meist in der obersten Stimme) und die ein Musikstück wiedererkennbar und unverwechselbar macht

Metrum: Die regelmäßige Abfolge von Pulsschlägen, die dem Rhythmus einer Musik zugrunde liegen

Notation: Der Gebrauch geschriebener oder gedruckter Symbole, um Musik zu Papier zu bringen

Note: Ein Symbol, das innerhalb des Liniensystems die Tonhöhe und Tondauer eines Tons festlegt

Oktave: Ein Intervall zwischen zwei Tönen gleichen Namens, deren Frequenzen sich zueinander wie 2:1 verhalten

Partitur: Die schriftliche Form eines Manuskripts, in der die Stimmen aller Instrumente wiedergegeben sind

Pausenzeichen: Ein Symbol, das in einem Musikstück die Stellen markiert, an denen *nicht* gespielt wird

Polyphonie: Ein Begriff, der die melodische und rhythmische Unabhängigkeit verschiedener gleichzeitig erklingender Stimmen bezeichnet (als Gegensatz zu Homophonie)

punktierte Note: Eine Note, hinter der ein Verlängerungspunkt steht und die somit um die Hälfte ihres Wertes verlängert wird

punktierte Pause: Eine Pause, hinter der ein Verlängerungspunkt steht und die somit um die Hälfte ihres Wertes verlängert wird

Rhythmus: Ein Muster von Notenwerten oder unterschiedlich langen Tönen, das von der Taktart abhängt und als charakteristisch für eine Komposition oder einen Musikstil wahrgenommen wird

Ruf und Antwort: Ein musikalisches Prinzip, bei dem ein Solist von einem anderen Musiker oder einer Gruppe von Musikern »Antwort« erhält

Synkope: Ein rhythmisches Phänomen, bei dem eine Note auf einer unbetonten Zählzeit beginnt oder über einen Taktstrich hinaus verlängert wird

Takt: Der zwischen zwei Taktstrichen stehende Abschnitt eines Musikstücks, der so viele Zählzeiten enthält wie der Zähler (die obere Zahl) der Taktvorzeichnung es vorgibt

Taktschlag: siehe *Metrum*

Taktstriche: Senkrechte Linien im Notensystem, welche die notierte Musik in Abschnitte gleicher Länge unterteilen

Taktvorzeichnung: Eine Kombination aus zwei Ziffern, die das Metrum und den Rhythmus eines Musikstücks bestimmt, zum Beispiel 3/4. Die obere Ziffer gibt an, aus wie vielen Taktschlägen bzw. Zählzeiten jeder Takt besteht; die untere Ziffer gibt an, welchem Notenwert jeder einzelne Schlag entspricht.

Tempo: Die Geschwindigkeit, in der ein Musikstück gespielt wird

Timbre: Der unverwechselbare Klang, der ein Instrument von anderen unterscheidet

Tonart: Bestimmt das Tonmaterial, das für Tonleitern und Akkorde verwendet wird. Die Angabe einer Tonart besteht aus Grundton und Tongeschlecht (zum Beispiel C-Dur) und definiert eine diatonische Tonleiter mit sieben Stufen sowie deren Anordnung in Ganz- und Halbtonschritten. Die Tonart eines Stücks lässt sich an der Generalvorzeichnung sowie in der Regel am ersten und letzten Akkord erkennen.

Tonika: Der Akkord auf der ersten Stufe einer Tonleiter

Tonleiter: Eine auf- oder absteigende Folge von Tonhöhen, mit welcher Melodien und Akkorde gestaltet werden können. Gleichbedeutend mit dem Begriff Skala.

Triller: Von einem Triller spricht man, wenn zwei Töne im Halb- oder Ganztonabstand sich in schneller Folge abwechseln.

Triole: Eine Triole liegt vor, wenn in einer einfachen Taktart eine Zählzeit nicht in zwei, sondern drei gleich lange Teile unterteilt wird.

Turnaround: Eine Akkordfortschreitung, die zum Beginn des Songs zurückleitet

Verlängerungspunkt: Ein Punkt hinter einer Note, der ihren Notenwert um genau die Hälfte verlängert (vergleiche auch ***punktierte Note*** und ***punktierte Pause***)

Violinschlüssel: Ein Notenschlüssel für höhere Töne. Er wird für Tonhöhen oberhalb des mittleren (eingestrichenen) C verwendet.

zusammengesetzte ungerade Taktart: Eine Taktart, in welcher der Zähler (die obere Zahl) der Taktvorzeichnung sich durch 3 teilen lässt (ausgenommen sind Taktarten, bei denen dieser Zähler selbst eine 3 ist, wie zum Beispiel der 3/4- oder 3/8-Takt)

Stichwortverzeichnis

S

T

U

V

Z

Diese Bücher könnten Sie auch interessieren

S. Jarrett und H. Day

Komponieren für Dummies

2. Auflage 2023 **ISBN:** 978-3-527-72073-6
336 Seiten

Format: 176 mm x 240 mm

Ladenpreis: 22,- €*

Vom Song für die eigene Band über Filmmusik bis zum imposanten Orchesterstück: Lernen Sie von erfahrenen Musikern alles über den perfekten Aufbau, den richtigen Einsatz von Harmonien, Melodien und Instrumenten und wie Sie mit Ihrer Musik Gefühle wecken und Stimmung erzeugen.

J. Peterik, D. Austin und C. Lynn

Songwriting für Dummies

2. Auflage 2023 **ISBN:** 978-3-527-72070-5
400 Seiten

Format: 176 mm x 240 mm

Ladenpreis: 22,- €*

Grammy-Gewinner Jim Peterik und seine Co-Autoren helfen Ihnen mit vielen Beispielen und Übungen bei der Konzeption Ihrer Songs, den Lyrics sowie der passenden Auswahl von Reim und Rhythmus und beraten Sie zu wichtigen Themen wie Vertrag, Online-Marketing und Urheberrecht.

M. Pilhofer, H. Day und O. Fehn

Notenlesen für Dummies Pocketbuch

2., aktualisierte Auflage 2017 **ISBN:** 978-3-527-71271-7
125 Seiten

Format: 105 mm x 165 mm

Ladenpreis: 6,99 €*

Verstehen Sie bei einem Blick auf ein Notenblatt nur Bahnhof? Mit diesem Buch können Sie etwas dagegen tun und spielend leicht Noten lesen lernen, um Ihr musikalisches Potenzial enorm zu erhöhen. Jetzt mit praktischen Übungen!

*Der €-Preis gilt nur für Deutschland. Preisänderungen und Irrtümer vorbehalten.

Diese Bücher könnten Sie auch interessieren

O. Fehn

Übungsbuch Musiktheorie für Dummies

2. Auflage 2024 **ISBN:** 978-3-527-72206-8
280 Seiten
Format: 176 mm x 240 mm
Ladenpreis: 20,- €*

Wenn der Stoff wirklich sitzen soll, muss man die Theorie auch mal praktisch angehen. Deshalb hat Oliver Fehn für Sie unzählige Übungen zur Musiktheorie entwickelt – mit Hörbeispielen zum Downloaden und ausführlichen Lösungen samt verständlichen Erklärungen.

O. Fehn

Harmonielehre kompakt für Dummies

2. Auflage 2020 **ISBN:** 978-3-527-71751-4
228 Seiten
Format: 140 mm x 216 mm
Ladenpreis: 14,- €*

Oliver Fehn erklärt Ihnen leicht verständlich alles, was Sie über die Harmonielehre wissen müssen. Sie erfahren alles Wichtige zu Tonleitern, Intervallen, Akkorden, Akkorderweiterungen, Akkordsequenzen, Kadenzen und Co. Zahlreiche Übungen und Praxistipps runden das Buch ab.

H. Prigent

Musiklehre in 15 Minuten am Tag für Dummies

1. Auflage 2022 **ISBN:** 978-3-527-71956-3
306 Seiten
Format: 176 mm x 240 mm
Ladenpreis: 20,- €*

Sie lieben Musik und möchten sich genauer mit Musiklehre beschäftigen? In täglichen Lektionen erfahren Sie alles Wissenswerte über Notenlesen, Akkorde und Rhythmus. Die aufeinander aufbauenden Übungen helfen Ihnen, in kurzer Zeit alle Grundlagen der Musiklehre zu beherrschen.

*Der €-Preis gilt nur für Deutschland. Preisänderungen und Irrtümer vorbehalten.

www.ingramcontent.com/pod-product-compliance
Lightning Source LLC
LaVergne TN
LVHW061936220826
846092LV00004B/1020
* 9 7 8 3 5 2 7 7 2 2 9 2 1 *